# 智慧职场

## 绩效考核与薪酬激励精细化设计

王胜会 刘丽霞 张 雨 编著

化学工业出版社

·北京·

## 内容简介

本书从绩效考核与薪酬福利体系的现状盘点入手，从战略高度构建了企业绩效薪酬的激励管理系统。本书共分为四个部分：第一部分为第1章，盘点了绩效薪酬管理体系的现状；第二部分为第2章和第3章，设计了绩效薪酬激励系统和战略性绩效薪酬；第三部分为第4章至第6章，构建了绩效薪酬系统，给出了激励管理的工具与方法；第四部分为第7章和第8章，提供了拿来即用或稍改即用的范例。

本书绘制了绩效薪酬激励管理系统化的框架图谱，读者可以通过一张画布快速厘清本书的体系和绩效考核与薪酬福利激励的路径。同时，本书设计了一些特色实用的模块，包括指标、工具、方法、模型、模式，及目标责任书、绩效合同、制度、表单等，供读者选用。

本书既适合绩效经理、薪酬经理及HR阅读、使用，也可供人力资源管理相关专业的高校、职业院校教师的教学和学生备考参考，还可以作为研发师开发课程、人力资源管理培训师授课的参考。人力资源管理咨询顾问进行一对一辅导或项目成果输出时也可借鉴本书内容。当然，初创企业人事财务两手抓的老板、想最大限度激励员工干劲儿的团队主管或者部门负责人也可以使用。

**图书在版编目（CIP）数据**

智慧职场：绩效考核与薪酬激励精细化设计/王胜会，刘丽霞，张雨编著. —北京：化学工业出版社，2022.1
ISBN 978-7-122-40089-5

Ⅰ.①智… Ⅱ.①王…②刘…③张… Ⅲ.①企业绩效-企业管理-研究②企业管理-工资管理-研究
Ⅳ.①F272.5②F272.923

中国版本图书馆CIP数据核字（2021）第207593号

| | | | |
|---|---|---|---|
| 责任编辑：毕小山 | | 文字编辑：刘　璐 | |
| 责任校对：杜杏然 | | 装帧设计：刘丽华 | |

出版发行：化学工业出版社（北京市东城区青年湖南街13号　邮政编码100011）
印　　装：大厂聚鑫印刷有限责任公司
710mm×1000mm　1/16　印张15½　字数305千字　2022年1月北京第1版第1次印刷

购书咨询：010-64518888　　　　　　　　　　售后服务：010-64518899
网　　址：http://www.cip.com.cn
凡购买本书，如有缺损质量问题，本社销售中心负责调换。

定　　价：79.00元

# 前言

因为要考核绩效，就必须把各种工作要素量化，其最大的弊端是搞坏了公司内原本温情而充满信任的气氛，上司用"评价的目光"审视部下，一切都看指标；因为要考核绩效，在考核上花费了大量精力和时间，而在真正的工作上却敷衍了事，出现了本末倒置的倾向；因为要考核绩效，几乎所有人都提出容易实现的低目标；因为要考核绩效，公司内追求眼前利益的风气蔓延，一些扎实细致的工作却被忽视。索尼公司前常务董事天外伺郎认为绩效考核毁掉了索尼公司的传统文化，让员工失去了内在的工作激情、挑战精神和团队精神。而且，这样的案例每天还在持续上演，职场中如何激励员工，绩效薪酬管理者还在迷茫中……

如果你的企业有一个员工，他改造了一种新的生产工艺方法，提高了工作效率，你决定奖励他。现在有两个方案供你选择：一个是给他5000元奖金；另一个是用他的名字来命名这种工艺方法。你会怎样选择？员工会喜欢哪一个方案？

北京有一家酒店在周年庆典时，请所有的服务员在酒店餐厅里吃饭，管理人员当服务员。针对这种活动的激励设计，你是如何看待的？

日本花王化妆品公司要求每个员工都要"发奇想""闯新路"，千方百计创新，在晋升、提薪和奖励时都要看他们的创造性如何，这个创造性包括能力和成果两个方面。人力资源部门还建立了一套针对创造性的评分制度，由绩效薪酬专家、上级领导和客户对员工的思维、行动和成果进行综合评分。针对这种激发创造性的做法，你是如何看待的？

其实，这就涉及员工和企业管理者秉持什么理念、做出什么决策，包括考评者、被考评者、老板和绩效薪酬经理工作的问题，以及绩效薪酬激励系统如何设计的问题。

考评者（上级领导）可能出现的常见问题如下。

◎ 态度问题：对于绩效薪酬激励的运用，不重视、不中肯、不客观。

◎ 知识问题：不了解绩效薪酬管理工作的基本理论、高效工具和系统设计。

◎ 技能问题：不了解员工的想法和岗位技能差异，缺乏沟通技巧，不善于改进计划。

◎ 心理问题：受光环效应、居中趋势、过分宽容或苛刻、近因效应等影响较大。

被考评者（员工）可能出现的常见问题如下。

◎ 忧虑心理：害怕做不好、没有自信心、畏惧末位淘汰。

◎ 防御心理：压抑、否定、退行、潜抑，或者反向、合理化、仪式抵消、隔离、理想化、分裂，或者转移、投射，或者幻想、补偿等，很难得到认同或升华。

◎ 自我认知错位：约40%的员工认为自己很优秀，约60%的员工认为自己比较优秀，只有1%～2%的自驱型员工会认为自己绩效较低。

企业老板和绩效薪酬经理可能出现的常见问题如下。

◎ 考核成了"走过场""形式主义""繁文缛节"，所谓的薪酬福利管理就是每个月发工资、交社保和公积金，根本无法识别和激励业绩优秀的员工，鞭策业绩低下的员工。

◎ 没有设计、没有宣贯、没有培训、没有兑现、没有沟通、没有反馈、没有形成习惯，也就没有建立起企业文化中的绩效薪酬激励文化。

◎ 考核并没有将组织目标和个人发展目标建立有机联系，薪酬福利的发放也没有鉴别、鼓励好的结果和行为过程，更谈不上职业生涯规划管理了。

可见，在考评者和被考评者都存在问题的情况下，以绩效考核结果为前提的薪酬福利激励也就出问题了。不仅设计不出来创新、有效的制度和方案，就连绩效薪酬基础的、专业的工具方法和模式都没有掌握、没有用好，更谈不上战略性绩效薪酬和激励系统的设计了。以往的绩效薪酬管理经历也不可能成为其他企业和HR对标的标杆做法。

针对以上问题，本书旨在运用精细化设计帮助追求高效管理的企业和HR系统地解决员工激情、干劲儿不足的问题。

本书从绩效考核与薪酬福利体系的现状盘点入手，从战略高度构建了企业绩效薪酬的激励管理系统。本书共分为四个部分八个章节，绘制了绩效薪酬激励管理系统化的框架图谱。读者可以通过一张画布快速厘清本书的体系和绩效考核与薪酬福利激励的路径。此外，本书还设计了一些特色实用的模块，包括指标、工具、方法、模型、模式，及目标责任书、绩效合同、制度、表单等，供读者选用。

借此新书出版之际，感谢本书创作过程中参与资料收集和整理的高卫红、李希晨、马语晨、吕娟娟、陈燕娇和应瑶林等热爱写作的职场朋友，感谢北京弈博明道教育科技有限公司工具书作家导师团的各位编辑和讲师，同时感谢北京科技大学柠檬皮糖工作室的宋凝同学在章节导图、图形设计方面的艺术指导和技术支持。最后，还要特别感谢中国科技咨询协会创业导师工作委员会的李根文主任和各位创业导师在资源协调方面的支持。

受作者水平和成书时间所限，书中难免有疏漏和不当之处，敬请斧正，欢迎交流。

编著者
2021年9月

# 目录

## 第4章 如何设计绩效考核激励系统·····················53

## 第⑤章 如何设计薪酬福利激励系统 ·················· 91

# 第1章

# 绩效薪酬管理体系现状盘点

你遇到过这些问题吗？"没有目标、没有方向""同样的错误重复犯，说了三遍没改变""新官上任烧了三把火之后，薪酬制度改革还是无从下手""刚涨了工资还有点干劲儿，过两个月就没什么效果了"，而且在实际的企业绩效薪酬管理中，还存在更多的问题。如何标本兼治，彻底解决呢？首先要对企业绩效薪酬管理体系现状进行全方位、立体化盘点。

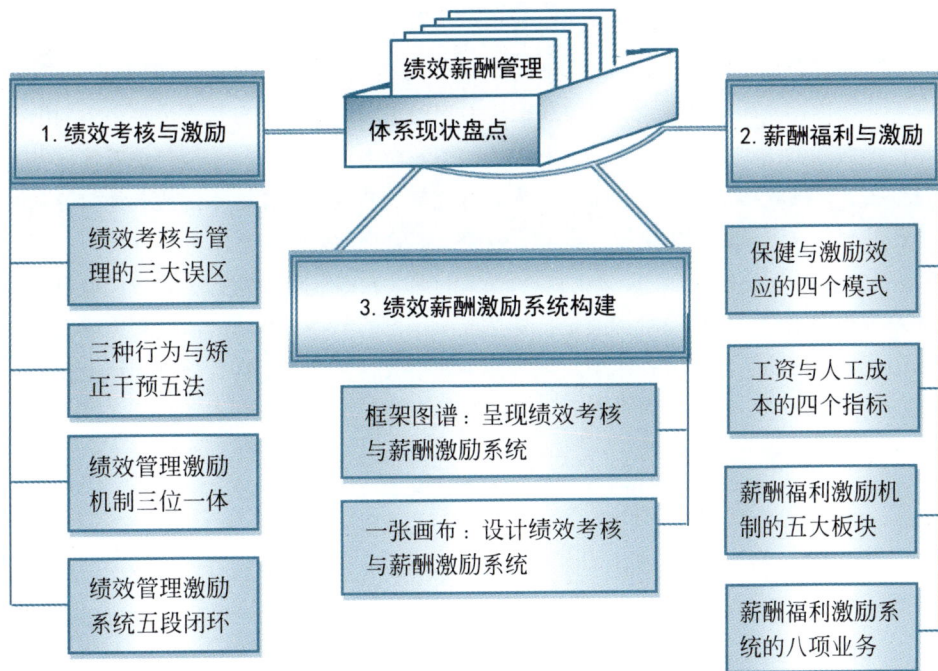

绩效薪酬管理
体系现状盘点

1. 绩效考核与激励

- 绩效考核与管理的三大误区
- 三种行为与矫正干预五法
- 绩效管理激励机制三位一体
- 绩效管理激励系统五段闭环

3. 绩效薪酬激励系统构建

- 框架图谱：呈现绩效考核与薪酬激励系统
- 一张画布：设计绩效考核与薪酬激励系统

2. 薪酬福利与激励

- 保健与激励效应的四个模式
- 工资与人工成本的四个指标
- 薪酬福利激励机制的五大板块
- 薪酬福利激励系统的八项业务

# 1.1 绩效考核与激励

　　员工之间有没有不合格、合格、优秀、卓越的区分？员工业绩有没有好与坏、高与低、多与少的区分？如果没有奖也没有罚，是不是就没有发展也没有进步？为什么有的人甘愿当一天和尚撞一天钟？……这些问题有解吗？答案是肯定的。

　　换句话说，企业需不需要绩效考核与管理？这个问题在学术界和企业实践中已经达成共识，不必再讨论了。答案是需要！在现代职场中，对人才的激励必需讨论的是如何把绩效管理做精、做细、做到位！企业绩效管理系统的设计应避免孤立、片面、静止地看待员工的业绩，避免企业绩效文化陷入机械和僵化。在适当的时间，综合运用适合的方法和工具，在适宜的企业文化氛围中，让绩效管理的模型、制度、方案和激励机制真正落地。

　　从字面意思理解，绩效是绩与效的结合。绩就是业绩、成绩、结果和成果，包括组织业绩、部门业绩的完成情况以及个人的成绩表现、成果多少；效则是效率、效果、方式和方法等，更多地体现一种行为。

　　绩效管理包括目标分解、计划制定、辅导反馈、考核打分和绩效改进五个环节。其中，考核打分环节是绩效管理发挥激励效用的关键所在。只有建立公平公正的绩效考核评估系统，对员工个人、团队和组织的绩效做出准确评价，才能对绩效优异者进行奖励，对绩效不佳者进行鞭策。如果没有完善的绩效考核评估系统或者绩效评估结果不准确，导致激励对象错位，就会影响整个绩效管理系统的整体激励效果。

　　在绩效管理激励机制中，激励控制模式起着非常重要的作用，激励效应取决于目标效价和期望值。目标效价指的是目标达成所获得的奖励对个体的激励程度或者目标未达成对个体的惩罚程度；期望值指的是个体达成目标的可能性与组织承诺兑现奖励或惩罚的可能性。只有这两个方面的可能性都非常大，激励效应才可能足够高。

## 1.1.1 绩效考核与管理的三大误区

　　绩效考核是对过去一段时间员工的实际工作绩效结果与期初目标绩效之间的差异进行的科学评估打分。对于大部分企业而言，有效地评估员工绩效，不仅可以掌握员工对企业的贡献大小，而且可以为后续的人才决策提供科学和必要的依据。

　　在企业实践中，全球军工百强企业美国哈里斯公司引入了全面质量管理的思想，把考评的焦点集中在员工绩效的不断改善和对客户需求的不断满足上。丰田公司将绩效评价制度、薪酬制度和能力开发制度结合，以员工个人的能力开发为基本目标。GE公司对管理人员的要求是具备精力、激励能力、决断力和实施能力，运用360度评估法和被杰克·韦尔奇称为"活力曲线"的强制分布法进行绩效考核。

然而绩效考核并不等于绩效管理，绩效考核仅是绩效管理的一部分，或者说是一个环节、一个阶段要做的事情。绩效管理是事前筹划、事中管控及事后考核与兑现的封闭系统，而绩效考核仅属于事后呈现的结果。绩效管理侧重于人力资源管理的整个过程和员工的行为表现，而绩效考核则更看重成果和结果。相较于绩效考核的打分、评语、排名，绩效管理更倾向于沟通、辅导、改进。

所以说，如果一家公司所谓的绩效管理流程是每个月都发放考核量表、打分评价、计算绩效工资，那根本就不叫绩效管理，连绩效考核都算不上。总而言之，绩效考核与管理过程中普遍存在的三大误区（图1-1）必须规避。

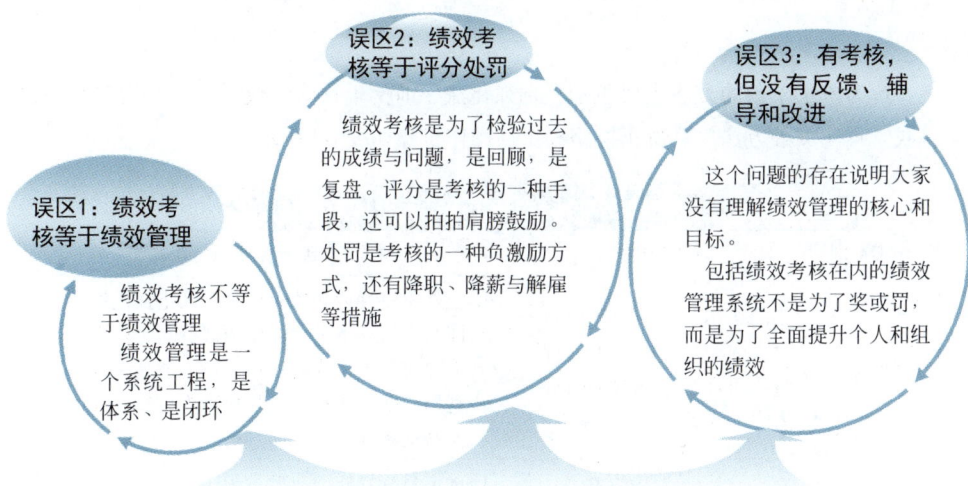

误区2：绩效考核等于评分处罚

绩效考核是为了检验过去的成绩与问题，是回顾，是复盘。评分是考核的一种手段，还可以拍拍肩膀鼓励。处罚是考核的一种负激励方式，还有降职、降薪与解雇等措施

误区3：有考核，但没有反馈、辅导和改进

这个问题的存在说明大家没有理解绩效管理的核心和目标。
包括绩效考核在内的绩效管理系统不是为了奖或罚，而是为了全面提升个人和组织的绩效

误区1：绩效考核等于绩效管理

绩效考核不等于绩效管理
绩效管理是一个系统工程，是体系、是闭环

图 1-1　绩效考核与管理的三大误区

## 1.1.2　三种行为与矫正干预五法

员工的大多数行为并不是天生的，而是受到职场内外部环境因素的影响，通过后天学习呈现的结果。通过学习，有的员工形成了良好的品行，建立了良好的行为模式；但是，也有的员工在不利环境中进行了不正当的学习，产生了不良的行为。行为矫正干预法就是帮助后者建立良好的行为模式，改变不良的行为模式，帮助员工改进或提升绩效的方法。

### （1）员工的异常行为表现

员工的异常行为表现主要有三种。

3

① 行为过度。即在明确期初绩效目标的前提下，企业不期望的行为发生太多，或者员工反应过度，采取了过激、极端的行为。

② 行为不足。企业所期望的好的行为很少发生或从不发生，员工没有积极性、主动性，时时需要领导和管理者的监督与督促。

③ 行为不当。企业期望的行为在不适宜的情境下发生，而在适宜的情境中应该发生却并未发生。其原因或者是员工理解不到位，或者是员工不懂、不会、不敢问，所以，组织、部门、岗位的整体业绩没有达成。

（2）行为矫正干预的五个阶段

行为矫正干预法的实施是有先后顺序的，包括认识和确认对绩效有重大影响的关键行为、对关键行为进行基线测量、对关键行为进行功能性分析、干预策略的发展、下一周期绩效的评估这五个阶段。

（3）行为矫正干预的五种方法

行为矫正干预的方法主要包括差别强化法、前奏干预法、代币法、行为契约法和自我管理法五种方法。其矫正思路和干预操作步骤如表1-1所示。

表1-1 行为矫正干预的五种方法

| 方法类别 | 矫正思路 | 干预操作步骤 |
|---|---|---|
| 差别强化法 | 即运用行为强化和行为消失的原理，提高正向行为的出现率，降低负向行为的出现率 | ① 定义积极行为和消极行为，确定强化物<br>② 即时、持续不断地强化积极行为（行为强化）<br>③ 消除对消极行为的强化（行为消失）<br>④ 利用间歇强化和自然强化物维持积极行为<br>⑤ 实施泛化计划 |
| 前奏干预法 | 即利用前奏刺激进行控制处理的方法对个体行为进行干预。如果个体知道在什么刺激条件下能够获得强化物，那么个体就能够将自己的行为与某一特定的刺激条件相联系 | ① 确定目标榜样的典型行为<br>② 分析该目标行为的前奏刺激是什么，并选择消除不良行为的前奏刺激方法<br>③ 确定该情境下应表现的良好行为及与此相关的前奏刺激<br>④ 判断是否需要进行刺激辨别训练及线索、内容<br>⑤ 选择促进个体反应的方式和强化物，如言语指导、行为示范、情景诱导、身体引导等<br>⑥ 根据计划对刺激控制和前奏干预实施到位 |
| 代币法 | 即使用有形的、可以得到实物奖励的正强化方式之一。在这里，代币指的是可以在某一范围内兑换物品的证券，如小红花、流动红旗、票券等 | ① 确定所要矫治的目标行为<br>② 制定行为评分的标准和等级<br>③ 确定代币的使用途径<br>④ 评定基础行为<br>⑤ 评定矫治行为<br>⑥ 按时、按约、适当给予奖励 |

续表

| 方法类别 | 矫正思路 | 干预操作步骤 |
|---|---|---|
| 行为契约法 | 行为契约也称偶联契约，由达成协议的双方来签写，其中一方或双方统一在行为中采取一定程度的靶行为；同时还规定该行为出现（或没有出现）时将执行的偶联结果 | 即一种类似用强化和惩罚相偶联帮助个体管理行为的方法，干预包括五个步骤<br>① 确定客观的、可测量的、可操作的目标行为<br>② 规定目标行为的测量标准和测量方式等<br>③ 确定执行契约中行为的时间<br>④ 确定强化和惩罚的方式及实施者<br>⑤ 行为契约经过双方签字后生效 |
| 自我管理法 | 即行为者本人运用行为矫正法的过程，其目的是增加现在所缺乏的行为，减少或消除过剩行为 | ① 定义靶行为及对抗行为<br>② 建立目标，实行自我监督<br>③ 进行功能性评估，并选择适宜的自我管理方法<br>④ 评估变化后的行为，重新评价自我管理方法<br>⑤ 连续性行为提升或行为巩固 |

## 1.1.3　绩效管理激励机制三位一体

"赏不逾时""罚不迁列"与"恰到好处"，意思都是说奖惩要看时机、要适度，奖赏不能错过时机，处罚不能等到"黄花菜都凉了"后再去执行。激励只有及时、恰当，才能使员工看到高绩效的利益。

换句话说，不仅仅要依据绩效考核结果发工资，还要通过绩效管理达到奖优罚劣，激励员工的目的，这就必须进行绩效管理激励机制的设计。绩效管理激励机制三位一体的设计，就是管理者要善于做到"换位""定位"与"到位"，如图1-2所示。

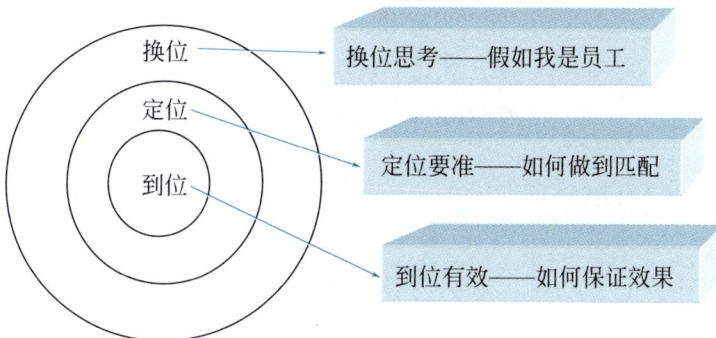

图1-2　三位一体的绩效管理激励机制设计模型

（1）换位思考——假如我是员工

绩效管理的激励，绝不是"领导一吹哨子就扣工资"，而是要换个位置，换个立

5

场，站在员工的角度，设身处地考虑员工的工作动机及其付出劳动的勤恳程度，考虑其个人的贡献给企业带来的效益，同时，替员工提前考虑好他的需求层次并适时满足。

（2）定位要准——如何做到匹配

换位思考后，要与员工进行无缝沟通，以全面了解员工的诉求或愿望，观察并记录其工作与生活中的言行，根据不同员工所属的不同类型，在不同的时期、不同的环境下，运用相同的奖励标准和公平的原则给予大家不同的奖励。

（3）到位有效——如何保证效果

奖励实施后，管理人员需要及时与员工进行面谈与交流，通过员工的反馈意见、建议或后续计划，综合修正奖励方式与方法。切忌一次性激励后没有下文，或者激励完就画上句号。奖励的效果如何，之后的行为与业绩，对其他人的影响等都需要系统考量。

## 1.1.4 绩效管理激励系统五段闭环

卓有成效的绩效管理激励活动，是基于目标计划、绩效辅导、评估打分、反馈面谈和绩效改进等基本环节，互相影响、互相作用、互相适应、调整纠偏、循环往复的动态过程。绩效管理激励系统五段闭环模型，如图1-3所示。

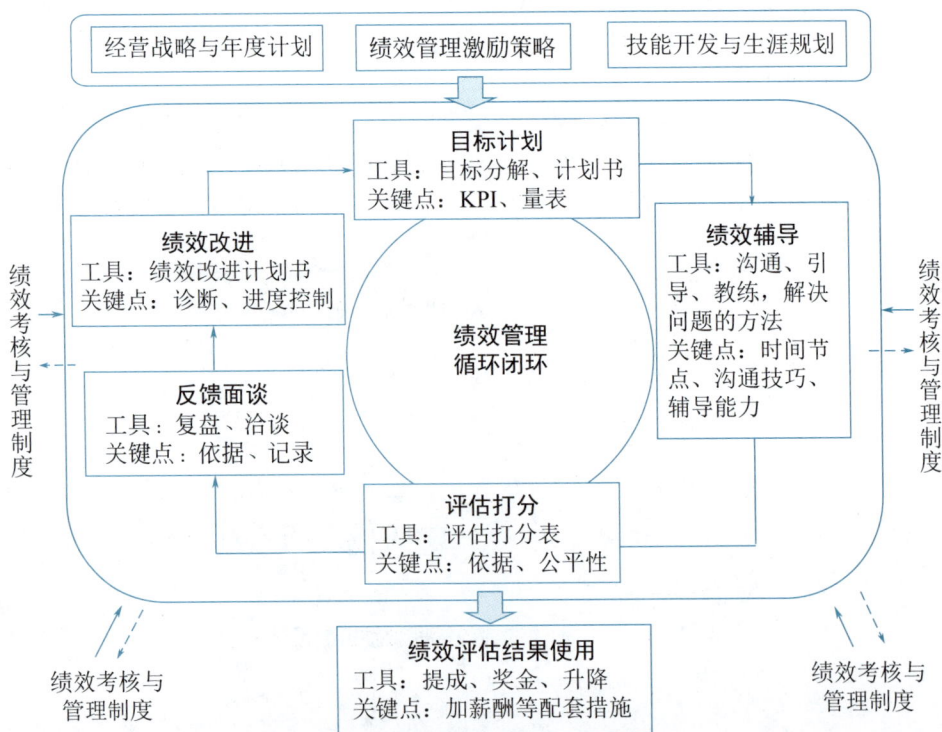

图1-3 绩效管理激励系统五段闭环模型

## 1.2　薪酬福利与激励

"干多干少一个样，员工看不到希望、看不到未来""有人说员工还是看每个月多拿多少绩效工资，有人说全员持股好，到底怎么做才是适合公司的模式呢？""'十三薪''年会捞现金''外派旅游培训'等措施都用过了，还有哪些经典的薪酬管理模式或激励工具被我们忽视了呢？""为什么在其他公司有效的薪酬管理办法到本公司就不起作用了呢？"……这些问题有解吗？答案是肯定的。

换句话说，企业需不需要薪酬福利管理？这个问题在学术界和企业实践中也已经达成共识，不必再讨论了，答案是需要！在现代职场中，对人才的激励，必需讨论的是如何把薪酬福利管理做精、做细、做到位！企业薪资福利管理系统的设计应避免孤立、片面、静止地看待员工的综合成绩，避免企业薪酬文化陷入机械和僵化。在适当的时间，综合运用适合的方法和工具，在适宜的企业文化氛围中，让薪酬福利管理的模型、制度、方案和激励机制真正落地。

比较而言，薪酬福利比绩效考核的激励性更直接，效用更大。薪酬管理的激励效应能够有效地提高员工工作的积极性，并在此基础上促进工作绩效的提高，最终能够促进企业可持续发展。

从对员工的激励角度来讲，可以将广义的薪酬福利分为两类：一类是保健性因素，包括工资、固定津贴、社会保险和公司内部的统一福利项目等；另一类是激励性因素，包括奖金、物质奖励、精神鼓励、股票期权和专项培训等。其中，企业提供的薪酬福利保健性因素如果达不到员工的期望，可能使员工感到不安全，出现士气下降、人员流失，甚至招聘不到人才等现象。而真正能够调动员工工作热情的，是薪资福利的激励性因素。

### 1.2.1　保健与激励效应的四个模式

保健理论（Motivation-hygiene Theory）是美国心理学家赫茨伯格在其双因素理论（Two-factor Theory）中和激励理论（Motivation-incentive Theory）一起提出的。其中，保健因素是指造成员工不满的因素，激励因素是指能使员工感到满意的因素。

保健因素包括组织政策、工资和奖金、人际关系等与工作环境和工作条件有关的因素。激励因素包括工作上的认可和赞赏、挑战性、发展和成长等与工作本身有关的因素。需要注意的是，如果企业没有将福利计划与绩效充分结合，就只能使福利发挥保健作用，不能有效激励员工。激励有激发和鼓励的意思，是人力资源管理过程中不可或缺的环节，也就是运用某种有效的手段和方法，借助于必要的沟通，激发人的需求、动机，使之出现有利于目标实现的行为。

激励效应的有效发挥体现在过程激励模式、五对激励相结合模式、四实现激励模式和行为强化改造激励模式，这四个模式的综合作用上。

（1）过程激励模式

激励效应的有效发挥依赖于需求、动机、目标这三个要素的综合作用，即过程激励模式，如图1-4所示。

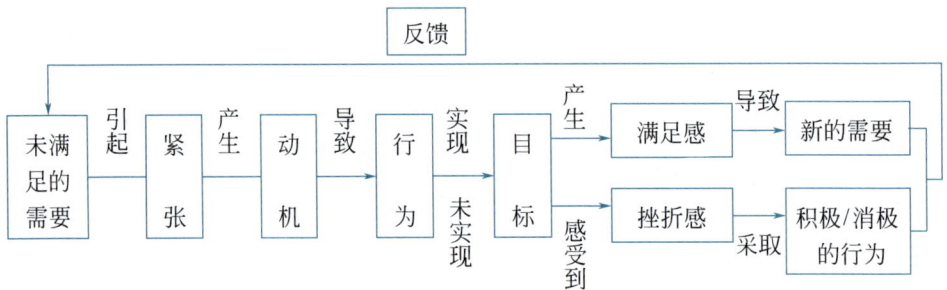

图 1-4　过程激励模式

薪酬激励是指企业通过设计适当的奖酬形式和工作环境，以一定的行为规范和惩罚性措施，来最大限度地激发、引导、保持组织成员的行为，充分挖掘和发挥其内在潜力，使员工自觉自愿地为实现组织目标而奋斗。

（2）五对激励相结合模式

为使薪酬真正发挥激励作用，鼓励员工为企业的长足发展做出贡献，应坚持五对激励相结合模式：物质激励与社会激励相结合；正激励与负激励相结合，以正激励为主；差异化和多样化相结合；激励的公平性和竞争性相结合；人工成本把控和整体效益激励相结合。

（3）四实现激励模式

企业实施薪酬激励的四实现激励模式：实现战略经营目标与员工的绩效直接连接；实现组织的卓越绩效，对员工的贡献给予物质或精神的奖惩；根据不同的绩效水平、员工不同的需求，实现向员工提供解决其痛点的报酬水平的目标；实现人力资源管控目标，如提高招聘达成率、员工留存率，降低离职率和建立人才梯队等。

（4）行为强化改造激励模式

强化理论是哈佛大学心理学教授斯金纳（B.F.Skinner）提出的一种新行为主义论，也称为操作性条件反射论。斯金纳认为强化塑造行为，人的行为只是对外部环境刺激所做的反应，只要创造和改变外部的操作条件，人的行为就会随之改变。强化的类型可以分为正强化、负强化、自然消退和惩罚四种。行为强化改造激励模式如图1-5所示。

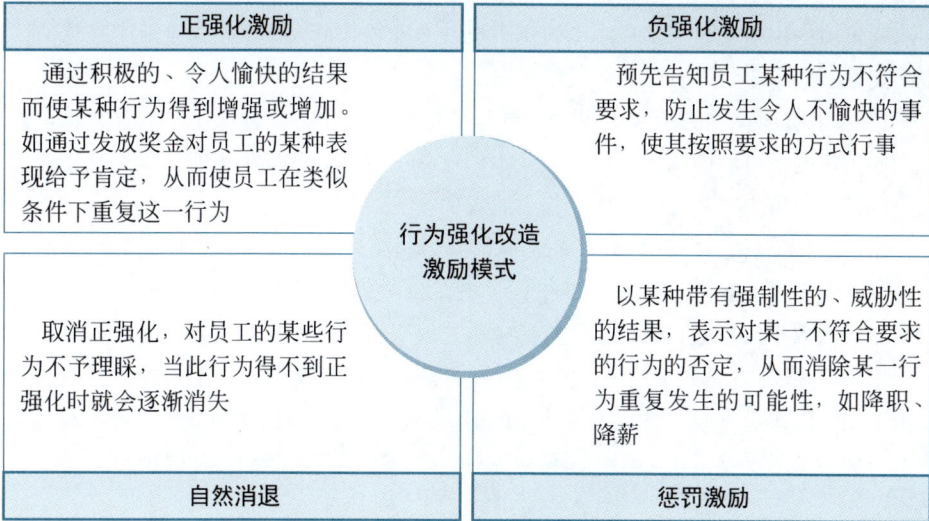

| 正强化激励 | 负强化激励 |
| --- | --- |
| 通过积极的、令人愉快的结果而使某种行为得到增强或增加。如通过发放奖金对员工的某种表现给予肯定，从而使员工在类似条件下重复这一行为 | 预先告知员工某种行为不符合要求，防止发生令人不愉快的事件，使其按照要求的方式行事 |
| 取消正强化，对员工的某些行为不予理睬，当此行为得不到正强化时就会逐渐消失 | 以某种带有强制性的、威胁性的结果，表示对某一不符合要求的行为的否定，从而消除某一行为重复发生的可能性，如降职、降薪 |
| 自然消退 | 惩罚激励 |

图 1-5　行为强化改造激励模式

## 1.2.2　工资与人工成本的四个指标

工资是根据劳动者所提供劳动的数量、质量和事先规定的标准，按件、小时、日、周或月付给劳动者的劳动报酬。

从字面含义来看，薪酬是表达酬劳、酬谢之意，这样较容易与激励机制联系起来。而工资往往和生活费有关，这样似乎是必然的分配结果，是企业应该付给员工的。从政治经济学角度来说，工资是劳动力价值或价格的转化形式，这是对工资的抽象化分析。从经济学角度来说，薪酬一般泛指员工实际拿到的或企业支付的劳动报酬，这是人们对工资的一种形象化称谓。

工资，更多的时候是劳动者一方重点关注的，而作为企业一方的HR，则从专业角度测算工资总额和福利总额，而企业老板，则更加关注人工成本。

人工成本是指企业雇佣劳动者为其工作后，支付给劳动者的全部费用。企业人工成本包括：工资总额、社会保险费、员工福利费、员工教育费、劳动保护费、住房费用和其他人工成本费用七大项。

分析人工成本有助于掌握工资的流向，企业老板和HR肯定要从企业运营和人才激励的角度分析人工成本，而作为员工也应该分析人工成本。

人工成本分析主要是对劳动分配率、人事费用率、人工成本利润率和人工成本占总成本的比重这四个指标进行的。

① 劳动分配率，是指人工成本总量与增加值的比率。增加值包括企业折旧金、税收、利润、人工成本、财务费用、租金六个方面。劳动分配率表示在一定时期内新创造的价值中用于支付人工成本的比例，反映企业投入的人工要素为企业带来价值增值的能力。

② 人事费用率，是指人工成本总量与销售收入的比率，表示在一定时期内企业生产和销售的总价值中用于支付人工成本的比例。其内涵是反映企业劳动力要素在投入企业整体价值生产和价值实现过程中的效率。

③ 人工成本利润率，是指人工成本总额与利润总额的比率。该指标表示企业的单位利润需要耗费的人工成本。该指标越大，企业单位利润消耗的人工成本则越多，说明企业的效率比较低；反之，该指标越小，说明企业的人员产出效率比较高。

④ 人工成本占总成本的比重，是指人工成本总额与企业总成本的比值。该指标反映了企业人工成本与其他成本费用之间的关系。通过对该比率的分析，可以判定企业人工成本相对是过多还是过少，有利于对企业总体的成本结构进行解析和控制。

### 1.2.3　薪酬福利激励机制的五大板块

薪酬福利激励机制包括制度方案、薪酬水平、薪酬结构、工资模式和员工福利五大板块的设计和管理。从软和硬的维度来看，可以体现合情、合理、合法；从平衡的维度来看，实现了对内平衡和对外平衡，个体平衡和组织平衡；从综合发力的维度来看，形成了对外具有竞争力、对内具有公平力、对员工具有激励力、对成本具有控制力和对管理具有法治力的五力并发。所以说，薪酬福利激励机制的五大板块真正实现了激励的全方位和多元化，如图1-6所示。

### 1.2.4　薪酬福利激励系统的八项业务

薪酬福利激励不是一种激励方式，也不是一蹴而就的，而是一个系统，包括物质与精神、外附与内滋、他人与自我，以及目标、榜样、情感、参与、股票期权和期股八项业务的激励组合，如图1-7所示。

#### （1）物质激励与精神激励

物质激励和精神激励是按照激励效果划分的两种激励形式。物质激励是从满足人的本能需要出发，从而激发人们的动力，并因此形成的行为趋势。精神激励是从满足人的精神需要出发，对人的心理施加必要的影响，从而产生激发力，影响人的行为。

社会保险和住房公积金

法定节假日

统一／地方相关法律、法规、规定等

企业补充保险、商业保险

专项培训、出国考察访问

股票期权和非实物福利等

法定福利

其他福利

消费者物价指数

企业工资指导线

合理性

员工福利

企业生命周期

创业期

成长期

成熟期

衰退期

蜕变期

薪酬市场水平调研

员工薪酬满意度调查

薪酬水平

薪酬福利激励机制

薪酬结构

高稳定性薪酬结构

高弹性薪酬结构

折中性薪酬结构

最低工资制度

工作时间制度

工资集体协商

工资支付保障

补偿金、赔偿金、违约金

合法性

工资模式

计时工资与计件工资制度

岗位等级工资制度

经营者年薪制度

项目团队工资制度

销售人员工酬设计

专业技术人才薪资设计

制度方案

薪酬福利管理规定、销售提成发放规定、项目提成管理规定、年薪制实施办法、股票期权激励方案等

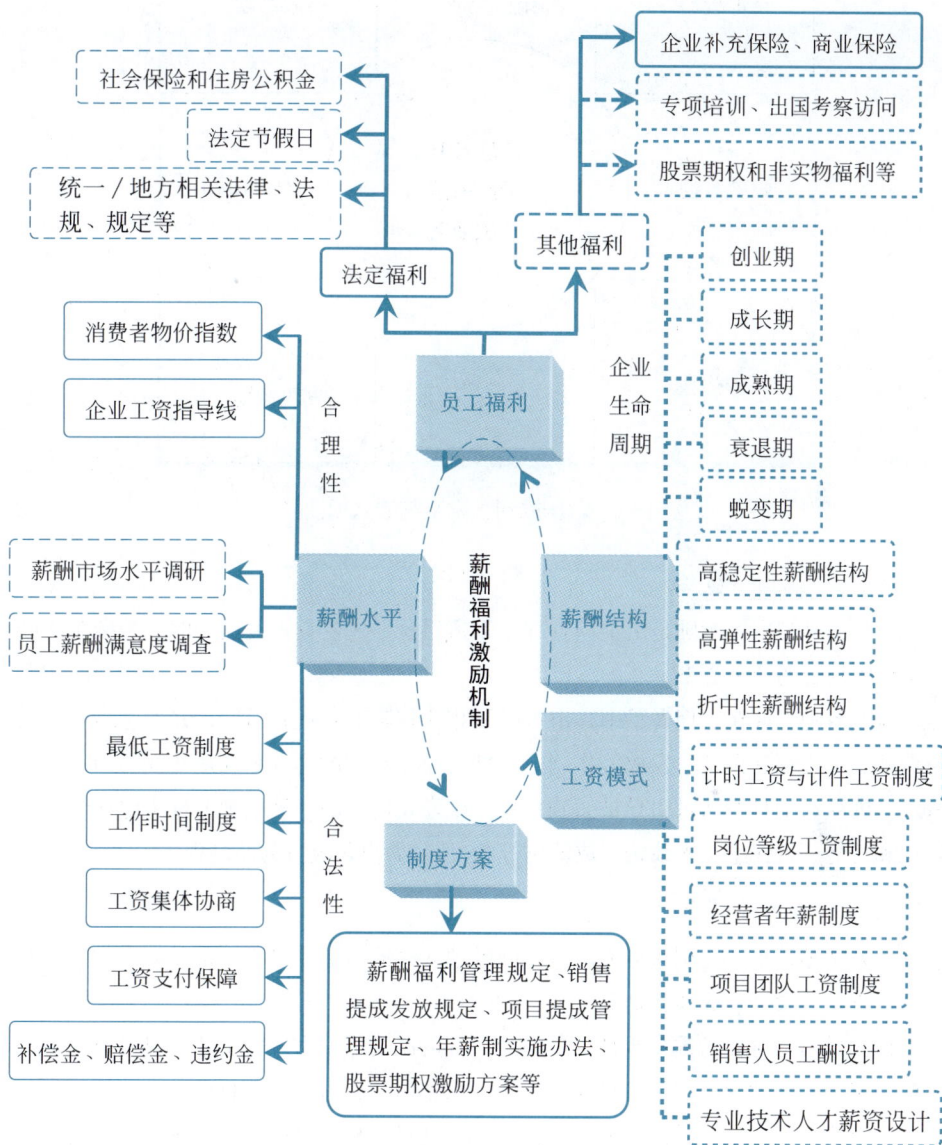

图1-6 薪酬福利激励机制的五大板块

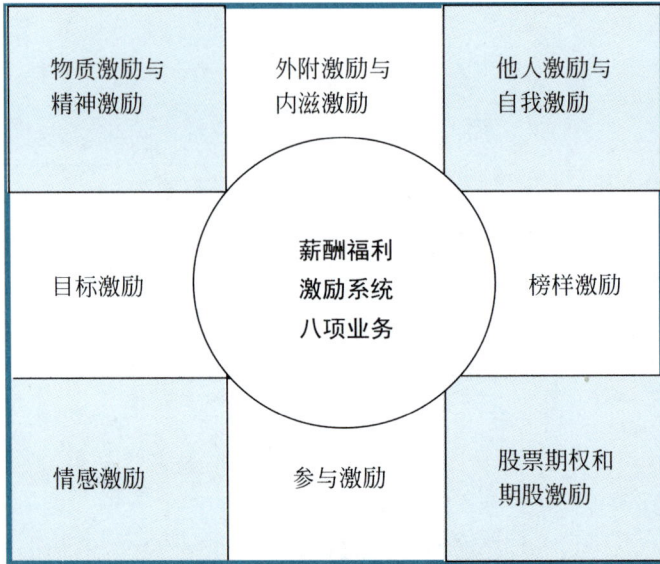

图 1-7　薪酬福利激励系统的八项业务

**（2）外附激励与内滋激励**

外附激励与内滋激励是由美国管理学家道格拉斯·麦克雷戈提出的，是按照激励产生原因划分的两种类型。

外附激励掌握在管理者手中，由被赋予相应权限的管理者运用，并通过绩效考核与点评、工资福利设计与发放等作用于管理对象，对被激励者来说是外部附加的一种激励。内滋激励是指通过引导被激励对象产生发自内心的一种激励力量（包括学习新知识和技能、责任感、光荣感、成就感等），使其做出积极行为的过程。

**（3）他人激励与自我激励**

他人激励是指个体调整他人动机，鼓励他人完成目标的过程。常见的激励措施有赞美、肯定、荣誉、成功激励等。

自我激励是对自己进行激励，是一种内部的激励，是个人为了达到自己所设定的目标而努力向前的内在力量。自我激励是个人不断完善自己，使自己迈向成功的最佳途径。自我激励应从个人的需要、目标着手，通过分析自己的需要，选择合理的目标并实现这些目标。自我激励的方法有离开舒适区、调整奋斗目标、加强紧迫感、及时调整计划、及时反省自己、敢于竞争等。

**（4）目标激励**

目标激励是通过目标的设置来激发个体的动机、引导个体的行为，使被激励者的个人目标与组织目标紧密地联系在一起，以激励其积极性、主动性和创造性。

为确保目标制定者准确把握目标设定的方向，确保目标的科学性，在进行目标设置时要遵循SMART原则。

① S（Specific）明确性，即目标设置中的绩效目标应清晰、明确、详细。

② M（Measurable）可衡量性，即目标应该能够用可衡量的数据来表达。目标的可衡量性应遵循"能量化则量化，不能量化则质化"的标准，杜绝使用无法衡量的指标进行描述。

③ A（Attainable）可实现性，即目标应该可以执行，能在一个特定时期内完成。

④ R（Relevant）相关性，即设定的目标应该与工作职责、组织战略相关。

⑤ T（Time-bound）时限性，即目标要有时限，要有合理的时间约束。

（5）榜样激励

在工作中，管理者要选择好的榜样，有目的、有计划、实事求是地宣传和表彰他们，帮助员工从感性到理性认识榜样，注意用榜样的力量触动员工的灵魂，激发员工的道德情感和向榜样人物学习的动机。榜样的树立应坚持真实性、多样性、深刻性和仪式性的原则。

① 真实性，是榜样激励法的基础，即树立的榜样人物一定要有真正为员工所公认的事迹，不要对榜样进行人为的加工、伪造。

② 多样性，即企业中的员工是具有差异性的，组织应为员工树立各种类型的榜样。

③ 深刻性，一方面指榜样人物的思想、行为等有深刻的教育意义，另一方面指应对榜样人物进行宣传，使其先进事迹、先进思想等深深印在员工的心中。

④ 仪式性，即树立正面榜样要有仪式感。企业应召开表扬榜样人物的会议，会议的形式隆重、气氛热烈，一方面能对榜样人物自身起到激励作用，以强化其行为；另一方面能够激发其他员工向榜样学习的动力。

（6）情感激励

情感激励是指管理者通过人性化的方法和手段深入了解被激励者的情绪与情感，深入了解他们的内心世界，理解他们的喜怒哀乐，真心地关爱他们、帮助他们，进而充分调动其工作的积极性，发挥其最大的主观能动性，以有利于实现组织目标。

人的情感决定了人的价值取向和行为方式，情感激励的作用主要表现为：情感激励能够凝聚人心，能释放人的潜能，有助于良好人际关系的形成，能够体现管理者的胸怀，能够调节人的认知方向和人的行为。

情感激励的途径包括关爱激励、信任激励、荣誉激励、赞美激励、尊重激励和分享激励等多种。

#### （7）参与激励

参与激励是指企业的管理者把员工摆在主人翁的位置上，尊重员工、信任员工，允许员工在不同层次和不同深度上参与决策，采纳员工的合理意见或建议，全心全意地依靠员工办好企业。

有效的参与激励可以很好地发挥四个作用：满足员工的愿望，从全方位、多角度来收集管理或经营的相关意见和建议，有助于更好地解决企业存在的问题，有助于留住企业的知识性员工。

#### （8）股票期权和期股激励

企业仅仅通过工资、奖金等短期激励对员工提供价值回报，往往不能满足想与企业共成长、同命运的一类员工的需求。最直接的办法就是将他们获得的回报同企业的持续增值紧密地联系起来。其中，股票期权和期股激励就是此种类型的回报方式。

与其他激励方式相比，股票期权和期股激励具有力度大、时效长等特点。股票期权和期股对企业核心人才有明显的激励和约束作用，能够吸引和留住核心人才，有利于降低企业的管理成本，有助于创建员工当家做主的企业文化。

## 1.3 绩效薪酬激励系统构建

无论是从规划计划、招聘配置、培训开发、绩效管理、薪酬福利和员工关系这六大业务模块来看，还是从员工招聘入口、价值创造过程、人才流动出口这样的步骤来说，人力资源管理本身就是一项系统工程。如果从一开始选择的人不对，那么后面的训练培养就不会有效，考核也不会有效，激励更不会有效。而且，这部分人创造的价值越大，舍弃他们的机会成本也就越多。

所以，职场优秀人才的绩效考核与薪酬激励设计必需精细化、系统化。本书用一张框架图谱呈现绩效考核与薪酬激励系统，用一张画布设计绩效考核与薪酬激励系统。

### 1.3.1 框架图谱：呈现绩效考核与薪酬激励系统

绩效考核与薪酬激励系统框架图谱，如图1-8所示。

```
┌─────────────────────────────────┐
│     绩效考核与薪酬激励系统框架图谱      │
└─────────────────────────────────┘
```

| 四个层次<br>激励设计 | 绩效管理<br>重点业务 | 薪酬福利<br>四力激励 | 效果类型<br>全方位激励 | 企业生命周期<br>适时适当激励 |
|---|---|---|---|---|
| 组织层面 | 计划辅导与考核 | 竞争力 | 物质+精神 | 五个不同时期 |
| 部门层面 | 诊断与评估 | 公平力 | 外附+内滋 | 九个岗位范例 |
| 项目层面 | 反馈与改进 | 控制力 | 正向+负向 | 八大制度表单 |
| 个人层面 | 工具与方法 | 法治力 | | |

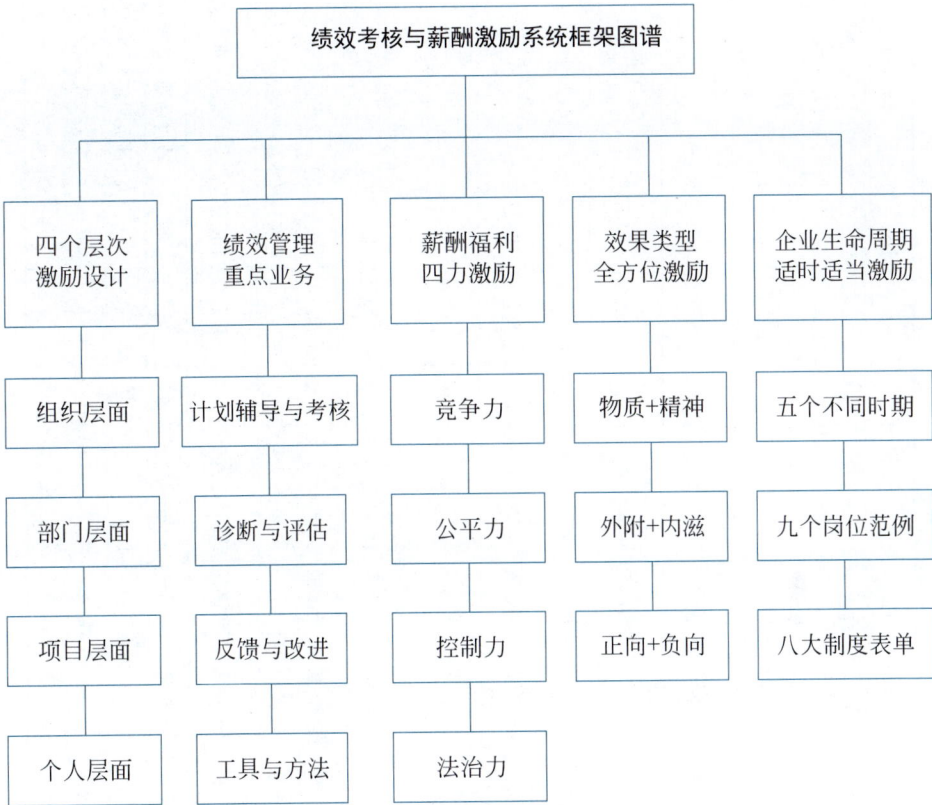

图 1-8　绩效考核与薪酬激励系统框架图谱

## 1.3.2　一张画布：设计绩效考核与薪酬激励系统

绩效考核与薪酬激励系统设计的画布，如表1-2所示。

**表1-2 绩效考核与薪酬激励系统画布**

| 现状盘点 | 绩效薪酬激励系统 | 战略性绩效薪酬 | 绩效考核激励系统 | 薪酬福利激励系统 | 薪酬指标工具模式 | 责任书与绩效合同 | 综合激励制度与表单 |
|---|---|---|---|---|---|---|---|
| 绩效考核 | 生命周期 | 三大价值 | 目标确立与绩效计划 | 竞争力设计 | 薪酬激励指标设计 | 九大岗位目标责任书 | 八大制度范例 |
| 绩效管理 | 成长期／成熟期 | 系统思考 | 目标确立／八字方针／四个层面 | 外部调研／五种方式 | 人工成本 | 总经理目标责任书 | 绩效管理规定 |
| 三大误区 | 蜕变期／表退期 | 短期长期 | 战略地图 | 内部调查／问卷设计 | 指导线／分支点 | 运营总监 | 绩效考核实施细则 |
| 行为矫正 | 按四个层面设计 | 个体团体 | 绩效计划／五个阶段 | 竞争力／两类因素 | 物价指数／比较比率 | 营销总监 | 绩效面谈实施细则 |
| 五个偏差 | 组织层面／部门层面 | 五大策略 | 支持辅导与绩效辅导 | 公平力设计 | 薪酬激励工具设计 | 技术总监 | 绩效改进与提升办法 |
| 三位一体 | 项目层面／个人层面 | 差异化 | 辅导内容／工作支持／五项要求 | 岗位价值／以岗定薪 | 宽带薪酬 | 研发总监 | 薪酬福利管理规定 |
| 五段闭环 | 按效果类型设计 | 快速发展 | 辅导规范／— | 八大量表 | 工效挂钩 | 生产总监 | 销售提成发放规定 |
| 保健激励 | 物质激励／精神激励 | 专攻化 | 考评流程／四个阶段 | 综合评价 | 全面薪酬／薪酬测算 | 财务总监 | 项目提成管理规定 |
| 四个模式 | 外附激励／内涵激励 | 稳定收缩 | 绩效改进与沟通反馈 | 浮动薪酬／固定薪酬 | 薪酬诊断 | HR总监 | 年薪制实施办法 |
| 工资成本 | 正强化／负强化 | — | 负面反馈／时机时间／五类员工／沟通重点 | 配套激励／奖金福利 | 薪酬调整 | 行政总监 | 八大表单范例 |
| 四个指标 | 按重点业务设计 | 三种方法 | 四个阶段 | 控制力设计 | 薪酬沟通／薪酬涨结 | 八大岗位绩效合同／对标范例 | 考核实施／改进计划 |
| 五大板块 | 绩效计划／辅导沟通 | 目标业绩激励 | 绩效改进与能力提升 | 四大困境 | 工资激励模式设计 | 运营总监 | 薪资明细／奖金提成 |
| 八项业务 | 考核点评／反馈改进 | 利润财富分享设计 | 诊断维度 | 六种方法 | 计件工资／计时工资／一岗一薪 | 营销总监 | 面谈记录／考核申诉 |
| 框架图谱 | 竞争力／公平力 | 特殊项目成就奖励 | 改进方法／六种方法 | 薪酬核算／薪酬预算／成本控制 | 技能工资／年薪制／项目工资 | 研发总监／财务总监 | 工资日报／调薪申请 |
| 画布设计 | 控制力／法治力 | — | 技能提升 | 法治力设计／三种方法／法律法规／规章制度／集体协商 | 销售提成／专技薪资／股权期权 | HR总监／行政总监 | — |

# 第2章

# 如何多维度设计绩效薪酬激励系统

设计绩效薪酬激励系统可从企业生命周期、四个层次、效果类型和绩效薪酬重点业务四个维度进行。

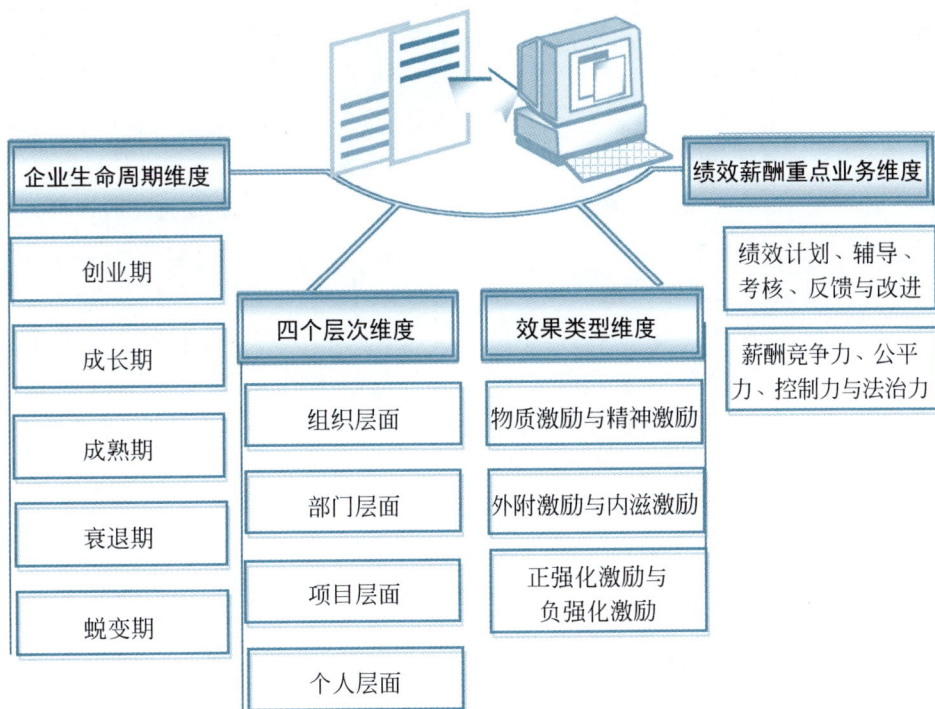

| 企业生命周期维度 | | 绩效薪酬重点业务维度 |
| --- | --- | --- |
| 创业期 | | 绩效计划、辅导、考核、反馈与改进 |
| 成长期 | 四个层次维度 | 效果类型维度 | 薪酬竞争力、公平力、控制力与法治力 |
| 成熟期 | 组织层面 | 物质激励与精神激励 | |
| 衰退期 | 部门层面 | 外附激励与内滋激励 | |
| 蜕变期 | 项目层面 | 正强化激励与负强化激励 | |
| | 个人层面 | | |

# 2.1 按企业生命周期设计绩效薪酬激励系统

一家企业的发展就像一个人的成长一样，是可以分为不同阶段的，而且每个阶段的生命高低潮不同，每段历程发展的特点和绩效薪酬管理的侧重点也不同。所以，无论是一个人的自我激励，还是企业针对员工设计的绩效薪酬激励系统都必须各有特色。

按照不同发展阶段进行划分，企业的生命周期从先到后可以分为五个时期，即创业期、成长期、成熟期、衰退期和蜕变期。同时，依据重视程度，企业绩效管理可以划分为无暇顾及、形式行事、系统闭环、创新发展四个阶段，依据企业战略薪酬策略可以划分为跟随型、领先型、滞后型和混合型四种类型，企业绩效薪酬激励系统的设计应该围绕企业生命周期展开。

## 2.1.1 创业期绩效薪酬激励系统设计

彼得·德鲁克说过，预测未来的最好办法就是去创造未来。那么，创业期公司的绩效薪酬激励系统设计就应该是给员工呈现一个美好的前景。

创业期公司的紧要事项是销售、销售、再销售；老板想的是活着、活着、活下去；主管对员工的管理是紧追"你生产了什么产品""你提供了哪些服务""你卖出去了什么，卖出去了多少""你做了些什么工作，完成了哪些任务"……

然而，创业期公司人力资源管理的实际情况却是几乎没有什么规章制度、政策和战略，领导者事必躬亲，不愿意授权给员工，创始人的种种承诺时时被考验，人才的选、用、育、留没有章法，甚至像伊查克·爱迪思在《企业生命周期》一书中所言，婴儿期公司的死亡使创始人的梦想成为创业空想。

具体而言，创业期公司对员工的激励设计就应该是既有未来的憧憬，又有眼前的实惠；既有长远的展望合作，又有短期的诉求满足。

创业期公司绩效激励的有效做法，如表2-1所示。

表2-1 创业期公司绩效激励的有效做法

| 关注维度 | 基本诉求 | 绩效管理重点 | 绩效激励做法 |
| --- | --- | --- | --- |
| 活着 | 基本的盈亏平衡 | 避开或越过初创企业2.9年死亡魔咒 | 顾不上绩效管理 |

续表

| 关注维度 | 基本诉求 | 绩效管理重点 | 绩效激励做法 |
| --- | --- | --- | --- |
| 生存 | 工资、房租、水电费等 | 创始人带着员工"到处想方设法找食吃" | 特别关注销售额 |
| 市场 | 稳占一定市场份额 | 鼓励产品研发、创新、迭代，开拓新市场 | 努力扩大市场份额 |
| 筛选 | 同甘共苦的人 | 留下认同老板想法、愿意与企业共生的人 | 好态度胜于高能力 |

　　创业期公司组织结构松散，资金主要用于投资扩大业务，基于个人的薪酬政策也更有利于激励为企业创新、创业、创造的关键人才，较少应用团队薪酬。创业期公司的薪酬管理关注的是易操作性和强激励性，具有个性化和随机性，在薪酬评价上也是以主观为主，老板往往拥有最大的内部分配决策权。

　　创业期公司可以采用滞后型薪酬策略。薪酬激励的有效做法，如图2-1所示。

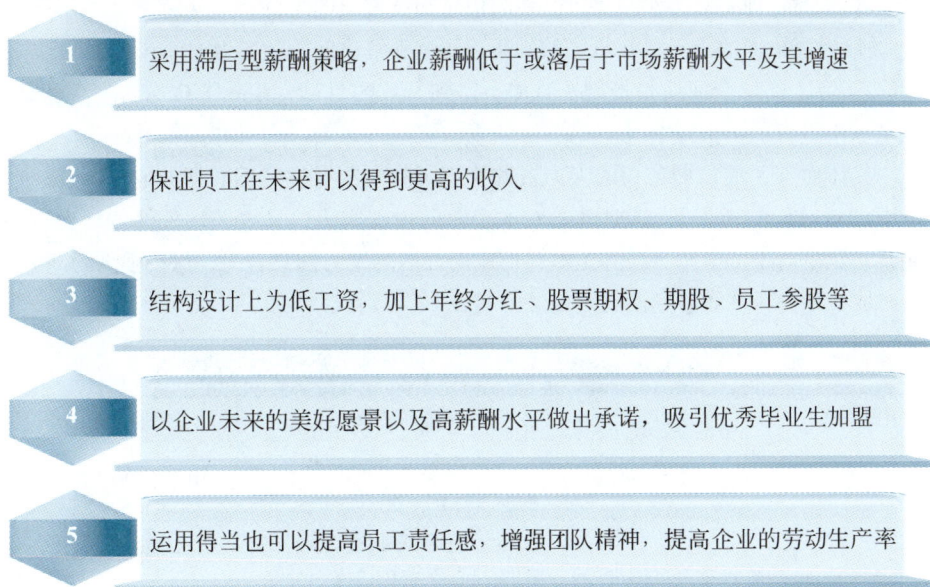

1　采用滞后型薪酬策略，企业薪酬低于或落后于市场薪酬水平及其增速

2　保证员工在未来可以得到更高的收入

3　结构设计上为低工资，加上年终分红、股票期权、期股、员工参股等

4　以企业未来的美好愿景以及高薪酬水平做出承诺，吸引优秀毕业生加盟

5　运用得当也可以提高员工责任感，增强团队精神，提高企业的劳动生产率

图2-1　创业期公司薪酬激励的有效做法

## 2.1.2　成长期绩效薪酬激励系统设计

　　"当万事万物停止成长时，它便开始走向死亡。"处于成长期的公司面临着不断增长的市场需求，资金流入增加，组织规模逐步扩大，组织结构趋于复杂化。成长期公

司的绩效薪酬激励系统设计应该是在留住卓越员工的同时招募更多的优秀人才和团队，用"鲶鱼效应"刺激员工的创业创新精神。

成长期公司的紧要事项是有规划、订计划、搞拓展，使组织结构清晰，规章制度有效，正式沟通顺畅，远离形式主义、文山会海和繁文缛节，主管和员工互相信任、互相尊重……

"成长阶段的公司有信仰者，成熟阶段的公司有跟随者，衰退阶段的公司有怀疑者。"成长期的企业管理者很重要，管理者的水平主要是看他们分析、分解和实现组织目标的能力，以及分析并满足完成这一目标的员工诉求和需要的能力。但是，要跟得上公司发展的步伐，这些管理者再以一抵十也不够用，他们必须能够激励更多的下属，再让这些人去激励更多的员工。

例如，日本企业中的"小组自管制"，就是将决策权下放到基层，以激励员工生产出高品质的产品，提供更到位的服务，具体管理措施包括：

① 用制度鼓励员工参与决策，使员工享有较大的自主权；

② 项目小组成员的聘任与去留由小组自行决定；

③ 作为管理者只为小组提供必要的信息和技术上的支持；

④ 教育培训的重点放在员工的沟通、协调和解决问题的能力方面；

⑤ 为了保障全面质量控制（TQC）得到有效的贯彻，绩效考核与薪酬激励制度也是以小组为单位实施的。

具体而言，成长期公司的人力资源管理现状是既存在"旧时期的老人"，又急于吸引"新时代的新人"。这时既要看本企业的内部实力，又要关注外部劳动力市场，尤其是竞争对手的激励手段和策略，形成内外的凝聚力和整合力，保持强劲的动力。

成长期公司绩效激励的有效做法，如表2-2所示。

表2-2 成长期公司绩效激励的有效做法

| 关注维度 | 基本诉求 | 绩效管理重点 | 绩效激励做法 |
|---|---|---|---|
| 探索 | 更有利于企业发展 | 提出绩效文化，试探员工绩效考核接受度 | 开始提出绩效工资 |
| 对标 | 标杆学习案例学习 | 学习竞争对手或其他名企的绩效管理做法，注重分享、宣贯和教育培训 | 如饥似渴地学习绩效管理的案例 |
| 组织 | 开始设置部门招聘HR | 开始尝试人力资源规范化管理 | 陆续出台绩效相关制度、设计KPI等 |
| 创意 | 想方设法激励员工 | 出新招、变花样，设置奖励激励员工提高业绩 | 各有特色，百花齐放，百家争鸣 |
| 二八原则 | 以奖为主，树立榜样 | 奖励那些为公司发展做出巨大贡献的人 | 属于形式行事期 |

成长期公司可以采用领先型或者跟随型的薪酬策略。其中，领先型薪酬策略就是高薪用人，以高于市场竞争对手的薪酬水平突出高回报，最大限度地吸纳和留住员工。领先型薪酬策略可以弥补岗位工作存在的一些不足，比如工作环境恶劣、劳动强度大、需要上夜班或者经常出差等。同时，领先型薪酬策略的实施也会给企业带来一系列的问题，比如人工成本加大、增加财务压力或者将员工的高薪转嫁到消费者身上，影响产品或服务的市场竞争力等。

然而，薪酬水平对企业的资产回报率几乎没有什么影响，基本工资只是员工薪酬中的一部分而已。过分强调高基本工资而忽视绩效、奖金、激励工资、股票、福利和工作安全等其他福利薪酬形式，不利于充分调动起员工的积极性、主动性和创造性。

所以，成长期公司更倾向于采用跟随型薪酬策略，薪酬激励的有效做法，如图2-2所示。

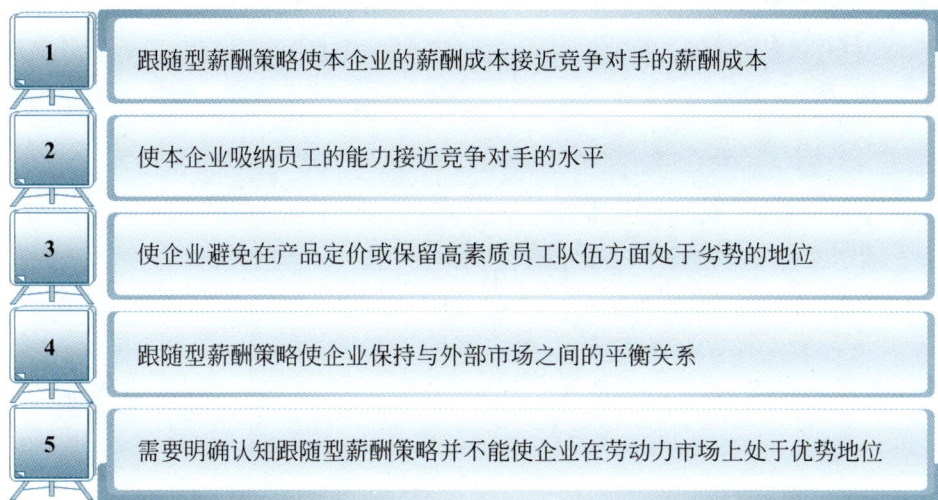

| 1 | 跟随型薪酬策略使本企业的薪酬成本接近竞争对手的薪酬成本 |
|---|---|
| 2 | 使本企业吸纳员工的能力接近竞争对手的水平 |
| 3 | 使企业避免在产品定价或保留高素质员工队伍方面处于劣势的地位 |
| 4 | 跟随型薪酬策略使企业保持与外部市场之间的平衡关系 |
| 5 | 需要明确认知跟随型薪酬策略并不能使企业在劳动力市场上处于优势地位 |

图2-2　成长期公司薪酬激励的有效做法

## 2.1.3　成熟期绩效薪酬激励系统设计

"即使在正确的道路上，如果只是坐在那儿不动，你也终将被他人所超越。""好的管理不是马拉松比赛，而是一场接力赛。"成熟期的企业和员工实现了自我价值，知道自己是谁，知道什么钱该赚，什么钱不该赚，也知道自己正在做什么，未来想做什么。成熟期公司最大的挑战是如何在高峰期保持更长的时间，绩效薪酬激励系统设计就应该是稳中向好。

正如果农经常说的"绿色代表着成长，成熟预示着腐败"，成熟期公司其实也存在这样或那样的问题，可以说，成熟期也可能是"埋雷"期。比如，有安全感而没有紧迫感，激励系统奖励了错误的行为，公司亏损个人依然有奖金，用过高的薪酬留员工，制定了规章制度却没有被遵守，缺乏问责制，过度管理控制，没有或者过早地引入了利润共享机制等。尤其是成熟期公司不愿意再冒风险，不想再展望未来，这种种的不作为最终可能导致企业衰退甚至破产。

所以，成熟期公司的紧要事项是必须从"多就是好"的自我欣赏转变为"好就是多"，甚至开始做减法。因为集团规模效应的负面影响和事业部增多的问题显露，产品或服务要做减法，否则鞭长莫及，会失控；因为有边际生产力递减规律的存在，企业人才要做减法，要平衡好"数量、质量、层次和结构"，要用如通用电气的"人才九宫格"等工具来把优秀员工和问题员工区分开来，淘汰"搭便车"的庸才，留住真正的人才，同时，吸引职业经理人的加入。

具体而言，成熟期公司已发展成规模经济，能够实现稳定的利润，有完备的制度化管理流程，要从更辛苦地工作转变为更聪明地工作，从杂乱无章的绩效考评与薪酬福利发放转变为标准化、规范化、高效化的激励系统，直至形成手册、模板，甚至成为其他企业争相效仿的标杆。

成熟期公司绩效激励的有效做法，如表2-3所示。

表 2-3　成熟期公司绩效激励的有效做法

| 关注维度 | 基本诉求 | 绩效管理重点 | 绩效激励做法 |
|---|---|---|---|
| 管理效益 | 向绩效管理要效益 | 计划、辅导、考核、反馈与改进 | 普遍接受和认同 |
| 标准化 | 内容标准、形式标准 | 有依据、有抓手、有指标、有标准、有权重 | 形成考核操作手册 |
| 机制化 | 规章制度完备 | 制度、表单、流程、节点、风险点、关键点 | 健全绩效管理机制 |
| 规范化 | 循规蹈矩、落地有声 | 遵循 PDCA 循环步骤进行规范化绩效管理 | 属于系统闭环模式 |

成熟期公司可以采用混合型薪酬策略。薪酬激励的有效做法，如图2-3所示。

**1** 混合型薪酬策略更具灵活性，根据不同的工作岗位制定不同的薪酬策略

**2** 例如，中高级专业技术人员、管理人员或中高级技能人员的薪酬水平高于市场平均水平；其他一般员工等于或低于市场平均水平

| 3 | 只要公司效益好，员工就可以通过绩效工资或激励工资得到更高水平的报酬 |
| 4 | 对标IBM公司，众多培训机会、多种员工援助方案等领先于竞争对手，基本工资仅相当甚至滞后于竞争对手，业绩奖金也仅与竞争对手相当 |
| 5 | 对标微软公司，基本工资是滞后型的，业绩奖金是跟随型的，创造财富的员工持股计划却是领先型的 |

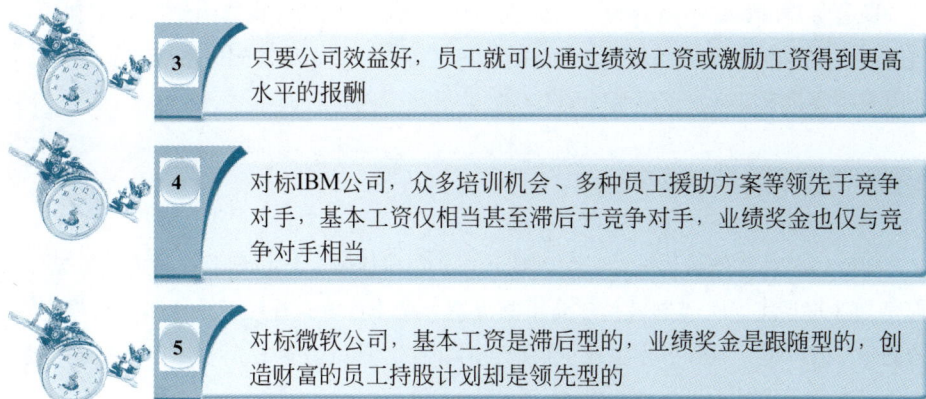

图 2-3　成熟期公司薪酬激励的有效做法

## 2.1.4　衰退期绩效薪酬激励系统设计

"不识庐山真面目，只缘身在此山中。""给人（客户）治病易，为己治病难。"很多公司已经进入衰退期，甚至成熟期与衰退期叠加，只是自己不知道或者创始人、股东们不愿意承认罢了。

企业衰退的信号和表现往往是大家都没有了创业精神，管理混乱、士气低落，依靠老办法解决新问题，很多数据、资料和信息不能及时汇总；部门之间相互指责、互相推脱，任何有效的改革措施都难以推行；好员工跳槽了，或有了离职的迹象；过度的内部斗争、权力斗争导致核心成员快速流失等。

衰退期公司的紧要事项就是及时止损，不能让公司变得更糟糕，但是，也要考虑如何不让员工丧失希望和信心。

衰退期公司绩效激励可能没有统一的有效做法，其中的一种做法，如表2-4所示。

表 2-4　衰退期公司绩效激励的做法

| 关注维度 | 基本诉求 | 绩效管理重点 | 绩效激励做法 |
|---|---|---|---|
| 提振业务 | 保留核心盈利业务 | 做减法，已然失效的要摒弃，该废止的要果断宣布弃用，需要改变的就改 | 重点关注核心业务和相关部门的考核 |
| 共克时艰 | 坚持好的、有效的，保留有用的 | 想走的人留不下，也没有必要强留，与想留的人沟通面谈，防止集体离职，防止人员流动的"多米诺骨牌效应" | 修改相关绩效管理制度或出台应对之法 |
| 创新管理 | 再一次燃起创业激情 | 民主管理，听取员工的意见和建议 | 用绩效创新促发展 |

衰退期公司资源不断减少，需要重组和简化业务流程，提高组织的效率和效益，确保企业能够艰难地存活下去。衰退期公司不得不开始实施薪酬成本缩减战略，适合采用滞后型薪酬策略，薪酬激励的有效做法类似于创业期。

### 2.1.5 蜕变期绩效薪酬激励系统设计

即使是面对"公司几乎处于无管理状态，纪律松弛；35位副总裁各把一方，互不通气；财务混乱，现金枯竭；产品粗制滥造，积压严重；连续三个季度的亏损达1.6亿美元"的困境，这样一家企业也可以生存下来！这就是李·艾柯卡上任克莱斯勒汽车公司当天的状况。

蜕变期公司的紧要事项就是找出好的赶快巩固，找出坏的尽快删除，该改变的必须排除一切障碍进行大刀阔斧的改革。或者说，蜕变期公司的绩效薪酬激励系统设计可以称为"起死回生"的方法。

具体而言，针对蜕变期公司的绩效薪酬激励系统设计，我们不妨对标名企的案例，通过参照和模仿形成适合本公司的机制。下面通过了解李·艾柯卡创立的绩效薪酬激励系统等人力资源管理措施，来看他是如何让濒临倒闭的克莱斯勒公司东山再起成为全美第三大汽车公司的。

① 为了拯救克莱斯勒，确保65万员工的工作和生活，艾柯卡没有简单地裁员，他决定以紧缩开支为突破口，提出了"共同牺牲"的大政方针。艾柯卡从自己做起，把36万美元的年薪降为1美元，心甘情愿地勒紧裤腰带，与此同时全体员工的年薪也减少了125倍。

② 要想渡过难关，克莱斯勒人流出的血必须一样多。如果有人光等待别人为他付出，自己却袖手旁观，那就会一无所有。尤其是企业领导，更要身先士卒，做出样子。

③ 艾柯卡率领高层领导班子对营销、信贷、财务、计划和人事等部门进行整顿改革，积极扶持新产品的开发，花大力气抓生产制造。

④ 尽力鼓励部下提出实际的想法和建议。他还习惯在与下属交谈后，让对方将所说的意见写成书面文字，使这些想法具体化，以弥补口头交谈的缺陷。

⑤ 假如你要表扬一个人，请用书面方式；假如你要使被批评者不至于过分难看，那么，请用电话。

⑥ 一切企业经营归根到底就是三个词：人才、产品和利润，没有了人才，后两者都无法实现。

# 2.2 按四个层次设计绩效薪酬激励系统

企业激励系统设计的目的就是通过各种激励手段最大限度地调动起员工的干劲儿，将企业整体目标自上而下进行分解；反过来，自下而上，每个岗位员工实现预期目标值，每个团队、每个部门，直至一个组织将各层次目标值相加其至远远超越目标总额，从而达成企业整体效能最大化。

按照层次设计绩效薪酬激励系统，就是依据范围从大到小，划分为组织、部门、项目（团队）和个人四个层面，并在不同层次、不同主体、不同类型的绩效和薪酬管理方面，进行激励时间、方式、手段的体系策划。

## 2.2.1　对标范例：华为的回溯激励设计

华为是一家由员工100%持股的公司，"全员持股"是华为为人称道的特色管理制度之一。华为2019年年报显示，股东会为华为最高权力机构，由工会与任正非两位股东组成。

持股分红也是华为员工收入的重要组成部分。华为员工薪酬主要包括工资、奖金和分红，如若外派国外，还有外派补助和艰苦补助。

2019年年报显示，华为通过工会实行员工持股计划，参与人数为104572人，参与人仅为公司员工。目前，根据华为的全员持股制度，华为创始人任正非所持有的股份已经下降至1%左右。但是，由于大部分普通员工所持有的股份属于虚拟股份，不具备投票权，所以绝大部分的投票权仍然掌握在华为的核心管理团队手中。同时，公司还为任正非保留了"一票否决权"，这使任正非在仅仅持有1%左右股份的情况下仍然能够控制华为。

华为对做出历史贡献的员工进行回溯激励，任正非强调"不忘记英雄"。

2021年2月3日，任正非签发31号电邮文件《关于对技术探索团队和个人回溯激励的决议》。这一决议是为了回溯激励那些做出历史贡献但没有得到相应激励的技术探索团队和个人。决议指出：只有有科学的历史观，才会有科学的发展观，不忘记英雄才能更好激发更多英雄奋战。

为了坚持"不让雷锋吃亏"的激励导向，该决议明确对贡献突出的团队和个人，给予一次性奖金补偿，进行人岗晋升和任职晋升，以及授予荣誉称号等精神激励。

此次回溯激励主要面向进行技术探索的团队和个人，包括两大类，具体如下。

① 技术探索前期方向和价值不清晰，能够克服资源不足等挑战坚持开拓进取，并最终取得胜利的团队和个人。

② 技术探索存在多个路径，证明所探索路径不可行、帮助公司少走弯路的团队和个人。

在激励实施方面，决议明确，回溯时段的个人绩效结果可以修改并作为该时段的最终绩效，具体激励内容可分为三类。

① 奖金激励。结合历史激励状况，可以对回溯团队和个人给予一次性奖金补偿。奖金原则上以及时激励（TIA）方式发放，由公司战略奖金支付。

② 升职激励。对贡献突出的个人可以先做人岗晋升和任职晋升，并同步调整薪酬待遇，长期激励可基于新的个人职级满配授予。

③ 精神激励。鼓励分层级对回溯团队和个人进行精神激励，如表彰大会、荣誉称号、勋章奖章和立体宣传等。

回溯激励有效期：自发文开始生效，有效期为5年。

## 2.2.2　组织层面绩效薪酬激励设计

组织层面的绩效薪酬激励设计，也可以说是一种企业文化的体现，需要站在企业战略、年度经营计划和人力资源规划的高度，在组织内部必须形成能上能下、能高能低、能进能出的人才管理机制，打破"铁交椅"，并在进行工作分析、构建岗位胜任特征模型的基础上，配套实行竞聘上岗制度，做好职业生涯规划管理，使员工和企业同心同德、群智经营、持续奋斗。

一个组织是否有效，应当从"量"和"质"两个方面加以评价。从"量"上评价是看组织的有效程度，即组织效率；从"质"上评价是看组织的有效性，即组织效能。因此，组织要提高其有效性，必须提升组织效率和组织效能。

（1）组织效率提升的措施

组织效率是组织实现其目标所需耗费的资源数量，通常用投入产出比来衡量。组织效率提升的具体措施包括优化组织结构、优化业务流程、提高信息化水平和建立员工激励机制，即包括绩效考核和薪酬激励在内的激励机制。

（2）组织效能提升的措施

效能是组织实现经营目的和目标的能力，决定着组织是否能以最终实现全部目标的方式来开发和利用其资源。组织效能提升是以组织效率提升为基础的，具体措施就是搞好人力资源管理定责、定岗、定编、定额、定员、定薪，实施员工培养发展计划，包括进行人才盘点，确认人员优化方案及对象，并与员工做好沟通工作，明确其培训与发展需求，以及制定符合公司经营的长期目标、短期目标的员工技能提升训练和发展计划。

（3）组织层面绩效薪酬激励设计的五个重点

① 绩效薪酬激励的管理制度健全，配套表单简洁、实用、有效。

② 绩效薪酬激励的操作流程顺畅，过程节点作为某一阶段结束后，另一阶段开始时的转接点，可以成为上一个阶段业务作业的概括、总结与下一个阶段业务的突破口。

③ 绩效薪酬激励的职场文书规范，实施方案职责清晰、任务明确、步骤精简，时间节点、进度计划均可控。

④ 绩效薪酬激励的关键点明确，绩效考核有关键绩效指标，薪酬福利的每一分钱都花在"刀刃"上。

⑤ 将绩效薪酬激励的利益点、风险点、创新点作为精细化设计的重点进行充分考量。

## 2.2.3　部门层面绩效薪酬激励设计

部门层面绩效薪酬激励设计的先导动作是做好职能分工、专业分工、技术分工与管理分工。

为了发挥团队的力量，企业部门应该坚持分工协作的原则，从而做到分工合理、协作关系明确，进而在发挥每一个部门职能和员工专业特长的同时，形成强大的集体力量以实现共同目标。

（1）职能分工

职能分工就是以组织的职能为基础进行组织结构划分和岗位分工，即把具有相同职能的工作岗位放在同一个部门。

（2）专业分工

专业或工种分工是根据企业各类人员工作性质的特点进行的分工。企业生产过程包括了许多不同阶段，要求一定数量的参与者利用不同的技能和知识在不同时空进行或组织不同的活动。进行专业化分工就是要把企业活动的特点和参与企业活动的员工特点结合起来，把每位员工都安排在适当的领域中积累知识，从而不断地提高工作效率。

专业分工是组织结构化或模块化的原始动力，根据公司从事的业务活动以及运作模式，可确定其组织形式。进行专业分工有利于提高人员的工作熟练度，有利于减少因工作变换而损失的时间，有利于使用专用设备和减少人员培训，以及扩大劳动者的来源和降低劳动成本。

一般情况下，当公司业务比较稳定，各项工作内容比较清晰时，采用宽式分工方式有助于调动员工的积极性和精简组织结构；当企业处于快速发展阶段或处于不稳定环境中时，采用精细化分工的方式有助于明确责任和增强对不确定因素的抵御能力。采取精细化的分工方式需要对技术人员和管理人员进行细致分工。

（3）技术分工

技术分工是在每个专业和工种内部按业务能力和技术水平高低进行的分工。如技术人员分为助理技术员、技术员、助理工程师、工程师和高级工程师，工人也分为若干等级。进行这种分工，有利于发挥员工的技术业务专长，鼓励员工不断提高自己的技术水平。

进行技术分工时，应注意分工的粗细要适当。一般来说，分工越细，专业化要求越高，责任越明确，工作效率也越高，但也容易出现协作困难、协调工作量增加等问题。若分工较粗，则易于培养多面手，但专业化水平较低，且容易由于职责的泛化而产生相互推卸责任的现象。

（4）管理分工

在组织的纵向结构中，通过组织层次的划分，组织目标也随之呈梯状分化。因此，客观上要求每一管理层次都应有明确的分工。

一个组织中管理层次的多少，应具体根据组织规模的大小、活动的点以及管理宽度而定。如前所述，一般说来，大部分组织的管理层次往往分为三层，即高层、中层、基层，也可以进一步细化。

做好了职能分工、专业分工、技术分工与管理分工之后，部门层面绩效薪酬激励设计的重点也就明确了。

① 绩效薪酬激励要根据各个部门的职能，设计不同的考核指标、考核周期。比如，销售、生产等部门的指标要量化，客服、行政等部门要考核工作态度和行为过程，销售部门要有月度考核，研发、技术部门就需要季度或年度考核。制定不同的工资、奖金、提成和补贴等激励方案，比如，销售部门是"底薪＋提成"，研发、技术部门实行技能工资制等。

② 根据绩效薪酬激励专业化程度的高低，分别提取不同的关键绩效指标，赋予不同的目标值、权重，或者区分一线与辅助，采用不同的工资等级、福利水平，再按照班级或团队薪酬总额确定提成、奖金比例。

③ 绩效薪酬激励按技术等级制定或高或低的绩效目标。具备高级资质的员工的工资就比中级的高一级，中级的比初级的高一级。学徒接受师傅指令的同时工资也受师傅绩效的影响，或者扣除废品率之后按照合格产品数量计算计件工资。

④ 绩效薪酬激励区分高层、中层、基层。比如，高层管理者的绩效考核用平衡计分卡区分财务、客户、内部流程和学习成长四个维度。签订目标责任书，一般也都采用年薪制，有股票期权或期股；中层也会签订绩效合同，按照所辖部门职能的不同实行"基本工资＋岗位工资＋绩效工资"，或者项目团队工资制度等。

## 2.2.4　项目层面绩效薪酬激励设计

项目层面的绩效薪酬激励主要是针对项目团队设计的。项目团队是实现项目目标的主体，一般由项目负责人、项目经理、项目组成员组成。只有建立完善、有效的项目团队绩效薪酬激励体系才能快速实现项目的预期目标。

项目层面的激励设计主要包括激励时间、激励措施和激励监督三个方面。

① 激励时间设计。物质激励通常按照项目周期进行，精神激励则是伴随项目过程始终；大型、长期的项目也可按照项目阶段或项目关键节点进行激励。

② 激励措施设计。主要包括目标激励、奖金激励、信息激励、参与激励、责任激励、授权激励、培训激励等。一般而言，多项激励方式结合使用效果更佳。

③ 激励监督设计。企业还应建立项目团队激励的监督机制，监督激励的实施要符合激励原则和制度，项目团队激励要达到预期效果，并及时反馈给企业管理者和项目负责人，以便于调整项目团队激励的时间和措施。

项目团队的组建、运营、解散，是一个逐步成长和不断变化的过程，可以分为形成阶段、震荡阶段、成长阶段、成熟阶段和解散阶段五个阶段，采取13项有效的激励措施，如表2-5所示。

表2-5　项目团队激励设计

| 项目团队阶段 | 激励措施 | 具体说明 |
| --- | --- | --- |
| 形成阶段 | 预期激励 | 向项目团队成员介绍项目背景、目标和职责分工，设想项目美好前景及收益，明确项目团队的努力方向，增强团队信心和凝聚力 |
| | 信息激励 | 公布有关项目的各方面信息，如工作范围、质量标准、预算及进度计划和资源限制等，为项目的顺利开展打下良好基础 |
| | 参与激励 | 项目团队成员明确分工、角色与定位，在分解项目目标及制定项目实施计划时，确保团队成员充分参与，增强工作计划的科学性和可操作性 |
| 震荡阶段 | 参与激励 | 项目经理要引导团队成员正视工作中出现的各种问题，并参与讨论、解决，充分听取团队成员的意见和建议，群策群力，合作共进 |
| | 责任激励 | 项目经理应以身作则，明确每个成员的工作职责，并制定相应的奖励和约束机制，以增强项目团队成员的责任意识 |
| | 信息激励 | 项目经理要加强与项目团队成员的沟通，增加相关信息的透明度，创造一个理解和支持的工作环境，努力化解矛盾和冲突，做到信息共享、资源共享 |

| 项目团队阶段 | 激励措施 | 具体说明 |
|---|---|---|
| 成长阶段 | 授权激励 | 项目经理应尽量减少指令性工作，给予项目团队成员更多的支持和指导，充分授权，从而诱导团队成员进行自我激励，提高项目团队的整体绩效 |
| | 培训激励 | 项目经理要尽可能多地为项目团队创造学习新知识的机会，根据项目团队成员的需求制定培训计划，挖掘潜能，促进每个成员快速成长 |
| 成熟阶段 | 危机激励 | 积极引导项目团队成员对项目的内、外部环境进行全面分析，对项目工作中出现的问题进行深刻反思，识别项目的风险因素并采取有效措施 |
| | 目标激励 | 协调好团队目标与成员个人目标，为团队成员设立有较高价值的目标，让团队成员认识到为项目努力的结果正是自己获得职业生涯发展的成就 |
| | 知识激励 | 当项目遇到技术难题时，可以成立临时攻关小组，引导项目成员进行自我管理、知识管理，分享经验和教训，甚至形成项目案例库传承下去 |
| 解散阶段 | 强化激励 | 对项目团队成员种种有利于项目高绩效的行为给予及时表扬，评选卓越员工，颁发相应荣誉和授予称号，强化前几个阶段的激励效果 |
| | 尊重激励 | 尊重团队成员的工作业绩和职业发展愿景，为团队成员的未来发展制定计划，做好职业生涯规划与管理 |

项目团队绩效薪酬激励的设计需要注意四个事项：

① 建立完善的项目团队绩效考核体系，避免团队成员"搭便车"的行为；

② 坚持以人为本的原则，加强分工协作与授权，满足项目成员对工资、奖金、实物等物质方面的需求；

③ 明确项目目标，加强内部沟通，增强团队成员的主人翁意识、团队归属感和事业成就感，满足其精神方面的需求；

④ 关注项目环境和科学技术发展的变化，根据实际情况适时、适度地调整激励措施。

## 2.2.5　个人层面绩效薪酬激励设计

个人层面的绩效薪酬激励设计需要提前考量员工的职业生涯发展周期及其每个阶段的兴趣、诉求重点等，然后再针对性地提供激励措施。

每个人的职业生涯发展都需要经过几个阶段，企业也会依据员工的职业生涯发展周期调整个体的知识水平和职业偏好。员工的职业生涯发展周期可以分为五个时期，即成长期、探索期、确立期、维持期和衰退期。

① 成长期。这一阶段一般在0～14岁，个人通过与不同社会成员之间的交往，逐渐建立起了自我的概念，形成对自己的兴趣和能力的一些基本看法，并对现实中的职业类别有一定的了解。

② 探索期。这一阶段一般在15～24岁，个人认真地探索各种可能的职业选择，根据个人性格特点以及对各类职业的了解，试图将自己的个人兴趣和能力匹配起来，做出尝试性的初步职业选择。

③ 确立期。这一阶段一般在25～44岁，是大多数人生命周期的核心部分。在此期间，一部分人找到自己的终身职业，并全力以赴发展自己的事业；另一部分人仍然在不断地尝试与自己最初的职业选择所不同的职业，以更好地发挥自己的能力和实现理想。

④ 维持期。这一阶段一般在45～60岁，大多数人的职业生涯已经发展到了后期，并有了一定的成就和地位，因而他们主要是继续维持自己在该工作领域中的成就和地位。

⑤ 衰退期。这一阶段一般在60岁以后，面临退休时期职业生涯的衰退阶段，个人的权利和责任不断减少，开始进入角色的转换阶段，安排退休后的生活。

以职业生涯发展的五个时期为基础，个人层面的绩效薪酬激励设计可以分为员工需求评估、组织与环境分析、职业生涯目标确定、实施计划制定、评估与反馈这五个阶段，如图2-4所示。

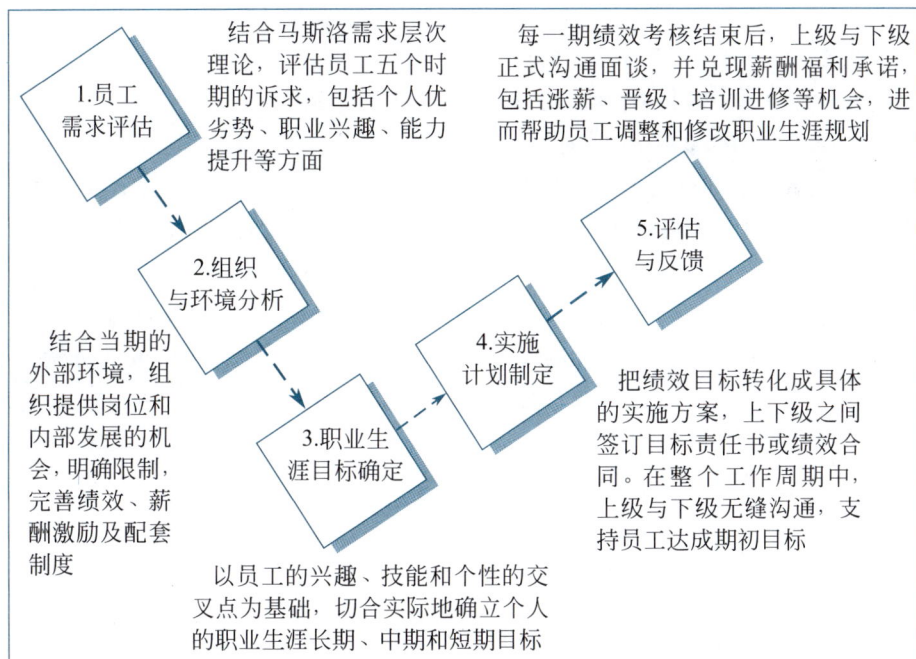

图2-4　个人层面绩效薪酬激励设计

# 2.3 按效果类型设计绩效薪酬激励系统

真正的激励是分层次的，理论依据有马斯洛的需求层次论；有效的激励是可以被员工切身感受到的，可以使员工开心地向前奔跑，或失望之后再定目标往前冲锋，屡败屡战。因为，员工始终相信有那么一天，自己的努力会得到企业老板和主管领导的认可，不好好干只会得不偿失，只有通过多年的积淀，个人的能力才会在企业平台得到持续提升。

所以说，区分激励效果，按照强激励程度进行划分，我们可以把企业绩效薪酬激励系统的设计从三个不同的维度分为六种类型，即物质激励与精神激励、外附激励与内滋激励、正强化激励与负强化激励。

## 2.3.1 绩效薪酬物质激励与精神激励

物质激励是指运用货币、实物等手段使员工得到物质上的满足，从而进一步调动其积极性、主动性和创造性的一种激励模式。物质需要是员工的第一需求，也是基本需求，所以，物质激励是激励的主要模式。

要想做好绩效薪酬物质激励，可以采取以下几项措施。

① 确定绩效考核关键指标和标准，制定薪酬等级和宽带，拉开工资档次。

② 完善多种分配机制，对于不同工作性质的部门、不同岗位的员工，应该制定不同的绩效考核办法和薪酬福利方案，使之适应不同类型人员的需求，有效地发挥激励作用。

③ 采取业务提成、利润奖金、技术入股等方式，有效激励关键岗位的核心和骨干员工，实现个人利益与企业利益的高度一致，促进个人与企业合作分享、共同发展。

④ 物质激励必须公正，对所有员工一视同仁，物质激励应与绩效考核结果结合起来，按统一标准奖罚，不偏不倚。

⑤ 实施物质激励必须反对平均主义，平均分配工资、奖金、津贴、补贴等奖励等于无激励，只有进行差别奖励才能够对员工起到一定的激励作用。

⑥ 规章制度是实现目标的保障，物质激励的奖惩标准和规定应该在事前公之于众，讨论并试行，以形成稳定的制度并定期或不定期修订，从而达到高效激励的目的。

精神激励是相对于物质激励而言的，精神激励是企业激励体系的重要组成部分。

因为，物质激励的效果是短暂的，物质的支付是有限的，物质的满足只是员工诉求的一小部分而已，尤其是针对年轻人来说更是如此。比如，年轻的员工更希望得到老板的赞扬、主管的认可、同事的鼓励，相较于涨点儿工资，他们更希望获得更多学习和成长的机会。

获得领导信任、尊重人格、享受工作乐趣、满足岗位成就感等均属于精神激励的范畴。

获得领导信任。充分授权，员工可独立工作，企业不实施苛刻的考勤制度，开放相关的资源，信息共享，不对员工事假和病假的证明做出硬性要求，营造创新、容错的团队氛围，创造自由、民主的工作环境。

尊重人格。不分高级、中级、低级，不分性别，不分年龄大小，一视同仁。实行个人与企业共同发展的经营理念，明确不同岗位员工的职业发展前途，有开放、顺畅的沟通途径，和谐、友爱的工作氛围，充分的隐私空间，足够的培训机会，以及人性化的入职、调动与离职管理机制等。

享受工作乐趣。工作可以得到金钱，但不是为了金钱而工作。员工与老板一样是在干事业，应给予员工参与管理、提出建议和申请岗位调动的机会，采取各种措施激发员工的创造潜力，给予员工可行、可操作的职业生涯规划。

满足岗位成就感。员工有权选择目标岗位，有机会尝试自己感兴趣的工作，有权规划自己的未来。企业营造鼓励创意、创新、创造和内部创业的氛围，设立针对特殊贡献的奖励基金，召开表彰大会，注重公开奖励方式的仪式感。企业在与员工签订劳动合同、岗位目标责任书、绩效合同的基础上，订立心理契约，真正成为共创、共赢的命运共同体。

## 2.3.2　绩效薪酬外附激励与内滋激励

### （1）绩效薪酬外附激励

常见的绩效薪酬外附激励形式主要包括赞许、奖赏、竞赛、考试、评定职称。

① 赞许。管理者认为被激励者在工作结果、工作态度、工作建议等方面表现良好而对其加以称赞、赞赏。这是常用的非物质激励方式，如当面称赞、当众夸奖、通报表扬等。

② 奖赏。奖赏既可以是物质的，也可以是精神的，还可以物质奖赏与精神奖赏并用。这也是一种赞许和鼓励的方式。

③ 竞赛。竞赛有激励上进的作用，一般情况下，每个人都有好胜的心理，有高度成就感的人此种心理更为强烈。在实行这种形式的外附激励时，管理者必须注意事先公布竞赛评比的标准，使每个参与者明白竞赛准则、竞赛流程、获胜或失败后所带来的后果等。这种方式的激励应做到：竞赛标准要具有可比性，竞赛流程要简洁，竞

赛过程要公平、公正、公开，竞赛奖励要有激励性，赛前许诺的奖励要兑现。

④ 考试。采用考试的办法对员工进行录用、选拔、晋升、调岗等，有较好的激励作用，在一定程度上可以避免拉关系、走后门情况的出现。

⑤ 评定职称。学位、职级以及其他技术职称的授予，已经成为一种国际现象，如果引导得法、评定合理，就可以获得提升业绩和员工积极性的激励作用。

**（2）绩效薪酬内滋激励**

绩效薪酬内滋激励有助于员工合理开发自己的潜力，主要表现在组织认同感和职责义务感两个方面。

① 组织认同感。组织认同感是指员工对自我及周围环境有用或有价值的判断和评估。当员工对组织的目标、战略、文化、各种活动及产品有较高的认同感时，他们就会对组织产生一种肯定性的感情和积极的态度，从而迸发出一种为实现组织目标而奋斗的内驱力。如果具备内驱力的员工也是管理者的话，他又会通过绩效薪酬去激励更多的下属员工。

② 职责义务感。职责义务感是员工的一种内在要求，拥有职责义务感的员工能对自己的行为产生一种自觉的信仰力量。他们常常把自己愿意承担的种种义务看成"应该做的"，即使在没有别人监督的情况下也能够做到"慎独"，积极主动完成职责范围内的工作任务。优秀员工还会主动去做与自己岗位职责交叉或相关的事情。

**（3）外附激励与内滋激励相结合**

外附激励掌握在管理者手中，由管理者运用，作用于管理对象；而内滋激励是属于管理对象内在的激励力量。外附激励只是一种外在的影响因素；内滋激励是一种高层次的激励，产生的力量是最大、最有效的，决定被激励人员的行为发展。

外附激励是通过内滋激励起作用的，许多员工的成就主要得益于内滋激励。要实现对组织成员的有效激励，就要将外附激励和内滋激励有机地结合起来，促使外附激励合理地向内滋激励转化。

## 2.3.3　绩效薪酬正强化激励与负强化激励

强化理论由美国心理学家斯金纳（B.F. Skinner）等人提出。强化理论倡导通过令人愉快的刺激去强化正当的行为，运用令人厌恶的刺激去纠正不正当的行为。

强化指的是加强或削弱人的行为的一种刺激，强化理论是研究行为的结果对动机影响的理论。强化分为正强化和负强化两种类型，强化的运用要注重三项原则，绩效薪酬的强化激励要做到位。

**（1）强化的两种类型**

正强化（positive reinforcement），又称为积极强化，即奖励那些符合组织目标和要求的行为，以使员工的这些行为得到进一步熟练、固化，成为好习惯。例如，针对员工做得好的事情表示认可并进行表扬、赞赏、奖励、加薪或给予晋升等。

负强化（negative reinforcement），又称为消极强化，即通过惩罚那些不符合组织目标和要求的行为，使员工的这些行为削弱甚至彻底消失，从而保证组织使命、愿景和总体战略目标的实现不受到干扰。例如，针对员工不好的行为表示失望并采取批评、扣分、处分、降薪、罚款甚至降级、解雇等措施。

（2）强化的三项原则

① 依据强化对象的不同行为、不同性格类型和刺激目的等采取不同的强化措施。

② 不急于求成，确认行为→分析原因→正向刺激或负向刺激→反复练习，分阶段设立目标，每次改变一点，滴水穿石，最终变成组织想要的样子。

③ 正强化激励比负强化刺激更有效。

（3）绩效薪酬激励的强化措施

绩效和薪酬正强化、负强化激励四类措施，如图2-5所示。

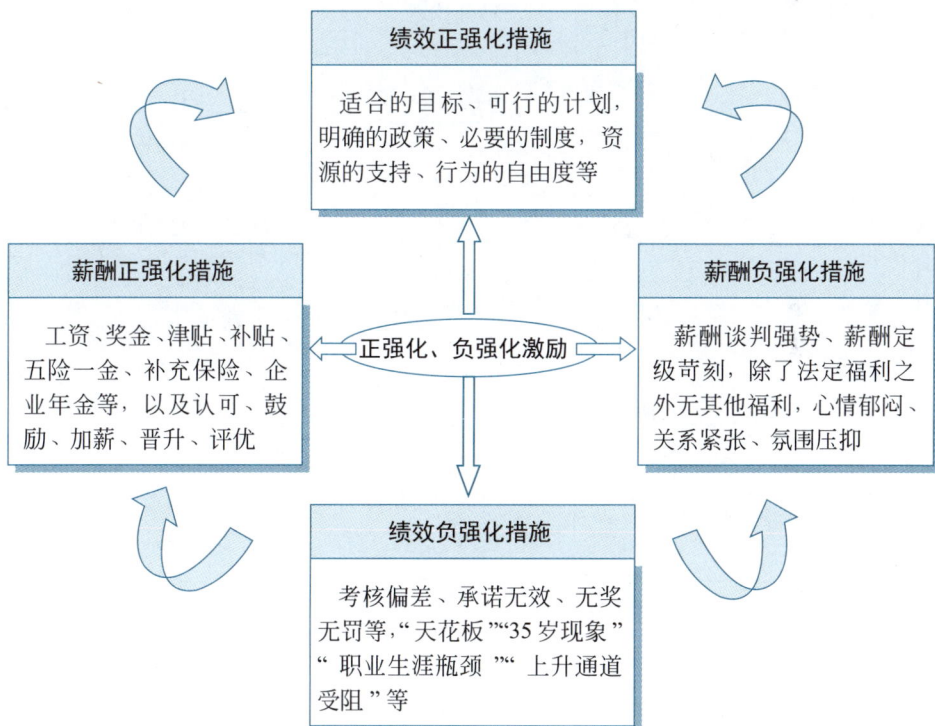

图2-5　绩效和薪酬正强化、负强化激励四类措施

# 2.4 按重点业务设计绩效薪酬激励系统

## 2.4.1 绩效计划、辅导、考核、反馈与改进

成功的企业绩效管理活动，是绩效计划、过程辅导、考核评估、反馈面谈和改进提升五个基本环节相互影响、相互适应、相互作用、相互调整及循环往复的动态过程。绩效管理系统框架闭环如图2-6所示。

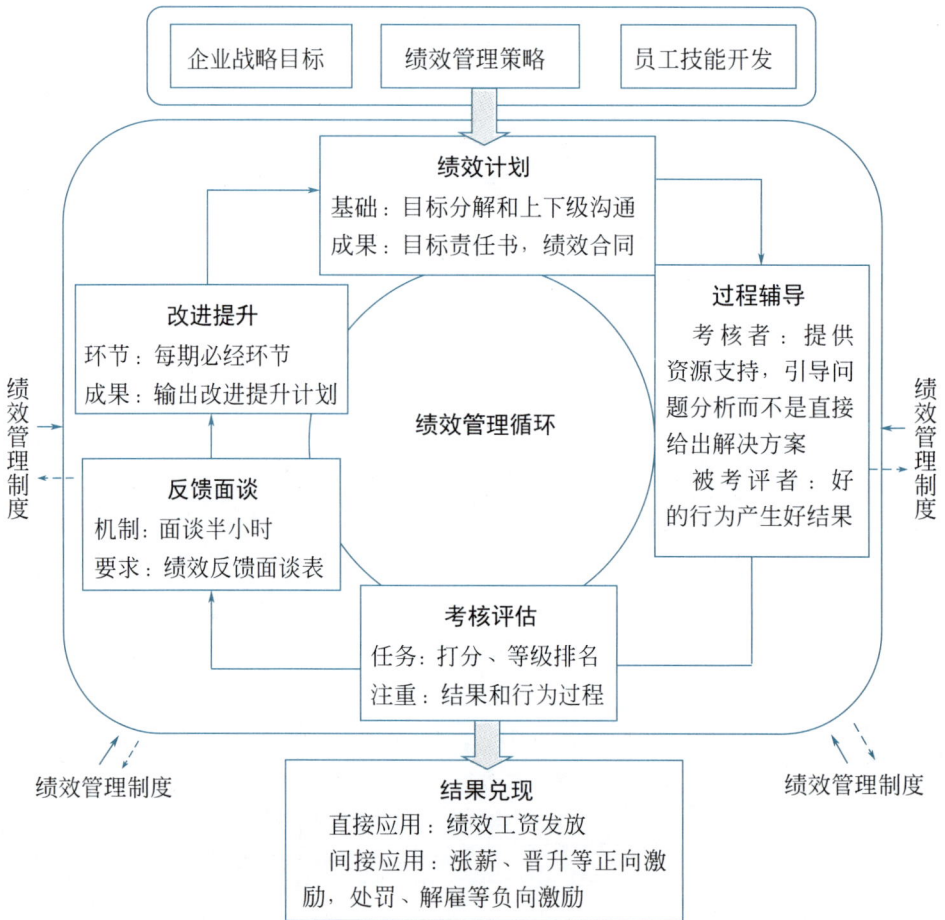

图 2-6　绩效管理系统框架闭环

① 绩效计划。绩效计划是在一个绩效管理循环开始前，由管理者和被管理者共同制定的绩效契约，是对本绩效管理期间结束时员工所要达到的期望结果达成的共识。

② 过程辅导。过程辅导有狭义和广义之分，狭义的过程辅导是在考核评估之前进行的；广义的过程辅导贯穿整个绩效管理的过程，是目标规划设定、知识和信息传递、技能熟练演练、作业达成评测、结果交流公告等一系列的活动。很多时候，过程辅导还与培训教育相结合，帮助员工获得新方法、新技术，提高员工的综合技能，使其工作质量和工作效率不断提高，从而确保绩效，提高企业效益。

③ 考核评估。考核评估就是作为考评者的上级针对作为被考评者的所辖员工在一定时期内工作任务完成情况进行的打分、排序，以及评优等。

④ 反馈面谈。反馈面谈是指管理者针对员工本周期绩效的考评结果和行为表现，与员工进行一对一、面对面的绩效沟通。这是让员工对自己表现好的方面和存在的问题获得全面认知的正式的沟通渠道，以期帮助员工在下一个周期取得更好的绩效。这种绩效面谈沟通可以帮助员工检讨过去、把握现在、展望未来。

⑤ 改进提升。改进提升是指明确工作绩效的不足和差距，分析其产生的原因，采取有针对性的改进计划和策略，采取一系列行动提高员工的能力和输出业绩成果的过程。

总而言之，每一次周期性的绩效管理循环都是一个闭环，都是在目标分解的基础之上，从绩效计划的制定开始，经历过程辅导→考核评估（结果兑现）→反馈面谈→改进提升，下一期又从制定绩效计划开始……经过一轮又一轮，一次次改变行为，又一次次促进了更好结果的产生，从而形成企业出战果，员工能成长，合作共赢的良性循环。

## 2.4.2　薪酬竞争力、公平力、控制力与法治力

竞争力、公平力、控制力与法治力（简称"薪酬四力"）是检验企业薪酬管理整体效能的最有力工具。

其中，竞争力是相对于外部薪酬水平而言的，即对外要具有竞争力，尤其是依据"二八原理"，为20%的核心员工提供高于市场薪酬水平的薪酬；公平力是相对于内部岗位价值排序而言的，即对内要进行岗位评价，以确定企业每个岗位的价值大小，并赋予相应的薪酬等级和宽带幅度；控制力是针对企业的财务实力而言的，即不要盲目追求高工资，要进行工资总额、福利总额预算管理，人工成本控制；法治力是针对政府薪酬管理政策、相关法律法规和制度而言的，即企业薪酬管理要遵循法规，不能违法，比如，落实最低工资标准等规定。

如何通过这"四力"促进薪酬激励系统作用的有效发挥？我们可以对标一个典型案例——星巴克公司的薪酬战略，如表2-6所示。

表2-6　星巴克公司的薪酬战略

| 四力 | 四个战略维度 | 要回答的问题 | 星巴克的做法 |
|---|---|---|---|
| 竞争力 | 外部竞争力 | 企业员工的整体薪酬应定位在什么水平上，才能保持员工队伍的稳定性，并提高人才的吸引力和竞争力 | 在这个低工资的行业里比其他饮品店支付的薪酬稍高一点 |
| 公平力 | 内部一致性 | 同一企业内部岗位的工作性质、员工的技能水平之间的差别如何在薪酬体系中得到体现 | 星巴克忽视差别，把员工当作"合作伙伴"，采用平等薪酬 |
| 控制力 | 员工贡献率 | 员工加薪的根据是什么，是个人或团队的业绩，还是员工经验的不断丰富、知识的不断增长或技能的不断进步；或者是生活费用的上涨，个人需求的增加；还是根据企业经济效益确定 | 给所有的员工，包括兼职人员提供医疗保险和股票期权，也叫咖啡豆股份。不过这些员工大多数很年轻而且很健康，很少有人在此一直工作到实际获得期权 |
| 法治力 | 薪酬管理体系 | 薪酬决策应在多大程度上向所有的员工公开化、透明化？谁负责设计、管理和实施薪酬制度 | 鼓励员工积极参与管理，并赋予这些业务伙伴必要的薪酬决策权 |

# 第3章
# 如何设计战略性绩效薪酬

战略（strategy）是基于组织使命制定的长远规划，是用来开发核心竞争力，获取竞争优势的，是一系列综合的、协调的约定和行动，一般至少3年，有的甚至长达10年、30年、50年。战略性绩效薪酬是以企业发展战略为基础，根据企业在某一发展阶段外部环境的变化状况，以员工绩效考核结果为依据，正确选择适合本企业发展的薪酬战略和系统设计并落地实施，使之促进企业战略目标达成的一项系统工程。

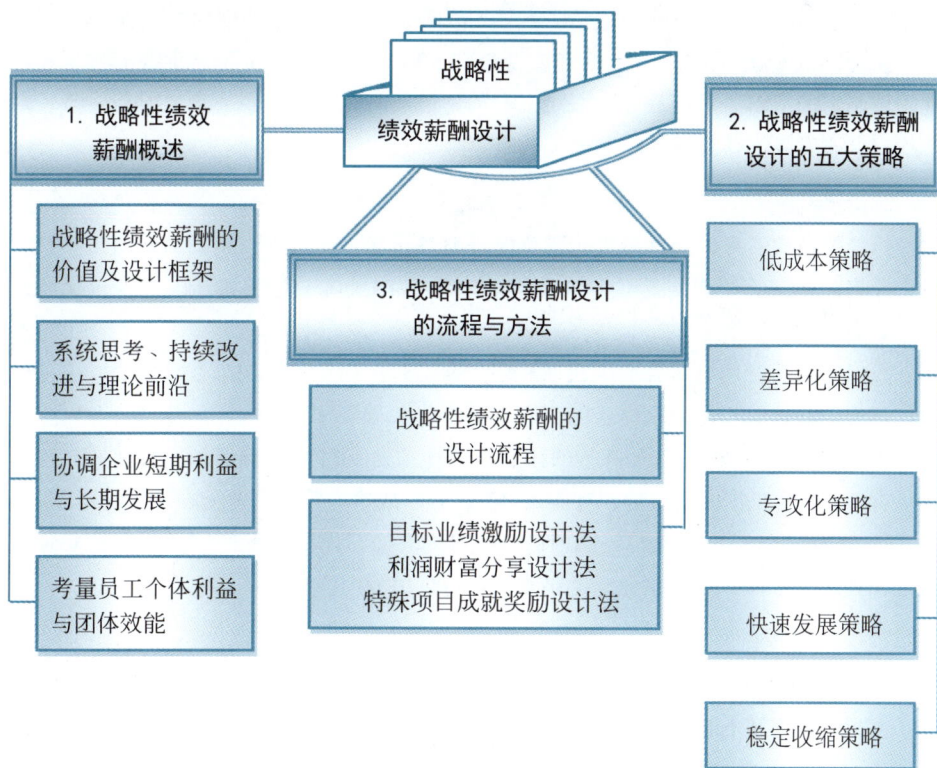

战略性
绩效薪酬设计

1. 战略性绩效薪酬概述
- 战略性绩效薪酬的价值及设计框架
- 系统思考、持续改进与理论前沿
- 协调企业短期利益与长期发展
- 考量员工个体利益与团体效能

3. 战略性绩效薪酬设计的流程与方法
- 战略性绩效薪酬的设计流程
- 目标业绩激励设计法
  利润财富分享设计法
  特殊项目成就奖励设计法

2. 战略性绩效薪酬设计的五大策略
- 低成本策略
- 差异化策略
- 专攻化策略
- 快速发展策略
- 稳定收缩策略

# 3.1 战略性绩效薪酬概述

战略性绩效薪酬管理是对企业整体高绩效具有关键性作用的薪酬决策模式。战略性绩效薪酬系统设计的核心是薪酬战略。

## （1）战略的层次

企业战略包括公司战略、竞争战略和职能战略三个层次。

① 公司战略是一个企业的整体战略总纲，是企业最高管理层指挥和控制企业一切行为的最高行动纲领。从战略态势的维度看，公司战略可以分为稳定型、增长型、紧缩型。

② 竞争战略是公司战略之下的子战略，主要研究的是企业产品或服务方案在市场上的竞争力问题。竞争战略包括成本领先战略、差异化战略和创新型战略。

③ 职能战略是为贯彻、实施和支持公司战略与竞争战略而在企业特定的职能管理领域制定的战略。职能战略一般可以分为营销战略、人力资源战略、财务战略、生产战略、研发战略、技术战略和公关战略等。

## （2）绩效与战略性绩效

传统的绩效管理以会计准则为基础，以财务指标为核心，以利润为导向，立足于对企业当前状态的评价，既不能体现非财务指标和无形资产对企业的贡献，也无法评价企业未来的发展潜力。

战略性绩效管理是对企业的长期战略制定实施过程及其结构采取一定的方法进行考核评价，并辅以相应激励措施的制度，具体包括两个方面的内容：

① 根据企业战略，建立科学的绩效管理体系，有目标、有计划、有辅导、有考评、有沟通、有反馈、有改进、有能力提升，并以战略为导向引领企业各项经营活动；

② 对每一个绩效管理循环周期进行检讨，对经营团队、部门责任人和核心骨干人才加强绩效考评，并根据业绩结果对其进行价值分配。

## （3）薪酬管理与战略性薪酬管理

薪酬管理是在组织发展战略指导下，对员工薪酬支付原则、薪酬策略、薪酬水平、薪酬结构等进行确定、分配和调整的动态过程。薪酬管理的目标是基于人力资源战略设立的。

战略性薪酬管理的中心任务是确立科学的薪酬管理体系，制定正确的薪酬政策，采取有效的薪酬策略，支持帮助企业赢得并保持人力资源竞争优势。企业的薪酬管理体系应随着组织总体发展战略的改变而改变。战略性薪酬管理的基本前提是薪酬制度体系必须服从并服务于企业经营战略，并将其与企业发展总方向和总目标密切地结合起来。

### 3.1.1　战略性绩效薪酬的价值及设计框架

战略性绩效薪酬的价值主要体现在五个方面，如表3-1所示。

表 3-1　战略性绩效薪酬的价值

| 价值 | 具体说明 |
|---|---|
| 提高员工积极性，促进个人发展 | 战略性绩效薪酬的制定在保证企业经营目标达成的前提下，将员工个人收入、发展与企业经营状况有机结合起来，有效地提高了员工工作积极性和忠诚度 |
| 促进员工努力与组织目标和文化相符合 | 战略性绩效薪酬将员工个人工作目标与组织经营目标有机结合起来，保证了个人努力结果与组织经营目标的一致性 |
| 增强企业核心竞争力 | 企业经营的外部环境变化将引起企业生产经营管理的变化。企业要想在这些变化中求得生存与发展，就必须实施灵活的绩效薪酬措施来适应外部的威胁与挑战，增强其核心竞争力 |
| 适应市场经济的发展 | 随着市场经济的不断发展，改革改制是各类型企业适应市场经济发展的必然趋势，综合考量企业战略、组织结构和业绩效能，薪酬系统亦应该随之改变 |
| 促进企业实行战略管理 | 企业战略管理需要科学的制度作为支撑，在建立健全制度的基础上形成科学的管理体制。其中，战略性绩效薪酬管理是企业科学管理制度的重要组成部分 |

战略性绩效薪酬的设计需要从企业使命与愿景出发，经过系统的分析与研究，找出科学有效的方法，其框架如图3-1所示。

### 3.1.2　系统思考、持续改进与理论前沿

战略性绩效薪酬的设计需要系统思考。企业运营存在的各种问题相互交错、相互影响，高绩效成为企业运行管理的总体表现，薪酬福利成本控制和激励效果的实现涉及招聘、培训、员工关系管理和职业生涯规划、企业文化建设等各个管理层面，它们不是孤立、单一、静态的，所以，系统思考是战略性绩效薪酬设计重要的主旨内容之一。

```
                    ┌──────────────────┐
                    │   企业使命与愿景   │
                    └──────────────────┘
          ┌──────────────────┐      ┌──────────────────┐
          │  公司发展战略与规划 │      │   企业生命周期    │
          └──────────────────┘      └──────────────────┘
                    ┌──────────────────────┐
                    │  人力资源管理战略与规划  │
                    └──────────────────────┘
  ┌──────────────┐    ┌──────────────┐    ┌──────────────┐
  │ 外部市场竞争环境 │ →  │  公司薪酬战略  │ ←  │  法律法规环境  │
  └──────────────┘    └──────────────┘    └──────────────┘
                    ┌──────────────────┐
                    │  工作分析与岗位评价 │
                    └──────────────────┘
  ┌──────────────┐                      ┌──────────────┐
  │ 绩效考核与管理 │ ···················  │  薪酬福利设计  │
  └──────────────┘                      └──────────────┘
                ┌──────────────────────┐
                │   战略性绩效薪酬体系    │
                └──────────────────────┘
            ┌──────────────────────────┐
            │  战略性绩效薪酬设计工具与方法  │
            └──────────────────────────┘
```

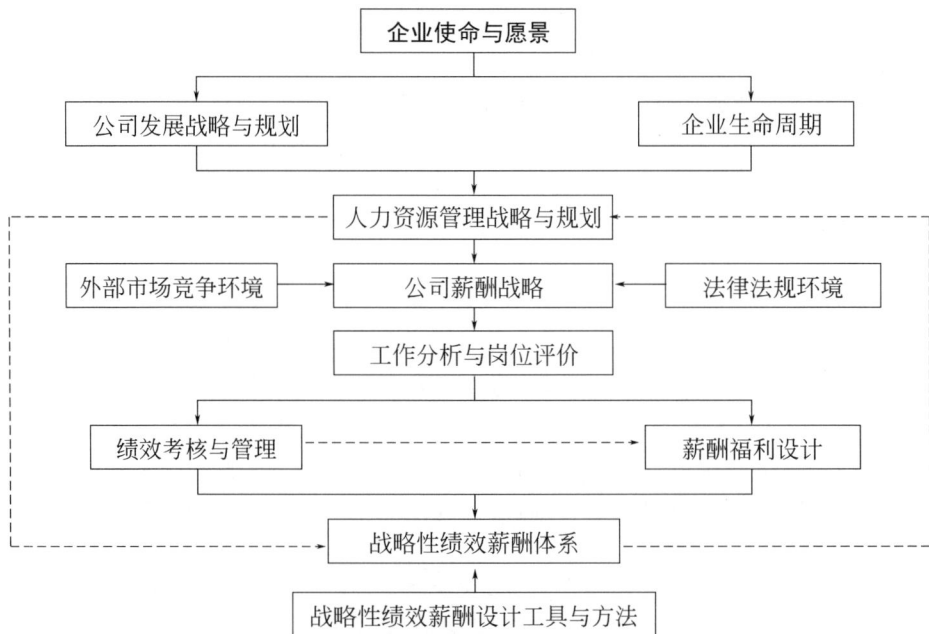

图 3-1　战略性绩效薪酬设计框架图

战略性绩效薪酬的设计需要持续改进。持续改进是一个不断学习与完善、不断总结与复盘，进而不断改进与提高的过程。企业设计战略性绩效薪酬系统的目的，是通过绩效考评→结果兑现→薪酬激励→提高目标→绩效考评……循环往复的过程，对员工业绩和企业效益进行改善，以促进组织整体效能的提升。

战略性绩效薪酬的设计需要强调跟随企业战略，强调动态和变革，强调对企业或组织全面、系统的理解，强调创新、持续的自我超越。孤立、片面、静止地看待战略性绩效薪酬管理，容易使绩效考核与薪酬福利激励系统僵化、固化、机械化。

可以将国外对绩效管理的系统研究与理论创新作为战略性绩效薪酬系统设计的重点参考。

① 坎贝尔认为绩效管理系统包括与组织目标有关的，并可以按照个体的能力或贡献程度进行测量的行为或行动。他提出绩效构成因素模型，包括具体工作任务熟练程度、非具体工作任务熟练程度、书面和口头交流任务的能力、表现出来的努力状况、维护纪律、促进他人和团队业绩提升、监督管理或领导、全面管理或行政管理八个因素。

② 波曼和摩托威德罗提出了任务绩效和周边绩效。任务绩效是指正式定义岗位工作的各项任务，周边绩效是指组织自发性或员工超职责范围的行为等。

③ 摩托威德罗和斯科特以美国空军人员为样本进行研究，发现任务绩效和周边绩效独立地对整体绩效管理系统起作用，从实证角度把任务绩效和周边绩效区分开来。

④ 斯托里和西森提出了绩效管理周期模型，并着重其中的目标设置过程，同时包括团队战略、部门目标分析、绩效评价以及绩效薪酬管理等。

根据不同组织结构类型研究薪酬构成，可以作为战略性绩效薪酬系统设计的重点参考。

① 职能型组织的薪酬体系必须能够吸引和保留员工，长期提供薪酬保障，并认可在不同工作和不同责任之间所存在的价值差距。

② 扁平化组织注重客户，主要强调内部公平性，只是在需要吸引新人加盟时，才会重视外部市场的薪酬水平竞争性。

③ 矩阵式组织强调灵活性和速度，以相互独立的项目为核心，因而奖金支付的周期比较短，且薪酬等级少，但是薪酬等级间的差距相对较大。

④ 虚拟型组织强调的是联盟和冒险，对薪酬的内部公平性关注较少。每个人的薪酬都取决于此人对某一特定项目的贡献，所以更多的注意力被放在竞争性的市场薪酬上。

四种不同组织结构下的战略薪酬设计，如表3-2所示。

表3-2　四种不同组织结构下的战略薪酬设计

| 薪酬构成 | 组织结构类型 | | | |
| --- | --- | --- | --- | --- |
| | 职能型组织 | 扁平化组织 | 矩阵式组织 | 虚拟型组织 |
| 基本薪酬 | 标准化的薪酬等级，适中的基本薪酬浮动性 | 范围较宽的薪酬等级，基本薪酬低浮动性 | 范围很宽的薪酬等级，基本薪酬高浮动性 | 唯一的薪酬等级，基本薪酬的高浮动性 |
| 个人奖励 | 有限使用奖励，每年支付一次 | 广泛运用奖励，中期支付 | 奖励使用适中，项目完成后支付 | 较少使用奖励风险计划，项目完成之后支付 |
| 团队奖励 | 认可卓越成功 | 收益分享，团队奖励 | 项目利润分享 | 风险计划利润分享 |
| 其他薪酬 | 能力薪酬，技术薪酬 | 能力薪酬，技术薪酬 | 能力薪酬 | 关键能力赋予个人进入项目以及分享利润的资格 |

## 3.1.3　协调企业短期利益与长期发展

战略性绩效薪酬可以协调企业的短期利益和长期利益，根据企业不同时期战略目标制定不同的绩效薪酬方案。然而，在企业实践操作上，大多数企业特别重视短期绩效，忽视长期绩效。短期绩效有一定好处，也是企业发展需要的，企业会进行月度考核、季度考核、项目考核，甚至出现周绩效的考核。但是，最终必须得看部门绩效和公司整体利润。

短期利益和长期利益向来都是企业追求终极目标的一对矛盾。追求短期利益容易看到成果，但很可能会损害企业的长期利益；而注重长期利益虽然有利于企业的长远发展，但是很可能无法在短期内见到成效。短期利益往往会凌驾于企业未来的可持续发展商业模式和员工个人能力提升与潜能开发之上。

如果企业受到短期指标的诱惑，就会做出错误的绩效薪酬管理决策。比如，出台不符合企业战略甚至背道而驰的绩效薪酬管理制度；集团用严苛的指标和扣分项控制下属子公司的经营班子；用高薪、加薪暂时留住去意已决的员工而导致招聘工作陷入困局等，甚至损害文化发展层面的企业品牌形象。

如果员工受到短期目标值的诱惑，就会急功近利。比如，销售人员夸大其词卖出产品而造成退货、投诉；美容师、美发师学徒工在服务顾客时匆忙、草率、减少服务程序、以次充好等，从而导致员工难以考虑季度或年度关键绩效指标之外的个人能力提升和职业生涯发展。

然而，对企业的生存与发展投以更长远的目光，会改变员工短期内的行为方式。因此，我们在进行战略性绩效薪酬体系设计时，需要在短期利益和长期利益之间找到一个平衡点，综合考虑企业的短期利益和长远发展目标，使两者协调起来，促进企业的快速、稳定、可持续发展。

## 3.1.4　考量员工个体利益与团体效能

在现代企业的发展过程中，团队合作越来越重要。这就需要企业科学衡量个人和团队的贡献，并据此合理分配利益。在绩效薪酬管理过程中，如果过分强调员工个人的绩效评价和个人奖励，就必然会影响员工之间的团队合作精神，从而影响整体效能，最终导致企业的经营管理出现问题。而过分强调团队绩效和集体利益，又会导致员工形成"搭便车""吃大锅饭"的思想，无法起到有效的激励作用。

因此，企业在设计绩效薪酬体系时，必须有效衡量个人和团队绩效，合理协调个人奖励与团队奖励，以企业整体战略和核心价值观为基础，结合企业的实际发展情况，设计科学合理的战略性绩效薪酬体系。

### （1）以个人为主体的战略性绩效薪酬机制

以个人为主体的战略性绩效薪酬机制，是指企业针对员工个人的工作绩效提供奖励的一种绩效薪酬决定机制。它要求企业建立可以将员工个人绩效与之进行对比的绩效基准。这种绩效薪酬机制能够起到提高生产率、降低生产成本和提高员工收入的作用。

企业如果实施以个人为主体的战略性绩效薪酬机制，必须具备三个条件，如表3-3所示。

表3-3 企业实施以个人为主体的战略性绩效薪酬机制的条件

| 维度 | 条件 |
|------|------|
| 工作维度 | ① 员工个人工作任务的完成不取决于其他人的绩效，即员工的工作状况不受其他员工的影响，员工本人对自己的工作进度和工作完成情况有充分的控制力，个人的努力和个人的绩效之间存在直接的、明确的联系<br>② 企业对员工个人的绩效能够准确地衡量和评价 |
| 企业发展维度 | ① 企业所处的经营环境，所采用的生产方法以及"资本-劳动力组合"必须相对稳定<br>② 企业必须事先制定一个相对稳定的绩效对比标准，以及明确的绩效薪酬计算方式 |
| 管理维度 | ① 企业必须能够为员工提供专业化的培训，并为员工设计单一的职业发展通道<br>② 企业要确保管理人员在绩效评价的过程中能够保持公平、公正 |

尽管以个人为主体的战略性绩效薪酬机制具有很大的潜在优势，但是它对企业形成一支全面的、灵活的、能够快速解决问题的团队所造成的阻碍作用大于促进作用，所以这种机制在除了制造业之外的其他行业中运用得并不普遍。

（2）以团队为主体的战略性绩效薪酬机制

以团队为主体的战略性绩效薪酬机制，是指企业针对团队的工作绩效提供奖励的一种绩效薪酬决定机制。采用以团队为主体的绩效薪酬机制会促进员工之间的合作，提高他们对整个企业利益的关注。

如果满足下述三种条件，企业实施以团队为主体的战略性绩效薪酬机制会比较有利，如表3-4所示。

表3-4 企业实施以团队为主体的战略性绩效薪酬机制的条件

| 维度 | 条件 |
|------|------|
| 工作维度 | 工作产出是团队集体合作的结果，员工个人对于团队产出所做的贡献难以衡量 |
| 企业发展维度 | 在企业目标相对稳定的情况下，个人的绩效标准需要针对环境压力经常做出改变，并且生产方式以及"资本-劳动力组合"也必须适应压力的要求而经常做出调整 |
| 管理维度 | 企业拥有良好的绩效文化和团队合作文化，在企业制定了明确的目标并且能够就绩效标准与员工进行良好沟通的前提下，员工会有充足的自信实现既定的绩效目标 |

需要注意的是，实施以团队为主体的绩效薪酬机制存在一个潜在的问题，即可能会出现"搭便车"的行为。这一问题可以通过采用有效的绩效测评技术得以解决。

## 3.2 战略性绩效薪酬设计的五大策略

### 3.2.1 低成本策略

随着市场经济的发展、自然社会环境的变化、原材料价格的上升等，特别是员工工资随物价水平的上涨，企业面临越来越严峻的成本压力，所以很多企业采用低成本策略。

低成本策略是企业采用大规模生产的方式，通过降低产品的平均生产成本获得来自经验曲线的利润。推行这一策略必须实现管理费用最低化，并严格控制研发、原材料、物耗、广告和市场推广等活动的成本。

低成本策略的基本理念产生于达到成本领先的相关战略因素中。

保持竞争优势思想是成本领先战略的动因。从竞争的角度看，不论企业采取何种战略，成本问题始终是企业战略制定、选择和实施过程中需要重点考虑的问题。如何为企业赢得成本优势和竞争优势，是企业战略管理的重要内容，也是成本领先战略的动因。

勤俭节约是成本领先战略的动力。勤俭节约可以用相同的资源创造更大的价值，可以延长有限资源的使用时间。在市场经济条件下，勤俭节约不仅是卖方所追求的，也是买方乐意接受的。买方所期望的是同等质量下价格最低。

全员参与是低成本策略的基础。在企业经济活动中，每个员工、每道工序都与成本有关。因此，降低成本必须全员参与，树立全员的成本意识，调动全员在工作中时刻注意节约成本的主动性。

全过程控制是低成本策略的保障。控制成本不是控制某个环节的成本，尤其不能误解为只控制制造成本，必须全过程控制，达到综合成本最低，从而保障成本领先。

企业实施低成本策略时，战略性绩效薪酬设计要特别注重薪酬福利对成本的控制力，应突出三个特点。

（1）高效的业绩、较低的薪酬——员工规模替代模式

在总体薪酬支出水平一定的条件下，企业可雇用较少的高绩效人才，较多的一线员工、学徒工、劳务派遣员工或实习生、兼职、小时工，以及通过加强课程培训和技能训练等来完成既定的经营任务。由于企业的雇工成本不仅包括工资，而且还有福利

和社会保险等多个方面，因此追求成本最低化的企业采用这种模式，即以高于市场水平的效率工资雇用较少的高绩效人才，以低于市场水平的基础工资雇用较多的基层员工，有利于总雇工成本的节约。

（2）基于成本的战略性绩效薪酬决定模式

这一模式既可以在确保产品数量和服务质量的前提下实行总成本包干制，也可以在核定每个员工绩效成果和基本成本水平的基础上进行激励，尤其是重点发挥精神激励和内滋激励的作用。

（3）"低工资＋高绩效＋高奖金＋长期激励"模式

这种模式作用的有效发挥依赖于人力资源管理者战略性绩效薪酬激励系统设计的专业度。比如，销售人员的"底薪＋提成"制，高层管理者的年薪制，科研技术人才的技能工资制，以及项目团队工资制度等的专业化设计。

战略性绩效薪酬的设计不仅关系到企业的成本控制，还与企业的业绩产出或综合效益密切相关。虽然薪酬本身不能直接带来效益，但可以通过有效的薪酬战略及其绩效考核实践，用薪酬交换劳动者的劳动力，通过劳动力和生产资料结合创造出更多财富，发挥增值功能。

## 3.2.2　差异化策略

差异化策略是指企业向市场提供独特的产品或与众不同的服务，用以满足客户特殊的需要，从而克敌制胜，形成竞争优势。产品或服务的特色可以表现在产品设计、工艺创新、生产技术、产品性能、售后服务、销售网络、商标品牌形象等方面。

企业采用差异化策略的目的是通过提高产品的价格获得较高的利润，所以，这类企业会提供以下两类产品。

① 创新性产品。企业投入大量科研经费力求生产和销售竞争对手不能制造生产的创新性产品，以占领市场的制高点，获取竞争优势。

② 高品质产品。企业通过引入先进的生产线，或改进工艺流程，生产和销售竞争对手不能制造的优质产品。虽然是同类产品，但是以其高品质赢得消费者的喜爱和欢迎。

采用差异化策略取得成功的关键是企业新产品开发的能力和技术创新的能力要足够强。不断培育成熟的项目开发团队、产品设计团队和服务团队是实施差异化策略的重要途径。

所以，采用差异化策略的企业要吸引一流的人才，重视人才储备和人力资本投资，加强培训，重视通过较高的薪酬福利保险待遇与员工建立长期合作共赢的工作关系，充分发挥管理人员和技术人员的作用。

采用差异化策略的企业战略性绩效薪酬设计要能激励员工创新，激发员工产出高绩效，薪酬结构要多元化，薪酬水平在市场上要有竞争力，要特别注重薪酬福利对外的竞争力，注重精神福利和长期性激励模式的设计。

### 3.2.3 专攻化策略

专攻化策略是指企业生产经营单一的产品或服务，或者将产品或服务指向特定的地区、特定的客户群。专攻化策略的实施是以专业化技术为前提的，要求企业在特定的技术领域保持长久的领先地位甚至垄断。

企业一旦选定了目标市场，就可以通过产品差别化或成本领先的方法形成专攻化策略。从这个意义上说，采用专攻化策略的企业实际上就是在实施一种特殊的差异化策略或特殊的低成本策略。

为了突出技术力量的重要性，吸引技术人才，企业通常给技术人员支付远高于市场水平的效率薪酬，以提高技术人员对企业的忠诚度，减少由于技术人才流失而带来的招聘费用和培训费用的增加，以及避免人员空缺造成的产品研发滞后。

采用专攻化策略的企业，往往下放决策权，鼓励员工参与生产经营与管理，使员工获得归属感，注重发挥员工的积极性、主动性和创造性。其战略性绩效薪酬设计通常采用基于技术等级的薪酬模式，或者以班组为单位实施推进，以从根本上保障全面质量控制（TQC）制度的贯彻落地，并广泛采用股权激励和期权激励等长期薪酬激励计划。

### 3.2.4 快速发展策略

快速发展策略是指企业通过实现多元化经营、开辟新的生产经营渠道、增加市场占有率，或者兼并、收购、合并或重组等外部扩张方式，使其在产品销量、市场份额及资本总量等方面获得快速和全面的成长。快速发展策略主要关注市场调研与分析、产品开发与推广、利用其他资源发挥杠杆作用等手段。这就要求企业具有很强的运营管理能力、风险防范机制、积极开拓的企业文化等。

为了满足企业快速发展的需要，企业战略性绩效薪酬的设计应突出四个特点。

① 在快速发展策略下，企业往往通过与员工共同分担风险，共同分享企业未来的成功来帮助企业实现目标，同时使得员工有机会在将来获得较高的收入。

② 企业战略性绩效薪酬设计应坚持多样化和针对性原则，在不同性质的部门、团队和班组推出不同的薪酬方案，同时突出绩效考核结果的应用。

③ 关注公司扩张导致员工所从事工作岗位的不断变化，以及企业要求个人高绩效和部门高产出所形成的薪酬系统对员工技能提高的诉求。

④ 在快速发展策略下，战略性绩效薪酬设计的重心应放在目标激励上，并注重企业内部薪酬管理的规范化和标准化。

### 3.2.5　稳定收缩策略

稳定收缩策略可以分为稳定策略和收缩策略。稳定策略是指企业保持现有的产品产量和市场份额，在防御外来环境威胁的同时保持均匀、小幅的增长速度。当企业处于稳定的市场环境或面临资源匮乏时，稳定策略常被采用。在这一背景下，企业的绩效考核标准和薪酬策略应相对稳定，薪酬水平也应与市场水平维持大体相同的增长率。

收缩策略是指企业在面临衰退的市场或失去竞争优势时，主动放弃某些产品或市场，或者进行裁员、剥离与清算等，以维持其生存能力。在这一阶段，企业设立的关键绩效指标和薪酬策略调整应回归到维护企业主体资源和核心竞争力上。

在收缩期，企业要考虑的一个重要因素是反敌意收购，应该设计有利于主打产品或服务的绩效考核范畴和接管防御的薪酬策略。同时，更要注重企业领导层的稳定与补偿问题。比如，规定收购者在完成收购后，若在人事安排上有所变动，须对变动者一次性支付巨额补偿金。这部分补偿金支出通常视变动者的地位、资历和以往业绩而有高低之别。

例如，"三个降落伞"计划就尤为重要。公司收购往往导致目标公司的管理人员被解雇，普通员工也可能被解雇。为了解除管理人员及员工的这种后顾之忧，美国有许多公司采用"金降落伞"计划、"灰色降落伞"计划和"锡降落伞"计划的做法。

"金降落伞"计划指的是雇佣合同中按照公司控制权变动条款，对失去工作的管理人员进行补偿的规定。主要对象是董事会及高级职员，可一次性领到巨额的退休金（解雇费）、股票选择权收入或额外津贴。该项"金降"收益视获得者的地位、资历和以往业绩的差异而有高低之分。

"灰色降落伞"计划主要是指向下面几级的管理人员提供较为逊色的同类保证，一般规定是根据工龄长短领取数周至数月的工资。"灰降"曾经一度在石油行业十分流行。

而"锡降落伞"计划的范围要更广一些，指的是目标公司的员工若在公司被收购后二年内被解雇的话，则可领取员工遣散费。

当然，我国企业界和人力资源管理学者均在讨论和研究收缩期的降落伞计划。有人认为，我国对并购后的目标公司人事安排和待遇无明文规定，引入"金降""灰降"或"锡降"，可能导致变相瓜分公司资产，损公肥私，而且也不利于鞭策企业管理层努力工作和勤勉尽职。所以，我国企业在收缩期宜从社会保险的角度解决目标公司管理层及员工的生活保障问题。

### 3.2.6 延伸思考：不同企业文化导向的薪酬战略

企业文化服从于企业战略，同时也直接影响薪酬体系的各个方面。不同企业文化导向下的薪酬战略分析，如表3-5所示。

表3-5 不同企业文化导向下的薪酬战略分析

| 企业文化导向 | 薪酬战略 |
| --- | --- |
| 强调稳定性、常规性、可靠性及专业化 | ① 以稳定性和安全性吸引和保留员工<br>② 基本薪酬比重大，薪酬弹性小<br>③ 强调内部公平性，薪酬的主要依据是岗位价值评价结果 |
| 员工个人绩效主要取决于个人能力与技能水平发挥，绩效难以评定，强调员工综合及专业技能的提高 | ① 激励员工不断提高技能<br>② 对技能进行评定与考核<br>③ 基本薪酬比重大，薪酬弹性小，与绩效挂钩小<br>④ 需要对总体薪酬成本进行严格控制 |
| 强调市场客户服务及直接经济效益提高，用竞争激励个人绩效全面提升 | ① 个人或部门绩效是薪酬的主要依据<br>② 基本薪酬比重低，薪酬弹性高<br>③ 关注薪酬水平的市场竞争力 |
| 员工需要以团队的方式完成工作，个人绩效取决于团队的绩效评价结果 | ① 将团队绩效评价与团队薪酬挂钩<br>② 不同类型的团队薪酬战略的依据有多重性 |

## 3.3 战略性绩效薪酬设计的流程与方法

### 3.3.1 战略性绩效薪酬的设计流程

一般而言，进行战略性绩效薪酬体系设计有四个具体的实施步骤。

**（1）找到企业持续快速发展的战略瓶颈**

战略性绩效薪酬设计的第一步，就是要找到影响企业持续快速发展的战略瓶颈。发现企业的战略瓶颈有许多方法，常用且有效的方法包括关键成功因素分析法和标杆分析法。

关键成功因素分析法（Key Success Factors，KSF），是指企业在特定市场持续获利所必须拥有的资源和能力。当然，因为这里运用这种方法的目的是设计战略性绩效薪酬体系，所以，就需要借助KSF找出影响企业绩效考核与管理、薪酬福利系统与激励的资源和能力，包括绩效薪酬的框架、管理制度、表单量表、实施方案，以及与招聘、培训和劳动关系管理等人力资源其他业务模块配套的工具或方法。

标杆分析法（Benchmarking），是普遍应用的一种衡量企业运营状况的方法，通过与行业中战略最清晰、运营最好、效率最高，及标准化、规范化、制度化程度最大的企业进行比较，从而获得绩效薪酬管理方面需要改进的信息。

（2）分析相应的人力资源管理瓶颈

当找到公司发展战略的瓶颈后，就要分析部门存在的人力资源管理瓶颈。人力资源管理瓶颈通常表现为人才数量不足、人岗匹配不合理、产品或服务质量不高、绩效薪酬激励缺乏精细化设计等各种现象中的一种或几种的组合。或者说，在人力资源的入口把关、过程运营、输出风险等方方面面，都存在与绩效、薪酬激励相关的制度和表单、流程和节点、计划和方案、职责和考核、风险点控制等的缺失。

（3）制定相应的战略性绩效薪酬框架

战略性绩效薪酬设计的要点在于，绩效要遵循"二八原理"，抓80%的成果达成和20%的员工考核，薪酬要向企业的瓶颈部门和核心人力资源倾斜，企业可以为其战略性人力资源建立"绩效等级""薪酬特区"，以便吸纳、留住与激励战略性人力资源，进而为突破企业发展战略瓶颈提供全方位的人才保障。

（4）分析企业发展瓶颈及其带来的人力资源管理瓶颈

综合运用各种方法或工具，前瞻性地制定战略性绩效薪酬的调整策略。其实，前三个步骤已经构成了一个相对完整的战略性薪酬实施过程，但是，随着企业面临的市场环境日益复杂，企业内部组织也在不断调整，因此，企业的战略瓶颈也是不断变化的。所以，企业战略性绩效薪酬体系的设计不是一劳永逸的，而是一个动态的管控过程。

## 3.3.2　目标业绩激励设计法

目标业绩激励设计法是根据企业整体战略要求，将战略目标自上而下层层分解，从集团→公司→部门→班组→个人，确定岗位绩效目标，然后在每个绩效考核周期，根据个人的绩效完成情况支付薪酬。

目标业绩激励设计法适用于战略目标明确，组织结构清晰，定岗、定编、定额、定员等基础人力资源管理工作到位的企业。

目标业绩激励设计法具有两个特点。

① 以个人目标完成情况为确定绩效等级的依据，促使员工形成内驱力，自发学习，自觉持续追求更高目标的实现。

② 这种方法能够充分调动员工的积极性，促进员工自我管理，激发团队成员的

活力，继续营造一种全员上进、你追我赶、互相激励的局面。这正是战略性绩效薪酬设计要实现的目标。

需要注意的是，运用目标业绩激励设计法设计战略性绩效薪酬，应根据企业自身特点及各个岗位特征，对过程指标、结果指标、态度指标和能力指标设计不同的权重，针对管理人员的绩效考核要区分经济性指标和非经济性指标，并注意目标的有效分解与关键绩效指标的提取，将绩效考核与绩效薪酬挂钩。

### 3.3.3　利润财富分享设计法

利润财富分享设计法是企业根据当期利润测算的结果，以子公司、部门、班组或项目为单位，向员工支付薪酬的一种设计方法，即员工根据企业整体利益获得对应薪酬。

利润财富分享设计法通常适用于企业文化强调公平性与激励性的企业，员工与企业之间共担风险，共享财富与利润，合作共赢，共同发展。

利润财富分享设计法具有两个特点：

① 使员工直接薪酬的一部分与企业绩效紧密关联，能够促进企业整体效能的提高、长期利润的达成，以及战略目标和宏伟蓝图的实现；

② 引导员工换位从企业全局角度思考问题，增强员工的责任感、使命感和成就感。

运用利润财富分享设计法应事先定好规则，完善制度，设计好绩效目标、考核量表、权重、签订绩效合同，以及设计好薪酬结构、计算公式、固定与浮动薪酬比例等，能够使员工对与企业分享利润的比例有一定预期，也可以给予员工股票、红利等。

### 3.3.4　特殊项目成就奖励设计法

特殊项目成就奖励设计法是企业对员工或团队所做的特殊贡献或卓越绩效给予的一次性薪酬奖励，既认可对企业有益的活动、重点项目的价值，又强化助力企业战略目标的实现。

特殊项目成就奖励设计法通常适用于当某一员工或某个团队远远超出工作要求，做出了重大贡献或超出预期的成绩时。

特殊项目成就奖励设计法具有两个特点：

① 能够在基本绩效考核与薪酬体系的基础上，提高战略性绩效薪酬设计的灵活性和弹性，进而有效激励那些为企业80%的业绩产出做出贡献的20%的优秀人才；

② 有利于激励那些与核心价值观和企业文化相一致的行为，具有战略导向性。

运用特殊项目成就奖励设计法，要明文规定所有参与员工都有获得奖励的均等机会，确保评选的公正、公开，以免造成员工的不公平感或引发质疑。

# 第4章

# 如何设计绩效考核激励系统

现代职场中，在绩效考核与薪酬激励精细化设计的理念下，企业应该基于以往绩效管理的积淀，促进绩效考核激励系统设计的各个细节模块作用的有效发挥，构建别具一格的绩效考核激励系统，从目标确立与绩效计划激励、支持辅导与绩效考评激励、绩效面谈与沟通反馈激励、绩效改进与能力提升激励四个维度进行框架设计。

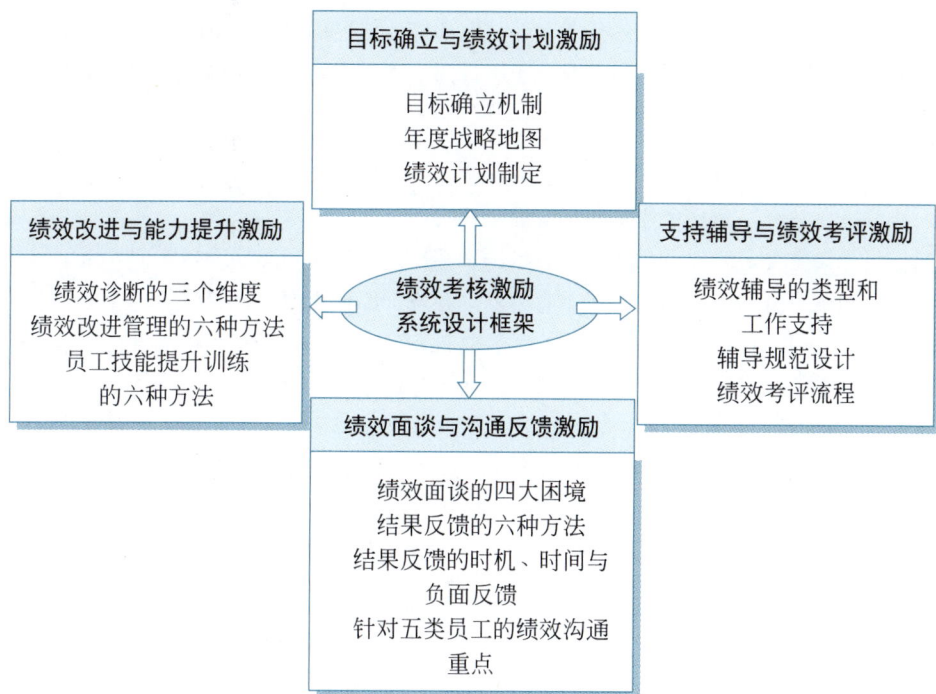

**目标确立与绩效计划激励**

目标确立机制
年度战略地图
绩效计划制定

**绩效改进与能力提升激励**

绩效诊断的三个维度
绩效改进管理的六种方法
员工技能提升训练
的六种方法

**绩效考核激励
系统设计框架**

**支持辅导与绩效考评激励**

绩效辅导的类型和
工作支持
辅导规范设计
绩效考评流程

**绩效面谈与沟通反馈激励**

绩效面谈的四大困境
结果反馈的六种方法
结果反馈的时机、时间与
负面反馈
针对五类员工的绩效沟通
重点

## 4.1 目标确立与绩效计划激励

### 4.1.1 目标确立机制

目标管理是1954年由美国管理学家彼得·德鲁克在《管理的实践》一书中提出的。企业有了目标，才能通过自上而下的层层分解，确定每个人的工作任务和职责。目标管理与员工自我控制、考核激励相结合，以目标给员工带来的自我控制力取代来自领导和主管的支配式的管理控制方式，从而激发员工的最大潜力。

（1）目标确立的四个环节

目标管理体系是战略目标、组织目标、团队目标和个人目标的综合体，左右相连、上下一贯、彼此制约，形成了一个目标链。"设定、执行、评定、改进"是目标确立机制的四个重要环节，如图4-1所示。

其中，管理要项是确立各公司和部门内部管理状况优良与否的指标；行为指标由纳入考核与改进密切相关的一组或若干组行为要项、指标及工作标准组成，是为改进KPI服务的。

（2）目标设定的两种方法

目标设定应以满足企业生存和发展所需的各项客观需求为出发点，而不是主观臆断。目标设定要与时俱进，并且考虑市场和客户以及科技和互联网技术的发展。目标设定应明确自身的优势和劣势，结合内外部环境，以便更好地扬长避短，充分发挥优势。同时，目标设定要注重创新工作和容错机制，达到出奇制胜、以弱胜强、以小胜大。具体而言，目标设定常用的方法有两种。

① 传统目标设定法。一般由企业最高管理者商定，然后分解为子目标落实到各个单位和层级中，即从上往下逐级进行设定。当然，这其中对于上级目标的理解至关重要。

② 参与式目标设定法。由上级与下级共同决定具体的绩效目标，并定期检查目标完成情况。它是由上至下和由下至上的反复循环的过程，即目标达成的程序是自上而下的，目标的分解程序是自下而上的，设定目标的同时制定出配套措施。

（3）目标任务分解与目标实施控制

目标确立之后的工作就是目标任务分解。目标任务分解可以按照"纵向到底、横向到边"的原则，将总任务分解成一项项子任务，再把各项子任务分配到每个岗位员

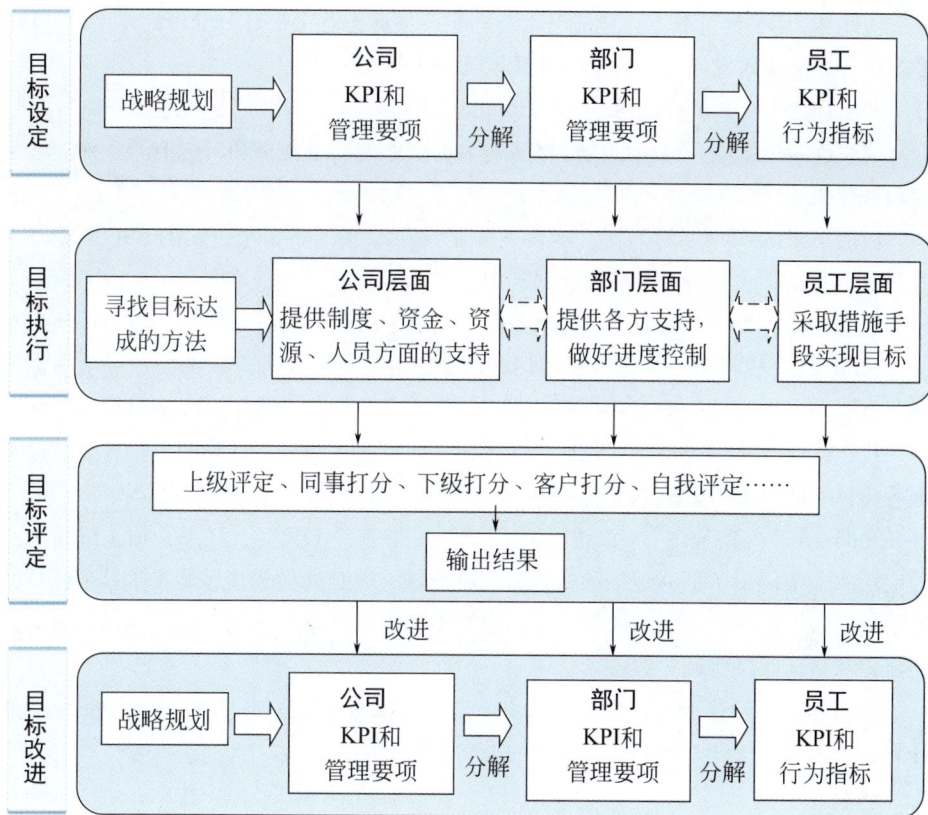

图 4-1　目标确立机制的四个环节

工的工作活动中，直到无法再拆解为止。所谓"纵向到底"，是指目标任务要一层一层地分解到每个员工；所谓"横向到边"，是指每一个相关职能部门都要设立明确的目标任务。

目标管理重点强调的是结果，强调员工的自主与自觉，但这并不意味着对目标实施可以放手不管，相反，由于形成了目标体系，任何一环失误都可能牵一发而动全身。因此，在目标实施的过程中，还必须做好目标控制的工作。

## 4.1.2　年度战略地图

1990年，毕马威会计师事务所的研究机构诺兰诺顿资助了"未来的组织绩效衡量"研究项目。诺兰诺顿的CEO戴维·诺顿和哈佛大学商学院教授罗伯特·卡普兰总结并提出了平衡计分卡理论，并于1992年在《哈佛商业评论》上发表了《平衡计分卡：良好绩效的测评体系》，1993年发表了《平衡计分卡的实际应用》，1996年发表了《平衡计分卡在战略系统中的应用》。这三篇文章奠定了平衡计分卡的理论基础。

1996年，《平衡计分卡：化战略为行动》一书标志着平衡计分卡理论体系的形成，平衡计分卡也正式发展为一种战略性绩效管理工具。

平衡计分卡（Balanced Score Card，BSC）是从财务、客户、内部业务流程、学习与成长这四个维度，将组织的战略落实为可操作的衡量指标和目标值的一种战略性绩效管理体系。

在接下来的四年多时间里，卡普兰和诺顿跟踪实施了多个公司的BSC绩效，将这些公司的经验和实践写在《战略遇到困难了吗？——绘制战略图》一文中，阐述了BSC四个层面中目标之间驱动的因果关系，提出了战略地图的原型。

2000年，《战略中心型组织：如何利用平衡计分卡使企业在新的商业环境中保持繁荣》一书出版，并提出五条原则：①将战略诠释为操作性术语；②使组织与战略协调一致；③使战略成为每个人的日常工作；④使战略成为一个持续的流程；⑤通过管理者的领导能力驱动变革。

2004年，《战略地图：化无形资产为有形成果》一书出版，详细介绍了战略地图的应用，书中提出了战略地图的模板、战略主题，以及如何描述、衡量学习与成长流程中的三项无形资产——人力资本、信息资本、组织资本，并使它们与内部视角的战略流程和目标保持协调一致。

2005年在《哈佛商业评论》上发表了《战略管理办公室》一文，提出要使企业的计划、营运和掌控的管理系统与企业的战略相联结的观点。

2006年，基于"协调一致"即"1+1＞2"的理论基础，《组织协同：运用平衡计分卡创造企业合力》一书出版，讲述了如何"使组织与战略协调一致"。

年度战略地图以平衡计分卡的四个层面目标为核心，是通过分析这四个层面目标的相互关系而绘制的企业战略因果关系图。它成为经营团队讨论企业方向与优先级的共同语言。

不同企业由于其利益相关者价值主张和战略选择的差异性，其战略地图的维度也将会有所不同，所以放之四海而皆准的战略地图是不存在的。年度战略地图四个层面的基本框架，如图4-2所示。

### 4.1.3　绩效计划制定

绩效计划的内容是关于绩效周期工作和绩效标准的契约。绩效计划是一个双向沟通的过程，是一种管理者与员工双方的心理承诺。

绩效计划，是绩效管理的起点，是绩效管理循环过程中的首要环节。从静态角度来看，绩效计划是一个关于任务目标和工作标准的契约。从动态角度来看，绩效计划就是绩效管理者与员工沟通讨论，以确定员工考核期内应该完成的工作、达到的标准的过程。

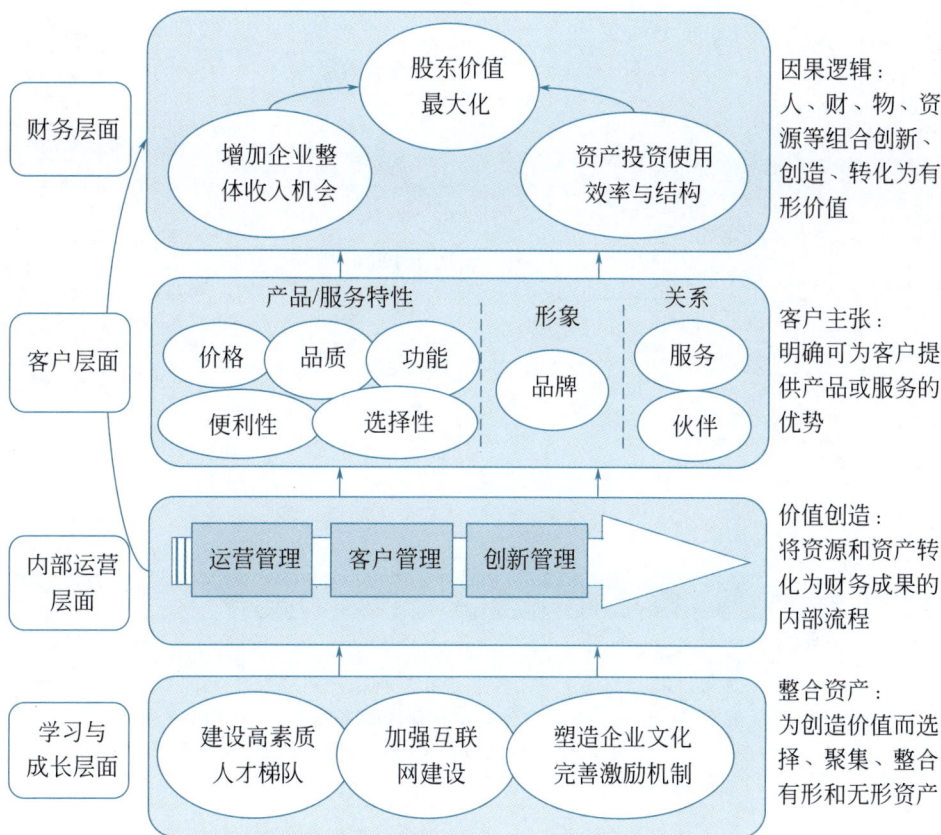

图4-2　年度战略地图四个层面的基本框架

绩效计划作为一种绩效管理工具，体现了上下级之间承诺性绩效指标的严肃性，能够使决策层把精力集中在对企业价值最为关键的管理上，以确保企业战略目标的实现，同时有利于企业内部高绩效企业文化的创建与突显。

### 4.1.3.1　绩效计划制定框架图

绩效计划制定五个阶段的框架，如图4-3所示。

### 4.1.3.2　绩效计划设计要求

企业在设计绩效考核计划过程中，应该注意把握以下八项要求，如表4-1所示。

### 4.1.3.3　绩效计划的三个效用

（1）绩效计划的指向效用

① 绩效计划作为行动纲领和指南，为管理者的绩效活动提供行动依据。

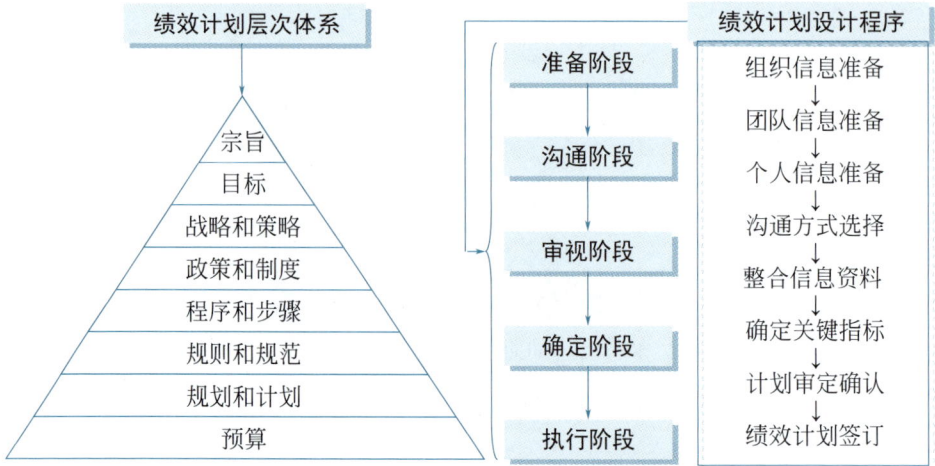

图 4-3　绩效计划制定五个阶段框架图

## 表 4-1　绩效计划设计八项要求

| 序号 | 要求 | 具体说明 |
|---|---|---|
| 1 | 可行性 | 绩效计划要与员工的工作职责和权利相一致，否则就难以实现绩效计划所要求的目标任务，确立的目标要有合理的挑战性。在整个绩效计划制定过程中，要结合全员实际情况，解决障碍，使绩效计划与工作目标贴近实际，切实可行 |
| 2 | 价值驱动 | 绩效计划要与提升企业价值和追求效益最大化的宗旨相一致，突出以价值创造为核心的企业文化 |
| 3 | 流程系统 | 绩效计划与企业的战略规划、资本计划、经营预算计划、人力资源管理等管理程序紧密相连，配套使用 |
| 4 | 重点突出 | 在设定关键绩效指标和工作目标时，要突出关键，突出重点，选择那些与企业价值关联度较大，与岗位职责结合更紧密的绩效指标和工作目标 |
| 5 | 全员参与 | 积极争取并坚持员工、各级管理者和管理层多方参与，以便于通过一些政策性程序来解决这些冲突，从而确保绩效计划制定得更加科学合理 |
| 6 | 足够激励 | 使考核结果与薪酬及其他非物质奖惩机制相连，拉大绩效突出者与其他人的薪酬差距，做到奖优罚劣、激励先进、鞭策后进，营造一种突出绩效的企业文化 |
| 7 | 综合平衡 | 绩效计划是对岗位整体工作职责的唯一考核手段，需要通过合理分配关键绩效指标与工作目标完成效果评价的内容和权重，实现对岗位全部重要职责的衡量。也就是说，绩效计划的综合平衡既包括结果型的职责和过程型的职责，又包括被考核人的工作行为、意愿态度和技术能力 |
| 8 | 岗位特色 | 绩效计划是针对每个岗位而设定的，相似但不同的岗位，其特色完全由绩效管理体系来反映。这要求绩效计划内容、形式的选择和目标的设定要充分考虑到不同业务、不同部门中类似岗位的特色和共性 |

② 绩效计划确定绩效管理活动的方向，帮助员工找准路线，认清工作目标。

③ 绩效计划的制定能够使绩效管理系统内其他的活动按计划有步骤地进行。

（2）绩效计划的操作效用

① 绩效计划的制定涉及人力资源管理者、职能部门经理和员工三方人员的参与，这种参与感较强的方式可以使绩效计划更具操作性。

② 绩效管理者和员工在彼此沟通后制定的绩效计划是对事实的反映，使计划执行起来更具操作性。

③ 绩效管理者和员工在制定绩效计划过程中付出的努力和劳动，会在一定程度上促使双方更加认真地去执行绩效计划，会使绩效计划的执行和操作更加有力，同时也会产生更大的效益。

（3）绩效计划的弥补效用

① 绩效计划的制定是根据过去和现在的信息，预测和把握未来产生的变化和发展趋势，并在科学预测的基础上采取相应的补救措施。

② 绩效计划通过科学的预测，可以帮助绩效管理者在必要的时候对绩效计划做出一定的改进和修正，并采取一定的补救措施，将风险降到最低的程度，以弥补未来情况变化所带来的损失。

# 4.2　支持辅导与绩效考评激励

## 4.2.1　绩效辅导的类型和工作支持

### 4.2.1.1　绩效辅导的两种类型

绩效辅导是为员工的工作提供支持的过程，从支持内容角度可以把绩效辅导分为两类，一是管理者给员工提供技能和知识支持，帮助员工矫正行为；二是管理者给员工提供职权、人力、财力等资源支持，帮助员工获取开展工作所必备的资源。

（1）矫正员工行为

在被考评者出现目标偏差时，应及时对其进行纠正。一旦被考评者能自己履行职责，按计划开展工作且目标没有偏差，就应该放手让他们自己管理。

（2）提供资源支持

被考评者由于自身职能和权限的限制，在某些方面可能会遇到资源调度的困难，而这些资源正是其完成工作所必需的。此时，考评者应向被考评者提供必要的资源支持，帮助其完成工作任务。

#### 4.2.1.2 绩效辅导的工作支持

绩效辅导的工作支持，是在考评周期中为使下属或下属部门达成绩效目标而在考核过程中进行的辅导，并记录存档。绩效辅导的工作支持可以分为工作辅导和月度复盘。

（1）工作辅导

工作辅导包括具体指示、方向引导、鼓励促进。

① 具体指示。对于完成工作所需知识及能力较缺乏的部门，需要给予具体指示，把要完成的工作分解为具体的步骤，并跟踪完成情况。

② 方向引导。对于具有完成工作的相关知识和技能，但是遇到困难或问题的部门，需要给予方向性的指引。

③ 鼓励促进。对具有较完善的知识和专业化技能，而且任务完成顺利的部门，应该给予鼓励和继续改进的建议。

（2）月度复盘

月度复盘，是由各部门填写"绩效目标月度复盘表"，介绍月度总体目标完成情况及主要差距等。

被考评者汇报上月业绩目标完成情况，介绍下月工作计划，通过对各部门进行质询，提出改进意见，并对提出的问题进行答复，对完成情况进行总结，提出对下月工作的期望与要求，最后形成月度复盘记录表。

### 4.2.2 辅导规范设计

绩效辅导是指管理者与员工讨论员工取得的成绩和存在的问题、有关工作的进展情况、工作中潜在的障碍和问题、解决问题的办法，以及管理者如何帮助员工等沟通的过程。

绩效辅导的流程要规范化，辅导的具体效果要签字存档，如表4-2所示。

表4-2 规范化的绩效辅导流程设计

| 阶段 | 内容 | 人员 | 辅导要点 |
|---|---|---|---|
| 暖场 | 创造良好的谈话氛围 | 主管 | ① 慰问并感谢员工的辛勤工作<br>② 营造真诚、信任的气氛，让员工放松<br>③ 说明辅导的目的 |
| 正式辅导 | 鼓励员工发表意见 | 主管、员工 | ①（主管）多采用开放式的提问<br>②（主管）多用肯定或赞美的语气<br>③（主管）认真倾听 |

续表

| 阶段 | 内容 | 人员 | 辅导要点 |
|------|------|------|----------|
| 正式辅导 | 双方反复沟通 | 主管、员工 | ①（主管）了解员工对绩效考核的意见<br>②（主管）了解员工对工作的想法，包括工作中遇到的困难、出现的问题 |
| | 提出意见或建议 | 主管、员工 | 针对员工提出的问题，提供解决问题的建议及资源支持 |
| 结束 | 期盼、展望 | 主管 | ① 对上述内容的总结与确认<br>② 企业对员工的期望<br>③ 下次绩效辅导的时间<br>④ 感谢员工的参与<br>⑤（主管）整理辅导记录 |

正式辅导阶段的设计要规范化，要突出五项重点要求，如图4-4所示。

| 明确重审辅导的重要性 | ◎ 用积极的方式开始指导，强调员工的想法对辅导过程的意义<br>◎ 描述一下将要讨论的内容以及讨论此问题的原因 |
|------|------|
| 询问具体情况 | ◎ 上级利用此机会更多地收集员工工作的真实情况，收集的情况越具体，辅导的效果也越好<br>◎ 上级可以用开放式问题收集具体的信息，征求员工对此问题的认识和看法，并予以确认和证实 |
| 商议期望达到的结果 | ◎ 在确认事实的基础上，开始商议期望达到的结果是什么，需要有哪些投入<br>◎ 确保此结果与绩效目标紧密联系，并且上级和下属达成共识 |
| 讨论解决问题的方法 | ◎ 在结果取得一致的基础上，讨论用什么方法可以达到目标<br>◎ 当有几种解决问题的方法时，开诚布公地讨论每种方法的利弊，尽量多地采用下属提出的方案 |
| 约定下次讨论时间 | ◎ 在结束讨论前，应确定下次讨论的具体时间<br>◎ 让下属感觉到上级始终关注其绩效方面的改进 |

图4-4 绩效辅导设计五项要求

## 4.2.3 绩效考评流程

绩效考评又称绩效考核，是对过去员工工作的实际绩效与计划绩效之间的差异进行的科学评估。对大部分企业来说，有效地评估员工的绩效，不仅可以掌握员工对企业的贡献大小，还可以为人力资源管理决策提供科学的、必要的资料。

**（1）绩效考评推行的四个阶段**

企业在推行绩效考评时，一般会经历四个阶段，即形式期、行事期、习惯期、文化期，如表4-3所示。

**表4-3 绩效考评推行的四个阶段**

| 序号 | 阶段 | 具体内容说明 |
|---|---|---|
| 1 | 形式期 | 绩效考评刚开始推行时往往都处于形式期这个阶段。此时考评往往以试运行的形式出现，考评结果可以不与绩效工资挂钩，主要是让员工接触、了解、认可绩效管理，并掌握绩效考评的方式、方法和工具 |
| 2 | 行事期 | 绩效考评稳步推进，逐步尝试针对性的指标设计、先进适用的新方法，用仪式感增强心理契约。此时考评开始与绩效工资、利益、晋升等挂钩，真正进入实操阶段 |
| 3 | 习惯期 | 绩效考评已形成习惯，具备文字性、制度性的规范。在这个阶段的企业基本上会由上至下地自行进行考评，统计考核数据，计算绩效工资，涉及员工薪酬调整、晋升也会首先考虑以过往的绩效表现为依据 |
| 4 | 文化期 | 绩效考核已深深与企业文化结合在一起，员工希望被考评，绩效考评已成为企业高效管理的一种常态，呈现出一种公平竞争、你追我赶、共同奋斗的氛围 |

**（2）绩效考评有效性诊断的十个要点**

绩效考评有效性诊断的十个要点，如表4-4所示。

**表4-4 绩效考评有效性诊断的十个要点**

| 序号 | 要点内容 |
|---|---|
| 1 | 每个岗位的员工均有针对自己工作具体、明确的目标，同时也清楚交叉或相关岗位的目标 |
| 2 | 这些目标具有挑战性，但合理，并且符合 SMART 原则 |
| 3 | 员工认同这些目标对促进企业战略发展有意义 |
| 4 | 员工明确自己绩效水平高低的衡量标准，也愿意为达成这些目标而努力 |
| 5 | 员工觉得这些绩效标准是恰当的，因为它们测量的是员工应该做的事情 |
| 6 | 在达到目标方面员工做得如何，做得好与不好，造成了哪些影响，员工能得到及时的反馈 |
| 7 | 员工觉得自己得到足够的培训、辅导与支持，员工与上级主管即考评者之间是充分信任的关系 |
| 8 | 公司给员工提供足够的资源支持或分享、共享，使其达到目标成为可能 |

续表

| 序号 | 要点内容 |
|---|---|
| 9 | 如果达不成目标，员工明确可能受到的处罚；当达到目标时，员工会得到及时的赞赏与奖励 |
| 10 | 奖励体系是公平的，员工通过自己的努力成功而得到奖励，员工能力得到提升，潜力被挖掘 |

（3）绩效考评的内容设计

① 按照岗位职责设计绩效考评内容，如表4-5所示。

**表4-5　按照岗位职责设计绩效考评内容**

| 考评内容 | 界定 | 适用情形 | 注意事项 |
|---|---|---|---|
| 工作业绩 | 主要包括工作数量、质量及成本费用三个方面。工作数量是指所完成工作的总量及按期完成的程度；质量是指完成工作的细致、准确程度及效率；成本费用指完成工作花费的时间、财、物等有形、无形费用的总量 | 该考核评估内容的划分不受企业规模、管理方式、人员素质的影响，属于通用的考核内容 | ① 该考核内容的确定应当严格按照岗位职责确定，既不能出现叠加的情况，也不能出现空白区域 |
| 工作能力 | 即完成岗位工作所需要的能力，以及向更高层级岗位晋升的能力，一般包括体能、智能及技能。体能是指健康状况，智能是指认识客观事物获得知识、运用知识及改造创新的能力，技能是通过学习并坚持练习掌握的技术、技巧和操作的熟练程度 | | ② 对考核内容的描述应当做到全面、客观 |
| 工作态度 | 即工作能力向工作业绩转换的"媒介"，高业绩必需要有强能力，但是，能力强也不一定取得高业绩 | | |

② 按照内涵过程设计绩效考评内容，如表4-6所示。

**表4-6　按照内涵过程设计绩效考评内容**

| 考评内容 | 界定 | 适用情形 | 注意事项 |
|---|---|---|---|
| 特质 | 指个性和动机，如性格、忠实、敬业、吃苦、领导能力等 | 适用于工作潜力开发的评估 | ① 没有考虑情景因素，通常预测效度较低<br>② 评价指标有效性差，不易确保公平公正<br>③ 用难以评价和培养的特质为评价指标，易造成员工情绪消极，不利于改进绩效 |

续表

| 考评内容 | 界定 | 适用情形 | 注意事项 |
|---|---|---|---|
| 行为 | 关注的是工作流程和具体执行力 | 适用于按照统一步骤或标准进行的工作，方法单一、过于程式化 | ① 需要对所有的工作行为加以区分，工作量大，工作难度大，绩效考核成本过高<br>② 当员工认为其工作结果重要而忽视行为过程时，则不好的行为难以纠正 |
| 结果 | 强调以结果为导向，重点是结果，产出了什么，获得了多少，而不是看行为过程 | 适用于通过多种方法和工具实现绩效目标的岗位，不同岗位指标不同 | ① 难以预料的客观因素会影响被考评对象的工作结果，且这些因素不易被控制<br>② 容易导致被考评对象急功近利，为达到目标不择手段，影响企业的长远利益和持续发展 |

**（4）绩效考核评分设计**

企业在绩效考核评分设计过程中，首先，应选择适合的评分人员，如被考评者的直接上级、人力资源经理、绩效考核专员或外部绩效专家等；然后，需要设计绩效考核评分标准；最后，得出适合企业实际与绩效项目的考核量表，同时也可以采用分值区间和人员等级比例相结合的方法，如表4-7所示。

表4-7 绩效考核评分设计

| 绩效等级 | 评分区间 | 人员比例 |
|---|---|---|
| A 级 | 100%（含）以上 | 不超过 10% |
| B 级 | 90%（含）～ 100% | 35% 左右 |
| C 级 | 70%（含）～ 90% | 30% 左右 |
| D 级 | 60%（含）～ 70% | 15% 左右 |
| E 级 | 60% 以下 | 5% ～ 10% |

# 4.3 绩效面谈与沟通反馈激励

绩效面谈是指管理者对员工在一个考核周期内的表现（包括工作业绩、工作态度、工作适应性等）进行评估后，与员工进行面对面的、正式的沟通。管理者将员工的绩效表现和结果反馈给员工，让员工对自己的工作表现有一个全面的认识，员工提出问题或看法，双方如此反复彼此交换信息，以便在下一个考核周期内做得更好，从而达到改善提升绩效的目的。

绩效面谈与沟通反馈可以促进评估者和被评估者就评估结果达成一致看法，帮助员工对上一个考核周期的表现进行检验，为绩效改进计划和能力提升训练方案的制定提供依据。

## 对标案例：又一次失败的绩效面谈

### 案例背景

年度绩效考核结束，按照公司绩效管理制度的规定，马经理作为上级和考评者要针对下属和被考评者小王的工作情况进行面对面的沟通。

马经理："小王，有时间吗？"

小王："什么事情，马经理？"

马经理："想和你谈谈，关于你年终绩效的事情。"

小王："现在？要多长时间？"

马经理："嗯……就一小会儿，我9点还有个重要的会议。哎，你也知道，年终大家都很忙，我也不想浪费你的时间。可是HR部门总给我们添麻烦。"

小王："……"

马经理："那我们就开始吧。"

于是小王就在马经理放满文件的办公桌对面，不知所措地坐了下来。

马经理："小王，今年你的业绩总体来说还过得去，但和其他同事比起来还差了许多，可你是我的老部下了，我还是很了解你的，所以我给你的综合评价是3分，怎么样？"

小王："马经理，今年的很多事情你都知道的，我认为我自己还是做得不错的呀，年初安排给我的任务我都完成了呀，另外我还帮助其他的同事做了很多的工作……"

马经理："年初是年初，你也知道公司现在的发展速度，在半年前部门就接到新的市场任务，我也向大家宣布了，结果到了年底，我们的新任务还差一大截没完成，我的压力也很大啊！"

小王："可是你也并没有因此调整我们的目标啊？！"

这时，秘书直接走进来说："马经理，大家都在会议室里等你呢！"

马经理："好了好了，小王，写目标计划什么的都是HR部门要求的，他们哪里懂公司的业务！现在我们都是计划赶不上变化，他们只是要求你的表格填得完整好看，而且，他们还给每个部门分配了指标。大家都不容易，你的工资也不错，你看小李，他的基本工资比你低，工作却比你做得好，所以我想你心里应该平衡了吧。明年你要是做得好，我相信我会让你满意的。好了，我现在很忙，下次我们再聊。"

小王："可是马经理，去年年底评估的时候……"

马经理没有理会小王，匆匆和秘书离开了自己的办公室。

**点评**

先说结论，这无疑是一次失败的绩效面谈。再从两方进行分析，考评者准备不充分，没有掌握沟通技巧，未能正确评价被考评者的工作，未能明确指出问题，辅导和激励不到位，也没有做好面谈记录等，而被考评者事前也没有做足充分准备，不了解面谈的重点，没有想好与上级沟通达成的目标。可以说双方这样的沟通是无效的。

### 4.3.1 绩效面谈的四大困境

就像上述案例中马经理与小王的绩效面谈一样，企业面谈失败的案例每天都在上演。与每位员工面对面探讨其上一阶段的绩效考核结果，并准确分析原因，共同找到提升业绩的解决方案，不是一件易事。绩效面谈面临的困境主要体现在以下四个方面。

（1）绩效考核没有针对性

有些企业不分层级、不分部门、不分岗位，也不分职能，全体员工使用一份绩效考核量表，没有根据岗位的具体职责和特点进行有针对性的关键绩效指标设计，评判标准的弹性较大，往往导致上下级在考核标准和结果的认知上存在巨大偏差，形成对峙和僵局。如果前期针对绩效考核的规范没有达成共识，绩效面谈时沟通的事项就不可能在一条线上，双方也不会同频，这就为后续的面对面交谈埋下了隐患。

（2）员工抵制无效面谈

企业绩效管理宣贯不到位，没有形成特色的绩效文化。员工认为绩效考核只是走形式，是为了制造人员之间的差距，变相扣工资，并惧怕因吐露实情而遭到上级的报复和惩罚。因此，面谈过程中经常出现的情况是，员工要么夸大自己的优势，弱化自己的不足；要么保持沉默，主管说什么就是什么。如果是这样一种状态，那么，即使面谈半小时，员工的问题也不会得到有效的反馈，主管对下属的想法还是不了解。

（3）主管没有准确认识到自己的角色定位

① 主管扮演审判官的角色，倾向于批判下属的不足，包办谈话，下属只是扮演听众的角色，员工慑于主管的权力，口服心不服。

② 主管扮演老好人的角色，怕得罪人，于是给下属打分宽松，每个人的分数都很高，绩效面谈成了走过场。

③ 主管心胸狭窄，处事不公，以个人好恶作为评判标准，致使员工愈发抵触，双方矛盾重重。

④ 面谈时主管笼统地就事论事，没有提出针对性的改进意见，让员工感到工作照旧，自己仍不清楚今后努力的方向，感觉面谈无用，甚至是浪费时间。

（4）主管没有认识到反馈面谈需要沟通多次才能完成

一方面，管理者对反馈面谈的重要性和难度认识不足，以为可以通过一两次的沟通就把问题解决掉。管理者自己没有意识到"权威感"让他们缺乏对员工的换位思考，以领导者的姿态"想当然"地来处理问题。另一方面，管理者和员工站在不同的角度看问题，而且不同的人对同样的行为和结果有不同的看法。一些管理者认为绝对不能接受的行为，员工却认为是很正常并且是不可避免的。可见，对同一行为或结果最终达成一致的看法不是一个容易的过程，常常需要多次沟通才能达到让双方信服的效果。

## 4.3.2　绩效反馈的六种方法

常用又有效的绩效反馈方法包括三层汉堡法、BEST反馈法、单向劝导反馈法、双向倾听反馈法、解决问题式反馈法、综合式绩效反馈法等。

（1）三层汉堡法

在三层汉堡法的操作过程中，汉堡最上面的一层面包代表考评者对被考评者的表扬、肯定和赞美，中间夹着的馅料代表考评者对被考评者的批评，最下面的一块面包代表考评者要用肯定和支持的话语结束交流。

三层汉堡法在实施时，首先，应对员工在考核周期内好的表现进行表扬，并给予真心的赞美和鼓励；然后，向员工提出需要改进的"特定"行为表现，与员工共同分析该行为产生的原因；最后，与员工共同制定绩效改进计划，并表达对员工未来发展的期望。

在运用三层汉堡法交流时，考评者既要关注对绩效结果的评价，还要关注绩效改进计划的制定；既要关注语言的单向流动，还要注意倾听被考评者的看法；既要注重寻找产生不良绩效表现的原因，还要提出解决问题的办法。

（2）BEST反馈法

BEST反馈法指的是在考评者指出绩效周期中被考评者的问题所在，描述该问题所带来的后果之后，给予员工发表自己见解的权利，以聆听者的姿态进行有效倾听，并鼓励员工寻求解决问题的办法，最后由考评者进行谈话的总结。

其中，B（Behavior Description）——描述行为，即描述被考评者在绩效考核周期中的表现；E（Express Consequence）——表达后果，即表述相关行为所产生的后果；S（Solicit Input）——征求意见，即询问员工绩效改进的意见，引导员工积极回答问题，由员工提出改进措施；T（Talk About Positive Outcomes）——着眼未来，即面谈人员对员工的绩效改进思路给予肯定，对其进行鼓励并提出期望。

（3）单向劝导反馈法

单向劝导反馈法是指上级根据工作说明书、目标责任书或绩效合同，针对员工个人工作中的行为表现进行剖析，说明哪些是正确的、有效的，哪些是错误的、无效的，尽最大可能说服下属，让他们提出新的、更高的绩效目标，以期不断提高员工的绩效水平。

单向劝导反馈法要求上级具备说服员工改变自我的能力，并能够熟练运用多种模式和方法激励下属。该面谈方法缺乏双向交流和沟通，容易使员工和上级之间的沟通产生阻碍。

（4）双向倾听反馈法

与单向劝导反馈法相比，双向倾听反馈法是指上级首先说明员工哪些行为是正确的、有效的，哪些行为是错误的、无效的，然后员工适当地给予回应，上级再点评，员工再说明等这样一种双方问答互动式的绩效面谈方法。在该方法的实践操作中，员工还需与上级共同讨论绩效考核的其他相关问题，共同制定下一考核周期的工作目标。

（5）解决问题式反馈法

解决问题式反馈法是以解决员工工作中的实际问题为主要目的，上级领导应倾听员工的工作报告，及时关注并解决员工遇到的困惑、障碍、需求等各种问题，从而促进员工的不断进步。该反馈法的运用具有一定的难度，作为绩效考评者的上级需要积极参加绩效面谈相关的培训课程，以提高沟通技巧与管理水平。

（6）综合式绩效反馈法

综合式绩效反馈法是由上述各种反馈方法的合理搭配综合而成的一种方法，可以实现"一箭双雕"。考评者经过专门的培训，掌握一定的技能，采取高效的工具、灵活变通的方式，从一种反馈形式自由转换过渡到另一种，或者说针对一个员工运用多种绩效反馈方法，从而大大提高沟通效果。

### 4.3.3　结果反馈的时机、时间与负面反馈

绩效考核结果反馈就是考评者通过与被考评者的沟通，将考核结果告知被考评者，并向其解释结果、效果，使被考评者能够及时了解自身的绩效水平。结果反馈是绩效考核公正的基础，是绩效改进有效的前提，是传递组织期望的手段。

在内容选取上，绩效考核结果反馈既要让员工了解到其不足之处，又要让员工看到自己的发展前景，对企业转型发展和岗位晋升充满希望。具体内容一般包括九个方面，即个人整体的考核结果、工作表现优秀并值得发扬的地方、存在的不足及改进措施、未来的任务目标、目标执行可提供的资源、目标执行的流程、目标实施的激励机制、目标实施中所有来自内部的支持和创造的组织氛围、在目标实施过程中会遇到的外部障碍等。

在结果反馈的时间节点上，要选择恰当的时机和恰当的时间。

（1）恰当的时机

恰当的时机是指结果反馈应及时，通常考核结果确定后即可实施绩效反馈。及时反馈与面谈的优势有三点。

① 让员工尽早明确自身绩效存在的问题与不足，以便及时更正不良行为或错误观点。

② 避免因为没有及时反馈而让员工误认为领导认可他本来执行的错误行为。

③ 及时提醒员工存在的错误，避免后果进一步恶化。

（2）恰当的时间

恰当的时间是指绩效反馈与面谈工作尽量错峰进行，注意以下三种情况。

① 不要安排在员工业务繁忙的时间举行，如个别企业月底会交报表、写报告、定计划等，业务非常忙。在这种情况下安排面谈，会导致员工心不在焉、敷衍了事，因为，一个忙于手头工作的人是不能安心配合面谈工作的。

② 不要安排在开会前或临下班前，在这个时间安排面谈员工同样也会产生一些额外顾虑。

③ 不要安排在员工身体不舒服、精神状态不好或情绪不佳的时期。

（3）负面反馈的技巧

负面反馈是绩效沟通的难题所在，如何把存在的问题甚至错误告知员工，达到警示而又不使员工感到难堪或反感，共同制定下一步改进计划，努力向前看，说起来简单，操作起来很难。

负面反馈从字面上不难理解，比如"你回答客户问题时的态度真是糟糕透了，你必须尽快掌握相关的服务礼仪，否则你将失去这份工作""在别人讲话时你总是插话，

你是不是太不尊重别人了"，类似这种考评者对被考评者具有破坏性的批评就属于负面反馈。很明显，这样做比较容易引起员工的反感，员工会认为这种批评是对自己的侮辱。事实上，这种反馈方式不仅解决不了问题，还会破坏上下级之间的关系。

当员工的绩效表现欠佳时，员工会出现一些自我防卫行为，如表4-8中的七种行为。

表4-8 绩效表现欠佳员工的自我防卫行为

| 序号 | 行为表现 | 行为描述 |
|---|---|---|
| 1 | 反抗 | 当员工受到批评时会出现生气、反抗、不愿沟通等行为 |
| 2 | 攻击 | 当员工感受到威胁时，会以反射性行为攻击对方以求自保 |
| 3 | 合理化 | 员工会为绩效不佳寻找多种开脱的理由，使自己原谅自己 |
| 4 | 压抑 | 员工把不愉快的事情压抑在心底，选择逃避，而不是去面对现实 |
| 5 | 否定 | 反馈沟通的内容对员工不利时，员工会以拒绝的心态否认对方的陈述 |
| 6 | 抑制 | 为了不出错误而不作为，言行举止过于谨慎，甚至因害怕出错而拖延 |
| 7 | 转移注意力 | 为了隐藏自己的缺点或过失，在沟通过程中特别强调团队中还存在能力更差的人，从而使被考评者觉得自己的表现不是很差 |

所以，针对绩效表现欠佳员工进行负面反馈时要掌握高超的技巧：

① 上级管理者要营造一个合适、轻松的谈话氛围，以减少下属的恐惧与防卫；

② 出现问题或者绩效考核结束后及时反馈，切勿等到问题恶化之后再进行沟通；

③ 遵守对事不对人的原则，切勿进行人身攻击，沟通的重点放在岗位工作任务上；

④ 注意反馈面谈时双方的情绪，找到员工的一两个亮点，运用"三层汉堡法"沟通；

⑤ 允许员工对负面反馈的内容和数据、信息等提出自己不同的意见；

⑥ 表示出对员工的信任与支持，提出对员工的帮助计划并做出正式书面承诺。

### 4.3.4 针对五类员工的绩效沟通重点

对上级而言，及时有效的沟通可以帮助其了解下属的工作情况，有助于掌握下属的工作进度，以便有针对性地提供相应的辅导和资源。持续的沟通还有利于上级掌握绩效评估的依据，有利于其客观、公正、公平地对下属进行打分与点评。

对下属而言，绩效沟通可以帮助其得到关于自己工作绩效的反馈信息；有助于其提升能力、改进绩效，正确理解组织目标和工作内容等方面的变化；便于其及时变更个人工作目标，及时向上级反馈工作中的困难，寻求改善绩效的相应资源和工具，以便逐步达成更高的绩效目标。

绩效沟通可分为正式绩效沟通与非正式绩效沟通两类。

#### 4.3.4.1　正式绩效沟通

正式绩效沟通是事先计划和安排好的，如定期报告制度、一对一正式面谈、例会制度等。

（1）定期报告制度

定期报告是要求下属通过文字或表格的形式向上级报告工作进展情况、遇到的问题、所需的支持等。定期报告的形式主要有周报、月报、季报、年报等。定期报告不需要上级和下级面对面沟通，也不需要将相关个体集中起来，当上级和下级不在同一办公地点时，定期报告制度是非常有效的沟通形式。

书面报告可培养员工理性、系统考虑问题的能力，提高其逻辑思维和书面表达能力。但由于报告本身是数据记录的一种形式，它一般仅是从下属向上级的单向信息流动，上下级之间缺乏互动性，这就容易使得沟通流于形式。

（2）一对一正式面谈

一对一正式面谈对于及时发现工作中的问题，尽早找到问题和发现解决问题的方法，将工作损失降到最低水平是非常有效的。一对一正式面谈可以使上下级之间就某一问题进行比较深入的探讨，使员工有一种被尊重的感觉，有利于建立上下级之间的融洽关系。在面谈时，其重点应放在员工具体的工作任务和标准上，以一种开放、坦诚的方式进行谈话和交流。

（3）例会制度

公司或部门应定期召开工作运行分析会议，在会议上为上下级提供一个正式的沟通环境。会议沟通可以满足团队交流的需要，有助于上级对下级工作情况的掌握；有助于员工获取公司战略或价值导向的信息，以促进其改进绩效。

#### 4.3.4.2　非正式绩效沟通

非正式绩效沟通是未经计划的，其沟通途径是组织内的各种社会关系。事实上，在工作中，上级对下级的指导是随时的，如在非正式的会议上或闲聊、走动式交谈，以及吃饭时与员工进行沟通。

常用的非正式沟通方式主要包括走动式管理和开放式办公两种。走动式管理就是主管不再坐在办公室里等敲门、等汇报，而是主动出击，在员工工作期间不定时地到员工座位附近走动，与员工进行交流，或者帮助员工解决棘手的问题。开放式办公即主管办公室向外开放，没有特殊情况时，员工可以随时进入办公室与主管讨论问题或项目进度等。

为了使绩效沟通发挥更大、更有效果的作用，需要提前把员工区分为五类，进行有针对性的重点沟通。

### （1）贡献型员工

贡献型员工不仅完成了期初要求的绩效目标，而且超越了预期的绩效要求。为此，在绩效沟通时，应对其提出更高的目标和要求，同时让其了解公司的激励政策。

换句话说，贡献型员工即是绩效优秀的员工，他们通常把职责范围内的工作做得比较好，因此，要及时对这类员工的优异表现加以肯定，同时总结优秀典型行为，树立标杆，以便推广。同时，企业还应多了解这类员工对未来的发展设想，为其创造更好的发展空间，在晋升通道和职业发展上给予这类员工更多的晋升空间和机会。

### （2）冲锋型员工

冲锋型员工在工作中表现非常积极，凡事冲锋在前，但是，可能会有勇无谋，工作时没有统筹、没有计划，不善于掌控时间进度，不可避免地出现工作疏忽和错误。因此，主管在绩效沟通时应对冲锋型员工给予更多的辅导，让冲锋型员工尽快变成有勇又有谋的贡献型员工。

### （3）安分型员工

安分型员工基本上是本本分分，遵章守纪，能够完成本岗位的任务却没有突出的工作表现，表现出"当一天和尚，撞一天钟"的工作状态。这明显不符合企业的竞争原则。对于这类员工，应以制定严格、明确、可行的绩效改进计划为沟通重点，督促其上进，激发其干劲儿。

### （4）堕落型员工

堕落型员工在企业里一般表现为不求上进、甘于堕落的状态。对于这类员工，在绩效考核结果反馈及沟通时，应向其进一步明确工作目标，纠正其对工作成果的看法，甚至给予一定的警告。

换句话说，堕落型员工即是绩效低下的员工，他们可能不愿意接受低分、批评和处罚这样的事实，容易和管理者产生冲突。对待这类员工，管理者一定要帮助其分析绩效差的原因，提供必要的指导与培训，帮助其制定绩效改进计划。另外，主管要掌握沟通技巧和交流艺术，对绩效较差的员工也应进行适时、适度的鼓励，哪怕是其微小的进步。但是，针对几个考核周期或者长达一年后绩效仍无起色的员工，要进行必要的批评与处罚，直至不再续签劳动合同。

### （5）一直无明显进步的员工

针对绩效一直无明显进步的员工，主管应开诚布公地和员工进行交流，找出绩效停滞不前的原因，根据不同情况给予不同的解决方案。对于这一类员工，主管应主动给予辅导和帮助，在绩效沟通中和员工一起找出存在的问题，从员工的工作态度、工作能力及工作方法等各个方面入手进行分析并解决问题。

## 4.4　绩效改进与能力提升激励

### 4.4.1　绩效诊断的三个维度

绩效管理的诊断不仅要发现绩效管理体系中存在的各种问题，还应当通过对众多被考评者工作绩效的透视和分析，揭示企业现存的各种问题。

在绩效诊断过程中，不仅要强化诊断流程的设计，还要依照目标与绩效管理系统诊断任务的驱动因素和约束因素进行系统分析。如果仅从内容的角度划分，应主要针对绩效目标系统、绩效管理制度、绩效管理体系进行全方位的诊断。

（1）绩效目标系统诊断

一家企业的绩效目标系统设计是呈层次性的，企业绩效目标系统的诊断过程，实际上是对标基准，寻找差距的过程。通常情况下，企业可以采取四种方法来组织此项工作，如图4-5所示。

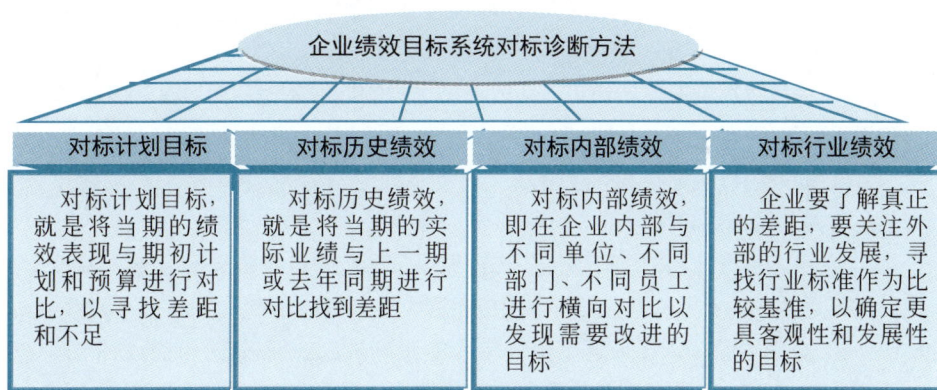

| 企业绩效目标系统对标诊断方法 | | | |
| --- | --- | --- | --- |
| 对标计划目标 | 对标历史绩效 | 对标内部绩效 | 对标行业绩效 |
| 对标计划目标，就是将当期的绩效表现与期初计划和预算进行对比，以寻找差距和不足 | 对标历史绩效，就是将当期的实际业绩与上一期或去年同期进行对比找到差距 | 对标内部绩效，即在企业内部与不同单位、不同部门、不同员工进行横向对比以发现需要改进的目标 | 企业要了解真正的差距，要关注外部的行业发展，寻找行业标准作为比较基准，以确定更具客观性和发展性的目标 |

图4-5　企业绩效目标系统对标诊断方法

（2）绩效管理制度诊断

绩效管理制度诊断，即对企业绩效管理制度制定的全面性、可行性、科学性、合理性以及制度的实际落实情况进行诊断和分析。例如，企业现行的绩效管理制度在执行的过程中，哪些条款得到了落实，哪些条款遇到了障碍难以贯彻，绩效管理制度存在哪些明显的不科学、不合理、不现实的地方需要修改调整。

# 对标案例

## 案例背景

××公司是一家上市公司的控股子公司，是一个有成长性的高新技术公司，但随着公司生产能力的不断扩大，原来的绩效管理制度明显跟不上企业的发展需求，主要表现在以下几个方面。

① 迫于部门利益和个人利益冲突，现行绩效管理制度往往频繁调整，每个部门制定相对适合自己的绩效考核方式，导致人力资源部工作量很大。

② 每次绩效考核结果出来之后，员工经常发现有错误，找上级领导反映得到的回复却是"这是人力资源部的事情"。当员工去找人力资源部的时候，却被要求直接找自己的上级领导。

③ 每次获得岗位晋升的总是和领导关系好的员工，那些表现积极对待工作认真负责却不善于和领导搞好关系的员工没有晋升机会。这样做的结果是员工积极性不仅无明显改善，抱怨之声还不绝于耳。拿出一个能为各方所接受的、公正的绩效管理制度令企业管理层伤透脑筋。这导致人才流失，难以吸引、留住优秀人才。

## 系统诊断

① 绩效管理制度过于粗犷，绩效考核结果的处理非程序化，缺乏有效的申诉机制。

② 绩效考核的结果同职业晋升、薪酬分配的挂钩过于简单化，人才的选拔和任免主观偏好较大。

③ 缺乏系统的人才晋升通道，内部晋升通道的设计与执行不合理，薪酬分配缺乏合理的业绩依据，薪酬与岗位职责、业绩考核脱节。

④ 对高层管理人员缺乏明确而持续的激励机制，绩效考核指标的制定未进行具体分析，员工行为偏离企业总体目标，缺乏有效的导向和制约纠偏机制。

## 改进措施

① 组织再造，建立一套系统的组织结构体系。

② 明确部门职责、岗位责任，制定岗位说明书，在此基础上建立一套有效的绩效考核体系，实现绩效考核制度公正、公开、公平。

③ 建立申诉机制，修正绩效考核体系偏差，促进沟通和理解。

④ 制定人才培训计划，人力资源管理流程再造，包括招聘、选拔、任命、激励等，制定员工发展计划，培育员工的使命感和归属感。

⑤ 建立以绩效考核结果为基础的薪酬分配体系和人才晋升通道。

（3）绩效管理体系诊断

对企业绩效管理体系的诊断，如绩效管理体系在运行中存在哪些问题，各个子系统之间健全完善的程度如何，各子系统相互协调配合的情况如何，目前亟待解决的问题是什么等。具体来讲，绩效管理体系诊断主要包括八个维度，如表4-9所示。

表4-9 绩效管理体系诊断的八个维度

| 序号 | 维度 | 具体诊断内容 |
| --- | --- | --- |
| 1 | 战略目标 | 战略目标是绩效管理实践的出发点和落脚点，考查一家企业的绩效管理体系是否有效的第一个标准就是看该企业的战略目标是否清晰明确，是否已经被企业管理层所熟知，是否已经得到层层分解与落实 |
| 2 | 角色分工 | 企业绩效管理中管理者和员工的角色分为四个层次，分别是公司总经理、人力资源经理、直线经理和员工。有的企业没有把员工在绩效管理中的角色分工做好，导致执行走偏、流于形式 |
| 3 | 管理流程 | 如果要判断一个绩效管理体系是否有效，就一定要从流程的完善程度入手。绩效管理体系应具备四大基本流程，可以运用PDCA循环来进行说明<br>① 制定绩效计划（P），确定关键绩效指标<br>② 绩效沟通与辅导（D），保证绩效管理过程的有效性<br>③ 绩效考核与反馈（C），对前一绩效周期的成果进行检验和反馈<br>④ 绩效诊断与提高（A），总结提高并进入下一循环 |
| 4 | 工具表单 | 绩效管理体系流程若要高效执行，人力资源部门应为直线经理设计简单、实用的工具表格，通常包括员工关键绩效指标管理卡、员工业绩档案记录表、员工绩效反馈卡、员工绩效改进计划、员工绩效申诉表等 |
| 5 | 绩效沟通 | 绩效管理体系全面性诊断，不能仅仅看硬件是否具备，更要看软件，比如绩效沟通的环境是否良好，渠道是否顺畅，绩效沟通的习惯是否已经建立等 |
| 6 | 绩效反馈 | 有的企业考核结果反馈工作开展得不好，要么不反馈，要么只是简单地签字交差，没有中间面谈和沟通的过程，这是一个非常严重的问题，必须改进 |
| 7 | 结果运用 | 在绩效评价结束后，企业一定要按照绩效制度的规定，利用好绩效评价的结果，使绩效管理制度向良性循环的方向发展 |
| 8 | 改进成效 | 决不允许存在"说了三遍没改变""改进计划不能操作""改进计划进度没有列表，不按照时间节点推进"等情况 |

## 4.4.2　绩效改进管理的六种方法

绩效改进责任部门应当坚持以持续改进为核心思想，并以结果导向、全局思考、增加价值、集体合作作为基本原则。并在共同遵循基本原则的基础上运用六种方法改进个人绩效、部门绩效，直至提升组织的整体绩效。

① 持续改进的核心思想。持续改进是指以企业战略发展目标为引导，不断改进工作方法。随着时间推移，持续地改进工作方法会带来重大成果。

② 结果导向的原则。结果导向是指绩效改进责任部门在寻找病因、对症下药时要以达成组织业务目标和绩效目标的结果为指导。业务部门和学员常常质疑培训成效，原因往往就在于进行培训工作时失去了"绩效"这个目标，迷失了"结果"这个导向。

③ 全局思考的原则。全局思考要求绩效改进责任部门把组织看作一个有机的系统，思考问题时树立全局观念。一方面把握该组织与外界环境的关系，另一方面看到组织内部各部门之间的关系。

④ 增加价值的原则。绩效改进责任部门必须建立"为客户服务"的基本思想，这就要求他们不断为客户创造更高的价值。

⑤ 集体合作的原则。绩效改进的工作不是只有绩效改进责任部门一个部门就能完成的，它需要其他各职能部门和业务部门的协调与合作。

绩效改进管理的方法包括标杆超越法、PDCA循环法、HPT模型法、业务流程再造法、六西格玛管理法和对标卓越绩效模式法六种方法。

### 4.4.2.1　标杆超越法

标杆超越法是指寻找和研究行业内外有助于本公司战略实现的其他优秀企业的有利实践，并以此作为标杆，将本企业的管理、产品、服务等方面的情况与标杆企业进行比较，分析本企业存在的问题和标杆企业优秀的原因，从而制定最优策略赶超标杆企业的不断循环提高的过程。

施乐公司的罗伯特·开普于20世纪70年代首创标杆超越法，是标杆超越法的先驱和著名的倡导者。标杆超越法的三个特性表现为对比交流、尊重知识产权的法律地位、目的性明确。

（1）标杆超越法的适用范围

从发展的角度看，可以分为三类。

① 战略性标杆管理：用于将本公司的战略和对标公司的战略进行比较。

② 操作性标杆管理：适用于比较成本和产品的差异性，重点是进行功能分析。

③ 支持活动性标杆管理：主要分析企业的支撑功能，如人力资源管理、信息系统管理等。

从设计的角度看，可以分为四类。

① 内部标杆管理：企业内部部门之间、员工之间为优化管理而进行的对标。

② 竞争标杆管理：以外部竞争对手为基准为占有市场而直接在产品方面的对标。

③ 功能标杆管理：以提升质量与管理水平为目的，在对手或本行业间寻求有利实践方法的对标。

④ 流程标杆管理：不受行业局限，在相同或类似组织机构运作功能等方面的对标。

**（2）标杆超越法的运用程序**

标杆超越法的运用程序可以分为五个阶段，如图4-6所示。

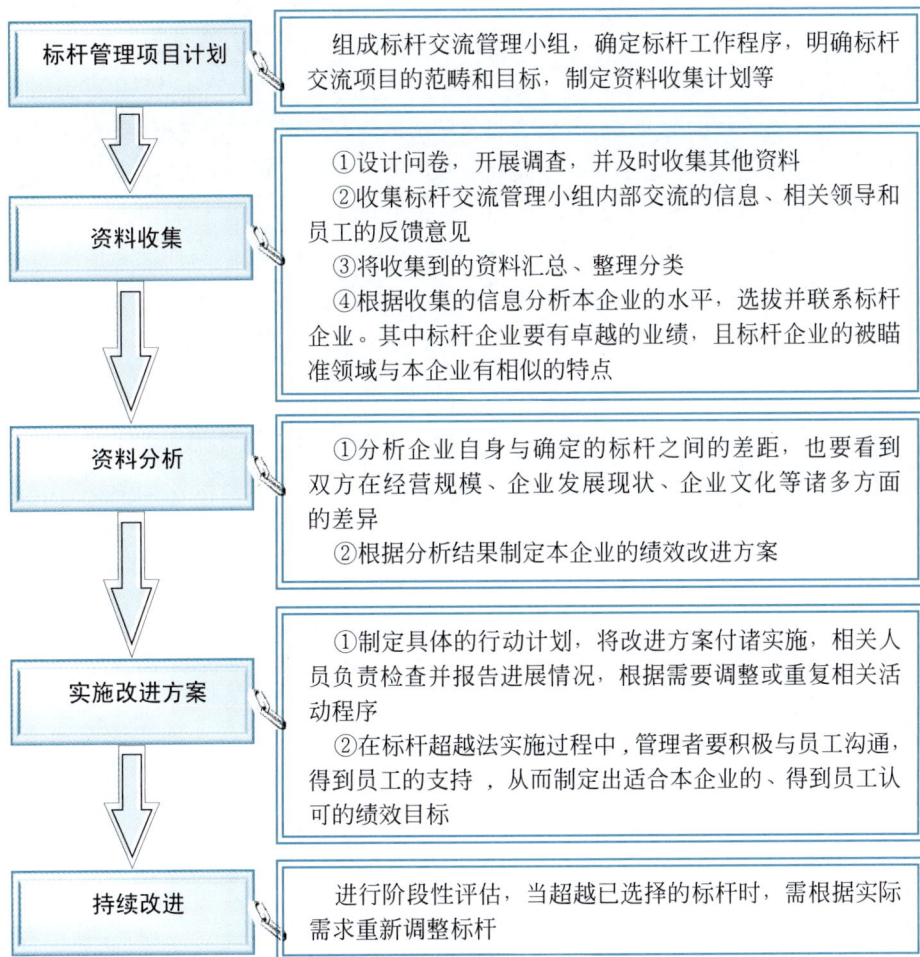

| 标杆管理项目计划 | 组成标杆交流管理小组，确定标杆工作程序，明确标杆交流项目的范畴和目标，制定资料收集计划等 |
| --- | --- |
| 资料收集 | ①设计问卷，开展调查，并及时收集其他资料<br>②收集标杆交流管理小组内部交流的信息、相关领导和员工的反馈意见<br>③将收集到的资料汇总、整理分类<br>④根据收集的信息分析本企业的水平，选拔并联系标杆企业。其中标杆企业要有卓越的业绩，且标杆企业的被瞄准领域与本企业有相似的特点 |
| 资料分析 | ①分析企业自身与确定的标杆之间的差距，也要看到双方在经营规模、企业发展现状、企业文化等诸多方面的差异<br>②根据分析结果制定本企业的绩效改进方案 |
| 实施改进方案 | ①制定具体的行动计划，将改进方案付诸实施，相关人员负责检查并报告进展情况，根据需要调整或重复相关活动程序<br>②在标杆超越法实施过程中，管理者要积极与员工沟通，得到员工的支持，从而制定出适合本企业的、得到员工认可的绩效目标 |
| 持续改进 | 进行阶段性评估，当超越已选择的标杆时，需根据实际需求重新调整标杆 |

图4-6　标杆超越法的运用程序

### 4.4.2.2　PDCA循环法

PDCA循环法在企业的绩效管理中经常被应用，是企业绩效管理的一个系统性工具。它从企业绩效目标的制定、绩效管理的实施、绩效检查以及绩效改进行动整个流程，提高企业的绩效管理。PDCA循环法在各个领域的具体应用应该结合各领域的特点和实际情况，但是大致流程是一致的。

PDCA循环又叫质量环，是管理学中的一个通用模型，最早由休哈特（Walter A. Shewhart）于1930年提出，后来被美国质量管理专家戴明（Edwards Deming）博士在1950年再度挖掘出来，并加以广泛宣传和运用于持续改善产品质量的过程中。它是进行全面质量管理所应遵循的科学程序。随后被人力资源工作者应用到绩效管理中。

（1）PDCA循环法的三个特点

PDCA的含义如下：P（Plan）——计划，D（Do）——执行，C（Check）——检查，A（Act）——处理，即对总结检查的结果进行处理，对成功的经验加以肯定并适当推广、标准化，对失败的教训加以总结，将未解决的问题放到下一个PDCA循环里。以上四个过程不是运行一次就结束，而是周而复始地进行，一个循环结束，解决一些问题，未解决的问题进入下一个循环，如此阶梯式上升。

PDCA循环是一个动态的过程，而不是一个静止的环，是不断推进和提高的过程；是一个大环套小环、小环推动大环不断上升的管理过程；具有广泛的应用群体，可以应用到个人、团队、部门、组织的工作管理中。

（2）PDCA循环模型

① PDCA大环套小环，环环相扣，质量持续改进过程从企业整体质量控制到车间操作人员的质量控制，可以理解为质量秩序改进模型在不同层面上的使用，如图4-7所示。

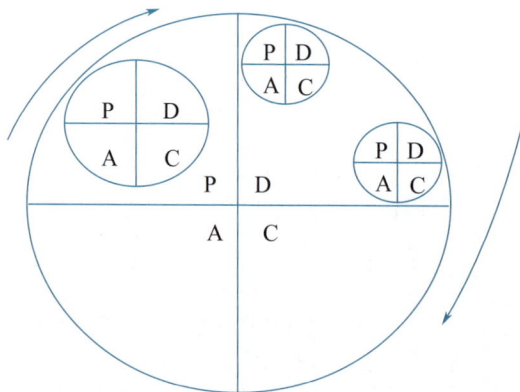

图4-7　PDCA大环套小环模型

② PDCA循环不是在同一水平上循环，而是阶梯式上升。每循环一次，就解决一部分问题，使质量得以改进和提升，如图4-8所示。

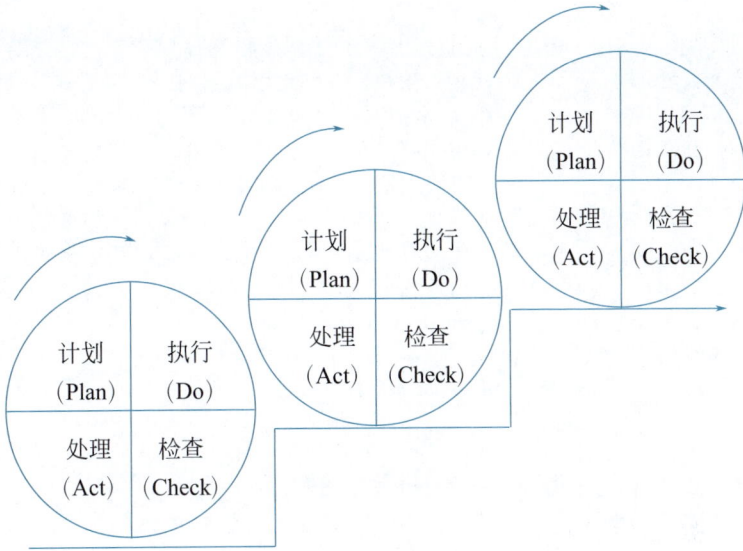

图4-8 PDCA循环的阶梯式上升模型

（3）PDCA绩效管理循环图

PDCA绩效管理循环图，如图4-9所示。

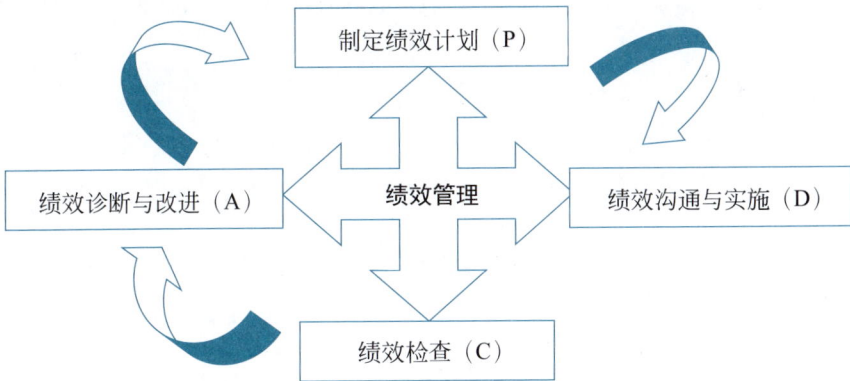

图4-9 PDCA绩效管理循环图

（4）PDCA循环法的操作程序

PDCA循环有个四阶段"计划→实施→检查→改进"，在具体的实施中包括八个步骤，每个步骤的具体内容及实施中的要点，如图4-10所示。

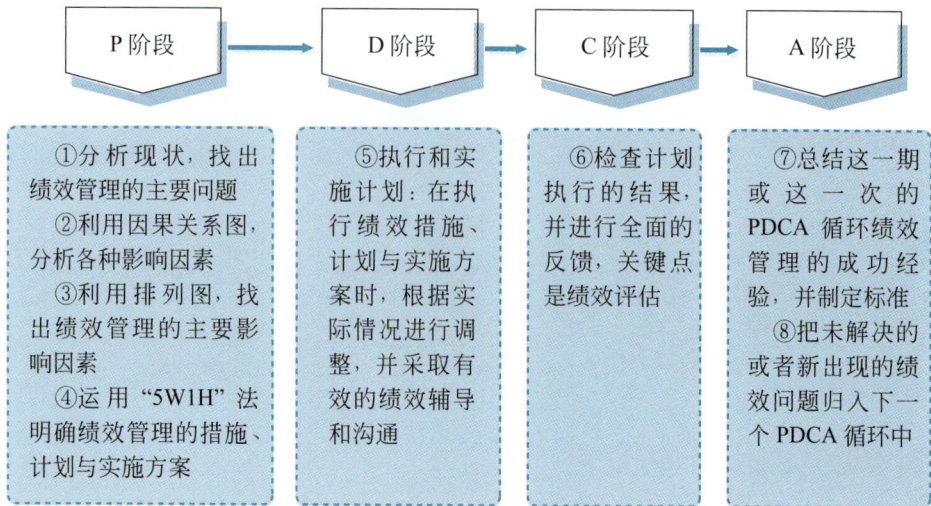

| P 阶段 | D 阶段 | C 阶段 | A 阶段 |
|---|---|---|---|
| ①分析现状，找出绩效管理的主要问题<br>②利用因果关系图，分析各种影响因素<br>③利用排列图，找出绩效管理的主要影响因素<br>④运用"5W1H"法明确绩效管理的措施、计划与实施方案 | ⑤执行和实施计划：在执行绩效措施、计划与实施方案时，根据实际情况进行调整，并采取有效的绩效辅导和沟通 | ⑥检查计划执行的结果，并进行全面的反馈，关键点是绩效评估 | ⑦总结这一期或这一次的 PDCA 循环绩效管理的成功经验，并制定标准<br>⑧把未解决的或者新出现的绩效问题归入下一个 PDCA 循环中 |

图 4-10　PDCA 循环法的操作程序

### 4.4.2.3　HPT 模型法

HPT（Human Performance Technology）即绩效干预模式，是通过确定绩效差距，设计有效益和效率的干预措施，获得所期望人员绩效的一种操作方式。它涉及行为心理学、教学系统设计、组织开发和人力资源管理等多学科理论。

HPT 模型强调系统性，是一套结构化的应用性方法和程序。它建立在坚实的科学基础和丰富的实践经验之上，努力寻找低成本、高效益和高效率的方法，并且将焦点放在人类行为者的收益和系统价值上。

（1）HPT 模型图示

HPT 模型强调对目前的以及期望达到的绩效水平进行严密分析，找出产生绩效差距的原因，提供大量帮助改进绩效的干预措施，指导绩效变革管理过程并评价其结果，如图 4-11 所示。

（2）HPT 模型应用要求

HPT 模型在应用中需要注意三点要求。

① HPT 模型更加侧重于如何提高绩效。

② HPT 模型在使用时要系统性地使用，不要片面地使用。

③ HPT 模型在具体的使用中要注意"元评价"的具体应用。

（3）HPT 模型运用的关键事项与说明

① 运用 HPT 模型对预期绩效和实际绩效的差距进行原因分析时，不仅要从员工个体找原因，还需审核制度、流程、组织、文化等方面的不足。

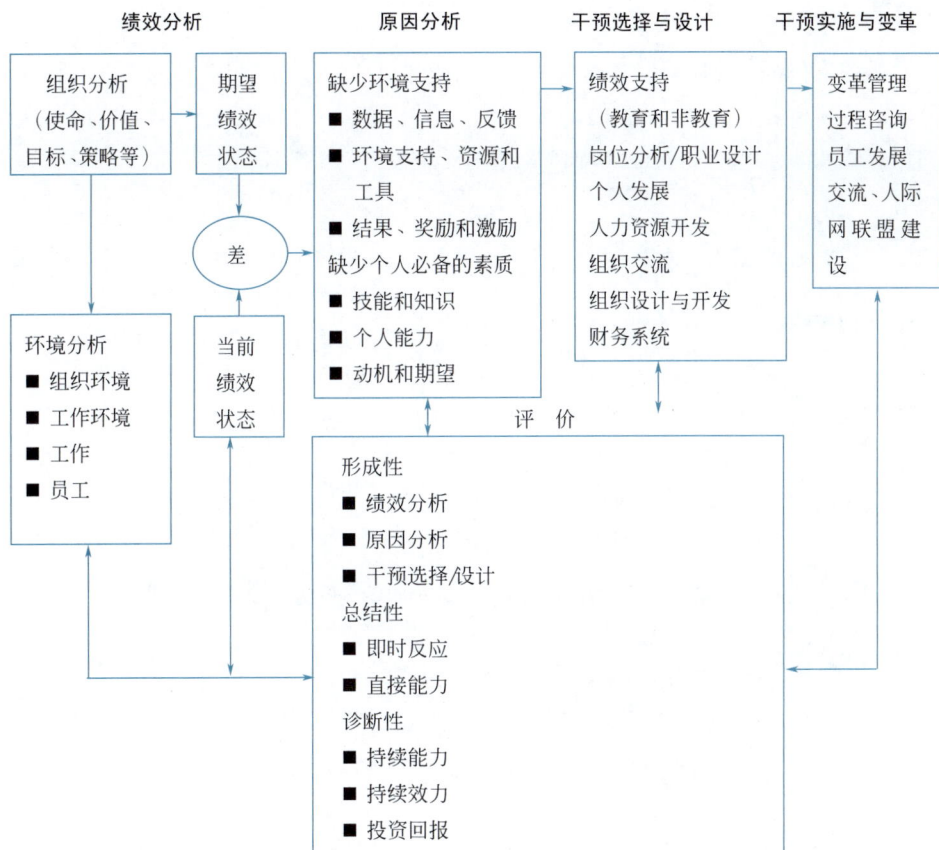

图 4-11 HPT 模型图示

② 在选择绩效改善方案时要注意教导性和非教导性的有机结合，使得方案切实可行并且有效。

③ HPT模型更加侧重于绩效的改善和绩效差距的消除，因此HPT模型与绩效评估工具结合使用将会对绩效管理更加有效。

④ 在运用HPT模型对绩效管理的结果进行评估时，不仅要关注绩效管理的效果还要关注各个环节中存在的问题，据此进行综合分析。

### 4.4.2.4　业务流程再造法

流程是指一系列的特定工作，由两个及以上的业务步骤，完成一个完整的行为/业务的过程。它有一个起点，一个终点，有明确的输入资源与输出成果。流程由输入资源、活动、活动间的相互作用、输出结果、客户和价值六个要素组成。

业务流程再造是指对企业的业务流程进行根本性的再思考和彻底性的再设计，使企业的成本、质量、速度、服务等方面获得实质性改善。

（1）业务流程再造的方法

业务流程再造应坚持以客户为中心，以业务目标为导向，以业务为基准的原则，从工作目标出发，识别不增值的工作过程，剔除没有意义的重复工作，以便加快企业对内部和外部客户的反应速度。业务流程再造的方法如图4-12所示。

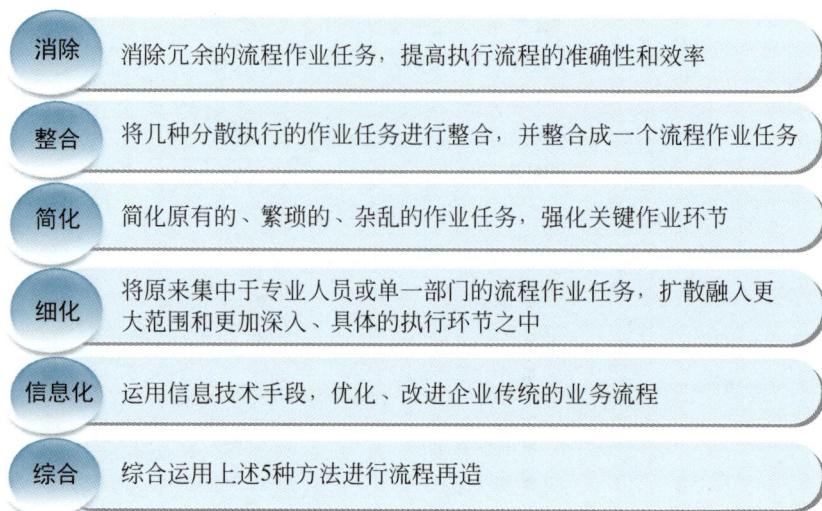

| 消除 | 消除冗余的流程作业任务，提高执行流程的准确性和效率 |
| 整合 | 将几种分散执行的作业任务进行整合，并整合成一个流程作业任务 |
| 简化 | 简化原有的、繁琐的、杂乱的作业任务，强化关键作业环节 |
| 细化 | 将原来集中于专业人员或单一部门的流程作业任务，扩散融入更大范围和更加深入、具体的执行环节之中 |
| 信息化 | 运用信息技术手段，优化、改进企业传统的业务流程 |
| 综合 | 综合运用上述5种方法进行流程再造 |

图4-12　业务流程再造的方法

（2）业务流程再造的运用程序

业务流程再造的运用包括七个步骤，其具体内容及实施中的要点如图4-13所示。

### 4.4.2.5　六西格玛管理法

六西格玛管理由摩托罗拉公司首先提出并实施，然后由通用电气、西门子等商业机构采用并发展。六西格玛管理作为全新的管理模式，充分体现了量化科学管理的思想理念。

六西格玛即6$\sigma$。$\sigma$代表标准差，用于描述各种可能的结果相对于期望值的波动程度。六西格玛表示在每100万个机会中有3.4个出错的机会，即合格率为99.99966%。

六西格玛管理是一种统计评估法，它的核心是追求零缺陷生产，防范相关产品责任风险，降低企业成本，提高产品生产率和市场占有率，提高客户的满意度和忠诚度。六西格玛管理既关注产品和服务质量，又关注过程改进，是驱动经营绩效改进的一种方法论和管理模式。

（1）六西格玛管理法应用的条件

六西格玛管理法通常适用于具备以下条件的企业，如图4-14所示。

| 明确重新设计的目标 | 　　组织的愿景一定要明确，要对客户需求、需求模式、约束条件和效率目标进行深入分析和理解。流程再造项目的目标是这些方面的绩效改进 |
|---|---|
| 营造流程再造的环境 | 　　①确定再造队伍，选出再造领导人、流程再造主持人和流程再造小组<br>　　②制定计划，就愿景、目标、再造的必要性和再造计划达成一致意见 |
| 分析业务流程现状 | 　　①企业外部环境分析和诊断，客户满意度调查，现行流程分析和诊断<br>　　②寻找流程再造标杆，制定改造的基本设想与目标，明确业务流程改造成功的判别标准 |
| 重新设计业务流程 | 　　运用测定基准法、零基思考法和价值链分析法等重新设计流程 |
| 试测及改进新业务流程 | 　　组建试测团队，选择参加试测的员工、客户和供应商，试测团队派专人检验试测情况，听取反馈意见后及时进行改进 |
| 实施再造流程方案并将其规范化 | 　　①成立再造流程实施小组，对相关人员进行培训，全面开展新流程的实施工作，并对实施后的绩效与再造前的绩效进行比较，根据结果做相关的整改、完善工作<br>　　②将新业务流程规范化、制度化，及时更新信息管理系统 |
| 继续改善业务流程 | 　　工作人员按时观察流程运作状态，并将其与预定的改造目标比较，对不足之处及时进行反馈，由相关人员修正、改善 |

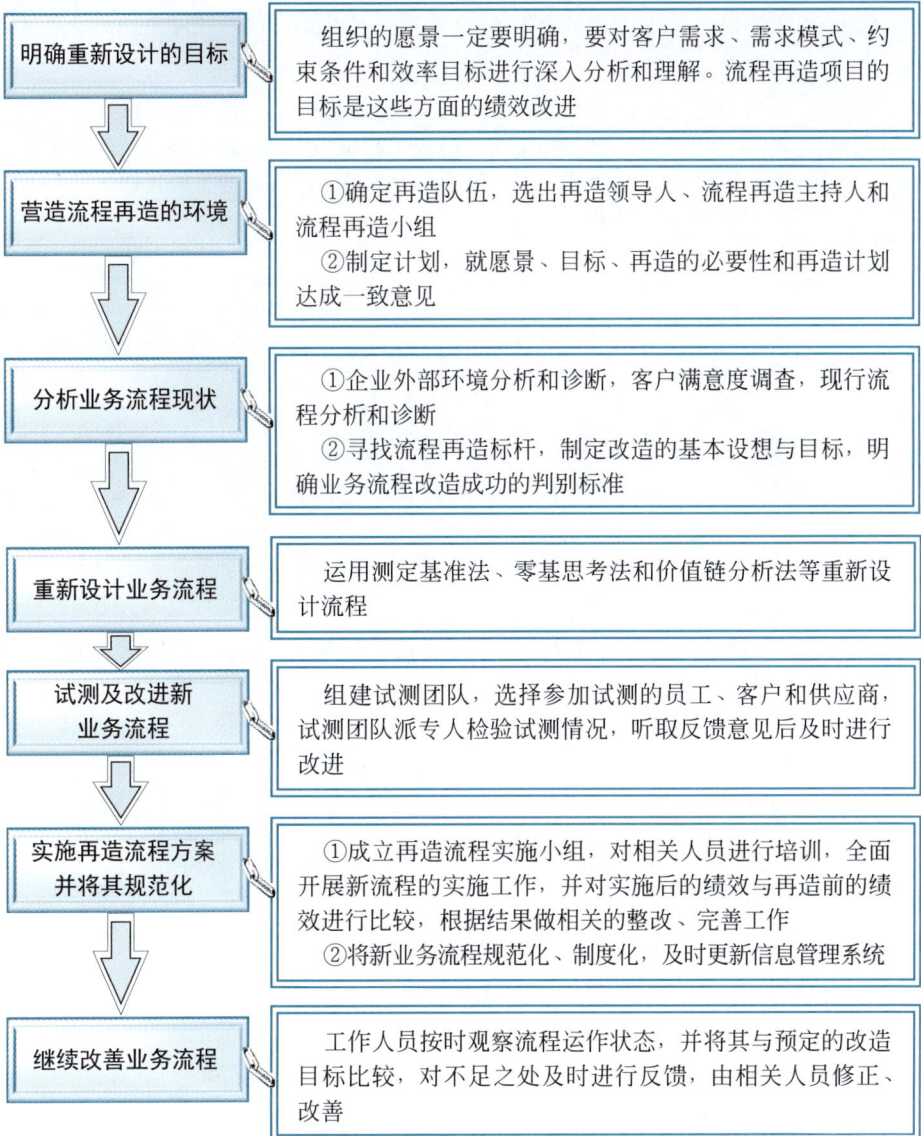

图4-13　业务流程再造的运用程序

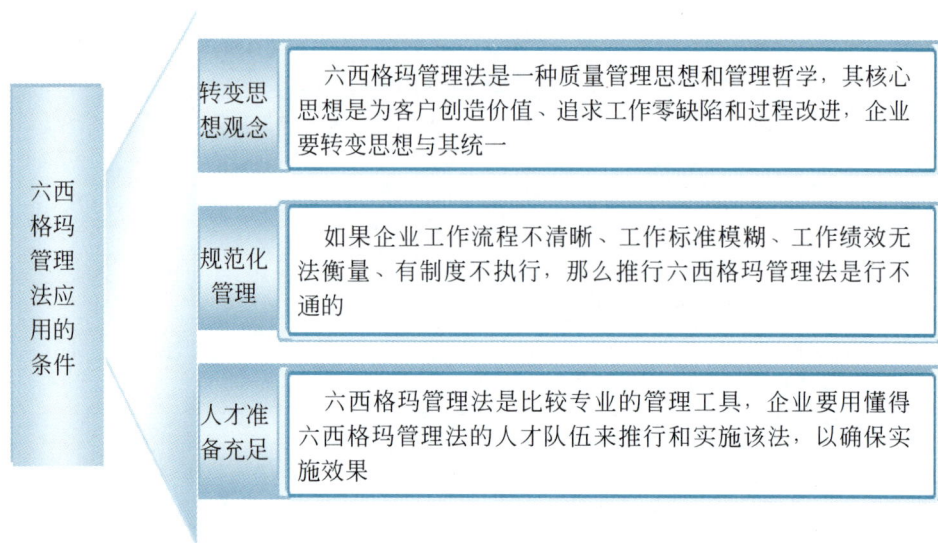

图 4-14 六西格玛管理法应用的条件

（2）六西格玛管理法应用的关键事项

六西格玛管理法应用于企业绩效管理时需要注意如下关键事项，以提高绩效管理的效果，如图 4-15 所示。

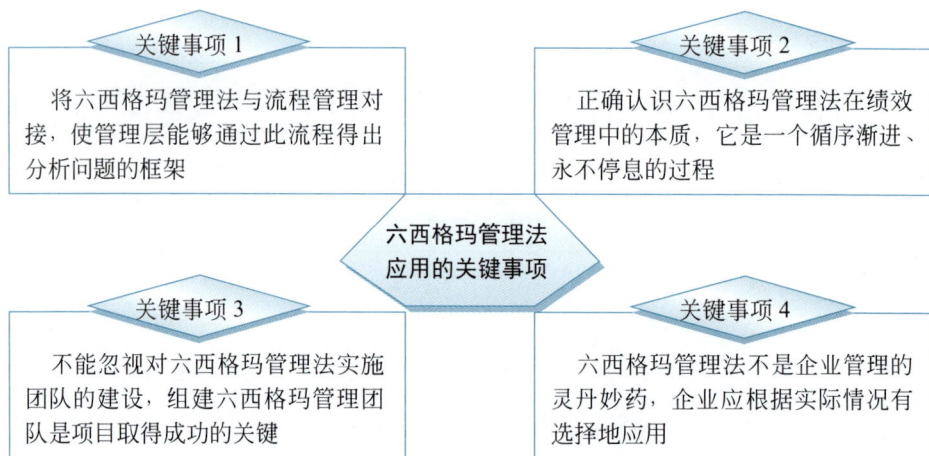

图 4-15 六西格玛管理法应用的关键事项

**（3）六西格玛管理法应用的程序**

六西格玛管理法的应用过程主要分为五个阶段，包括定义、评估、分析、改进及控制，如图4-16所示。

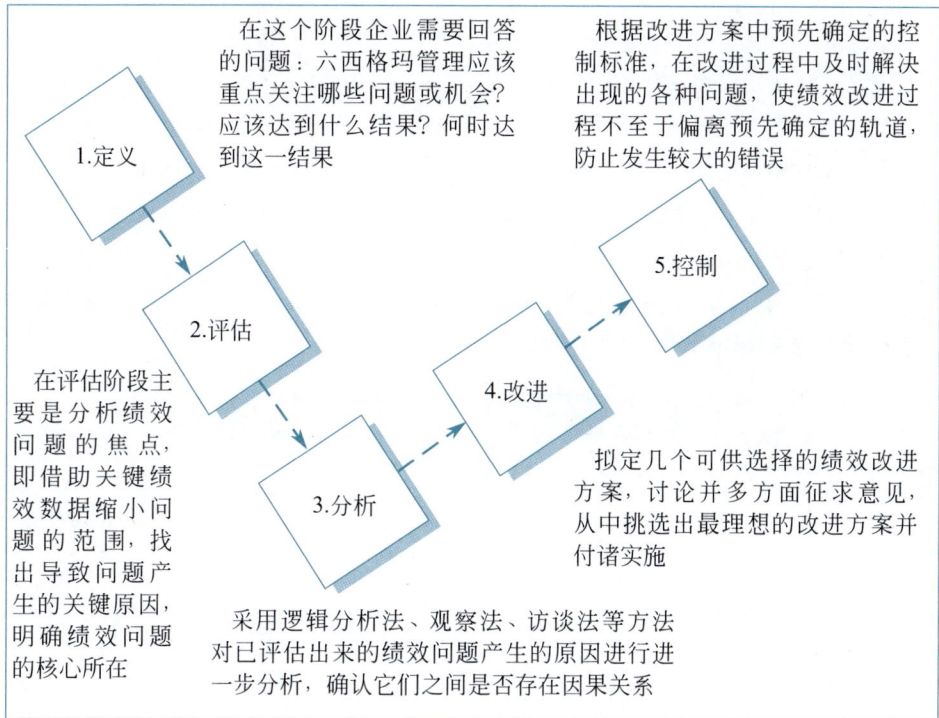

图4-16　六西格玛管理法应用的程序

在这个阶段企业需要回答的问题：六西格玛管理应该重点关注哪些问题或机会？应该达到什么结果？何时达到这一结果

根据改进方案中预先确定的控制标准，在改进过程中及时解决出现的各种问题，使绩效改进过程不至于偏离预先确定的轨道，防止发生较大的错误

1.定义

2.评估

3.分析

4.改进

5.控制

在评估阶段主要是分析绩效问题的焦点，即借助关键绩效数据缩小问题的范围，找出导致问题产生的关键原因，明确绩效问题的核心所在

采用逻辑分析法、观察法、访谈法等方法对已评估出来的绩效问题产生的原因进行进一步分析，确认它们之间是否存在因果关系

拟定几个可供选择的绩效改进方案，讨论并多方面征求意见，从中挑选出最理想的改进方案并付诸实施

## 4.4.2.6　对标卓越绩效模式法

卓越绩效模式（Performance Excellence Model）是国际上广泛认同的一种组织综合绩效管理的有效工具。该模式源自美国波多里奇奖评审标准，它以客户为导向，追求卓越绩效管理理念，其内容包括领导、战略、客户和市场、测量分析改进、人力资源、过程管理、经营结果七个方面。卓越绩效模式不是目标，而是提供一种评价方法改进企业的绩效管理。

### 4.4.3　员工技能提升训练的六种方法

如果说在绩效诊断的基础之上，上述六种方法适合组织或者团队绩效改进的话，那么，每一期绩效考评之后，员工个人能力的提升也同样重要。绩效较差的员工必须加紧进行技能提升训练，绩效较好的员工也应该继续学习与创新改变，以期下一期取得更高的业绩。

（1）专题研讨法

专题研讨法是在培训师的指导下，受训者围绕一个主题进行交流，相互启发的培训方法。基于绩效改进的目的采用专题研讨法对员工进行培训时，应注意研讨题目的选择，以确保培训的实用性。研讨题目应具有代表性和启发性，最好选择行业经典案例，或者编写本企业的案例，或者直接讨论岗位工作任务完成过程中出现的问题，互相启发得出解决方案。

专题研讨法可以分为两种类型，即以培训讲师或受训者为中心的研讨和以任务或过程为导向的专题研讨，如表4-10所示。

表 4-10　专题研讨法的类型划分

| 类型 | | 相关说明 |
|---|---|---|
| 以培训讲师或受训者为中心的研讨 | 以培训讲师为中心的研讨 | 从始至终由培训讲师组织，提出问题，引导受训者做出回答 |
| | | 培训讲师起着活跃气氛，使讨论不断深入的作用 |
| | | 研讨的问题除了主题本身外，也包括由受训者的回答引出的问题 |
| | | 培训也可以由培训讲师事先指定阅读材料，然后围绕材料提出问题，并要求受训者回答，最后再由培训讲师总结 |
| | 以受训者为中心的研讨 | 以受训者为中心的研讨通常采用分组讨论的形式 |
| | | 以受训者为中心的研讨方法主要有以下两种：<br>① 由培训讲师提出问题或任务，受训者独立提出解决办法<br>② 不规定研讨的任务，受训者就某议题进行自由讨论，相互启发 |
| 以任务或过程为导向的专题研讨 | 以任务为导向的研讨 | 主要是着眼于达到某种事先确定的目标 |
| | | 注意事项：设计能够引起受训者兴趣，且具有探索价值的题目 |
| | 以过程为导向的研讨 | 主要是着眼于讨论过程中受训成员之间的相互影响，重点是相互启发，进行信息交换，并增进了解，加深感情 |

**（2）工作指导法**

工作指导法又称"教练法""实习法"，指的是企业让有经验的员工在岗位上对受训者进行培训的一种方法。其中，培训者的主要任务是教会受训者如何做，如何降低废品率，如何做得更快，以及向受训者提出如何做好的建议，对受训者进行适当的激励等。

工作指导法的应用较为广泛，既可以用于对基层人员的培训，目的在于让受训者通过观察培训者的工作或实际操作，掌握实际相关设备的操作技能。又可以用于对管理人员的培训，让受训者与现任管理人员一起工作，并由现任管理人员负责对受训者进行指导，以避免因现任管理人员离开而造成岗位空缺，或者确保提升上任之后熟悉岗位工作。

**（3）工作轮换法**

工作轮换法指的是企业有计划地按照大体确定的期限，让受训者轮换担任若干种不同工作的做法，从而使其获得不同工作经验的一种培训方法。

① 工作轮换法的类型。按照工作轮换的目的可将其划分为确定新员工正式岗位轮换、培养"多面手"轮换和培养经营管理骨干轮换三种类型，如图4-17所示。

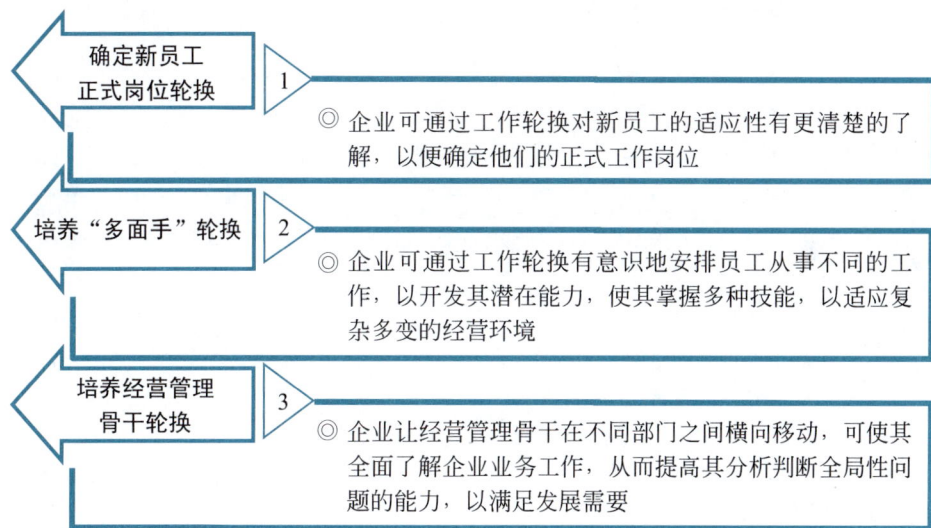

| 确定新员工正式岗位轮换 | 1 | ◎ 企业可通过工作轮换对新员工的适应性有更清楚的了解，以便确定他们的正式工作岗位 |
| 培养"多面手"轮换 | 2 | ◎ 企业可通过工作轮换有意识地安排员工从事不同的工作，以开发其潜在能力，使其掌握多种技能，以适应复杂多变的经营环境 |
| 培养经营管理骨干轮换 | 3 | ◎ 企业让经营管理骨干在不同部门之间横向移动，可使其全面了解企业业务工作，从而提高其分析判断全局性问题的能力，以满足发展需要 |

图4-17　工作轮换法的类型

② 工作轮换法的操作步骤。工作轮换是通过横向交换使企业员工从事另一岗位的工作，使其在学会多种工作技能的同时，增强其对组织活动的深层次认识，具体运用的操作步骤，如图4-18所示。

| | |
|---|---|
| 制定工作轮换计划 | 企业培训部根据每个受训者的情况制定工作轮换计划，应将企业的需求与受训者的兴趣、能力倾向和职业爱好等相结合 |
| 配备指导者 | 企业应为受训者配备有经验的指导者，最好是经过专业训练的指导者，负责为受训者安排任务，并对其工作进行总结和评价 |
| 执行工作轮换计划 | 企业在执行工作轮换计划时应注意每个受训者在每一个轮换的工作岗位上停留的时间不能太短，以避免出现所学知识不精的现象 |
| 反馈工作轮换效果 | 培训部负责工作轮换的反馈工作，以收集指导者与受训者对工作轮换效果的反馈，为下一阶段工作轮换计划的制定提供支持 |

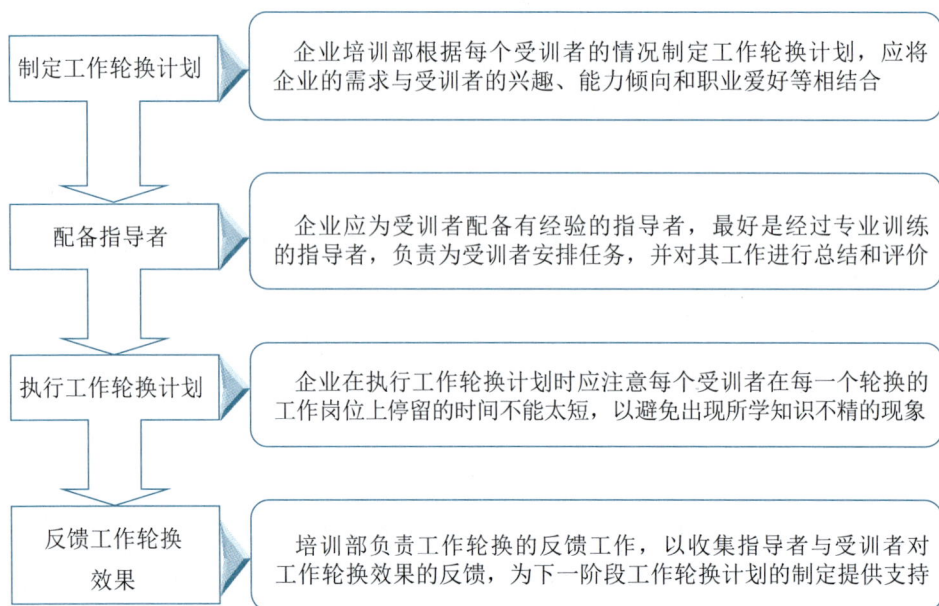

图 4-18 工作轮换法的操作步骤

③ 工作轮换法运用的五大关键事项，如图4-19所示。

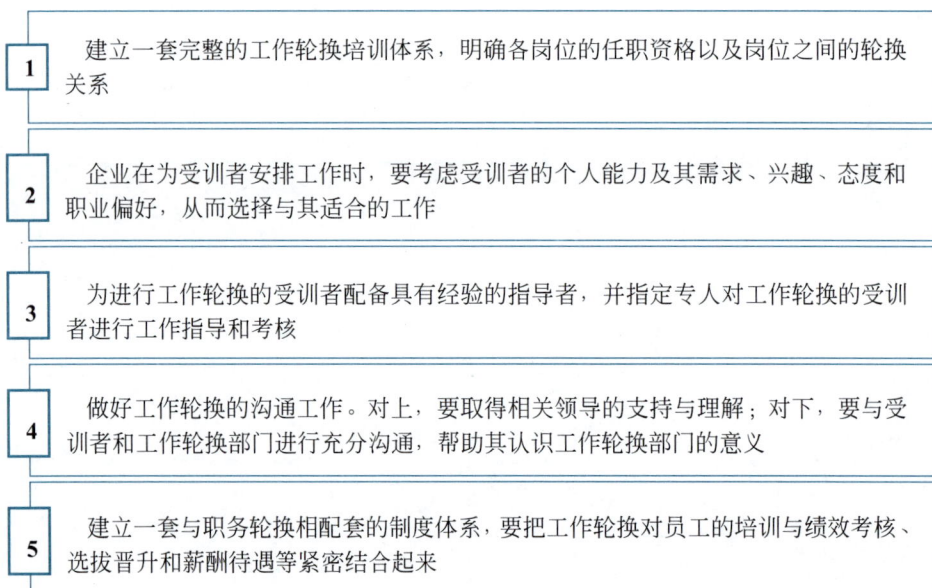

| | |
|---|---|
| 1 | 建立一套完整的工作轮换培训体系，明确各岗位的任职资格以及岗位之间的轮换关系 |
| 2 | 企业在为受训者安排工作时，要考虑受训者的个人能力及其需求、兴趣、态度和职业偏好，从而选择与其适合的工作 |
| 3 | 为进行工作轮换的受训者配备具有经验的指导者，并指定专人对工作轮换的受训者进行工作指导和考核 |
| 4 | 做好工作轮换的沟通工作。对上，要取得相关领导的支持与理解；对下，要与受训者和工作轮换部门进行充分沟通，帮助其认识工作轮换部门的意义 |
| 5 | 建立一套与职务轮换相配套的制度体系，要把工作轮换对员工的培训与绩效考核、选拔晋升和薪酬待遇等紧密结合起来 |

图 4-19 工作轮换法运用的五大关键事项

（4）传帮带法

传帮带法指的是企业通过选择所在部门的负责人或业务骨干等作为受训者的辅导老师，并让其向受训者亲自传授专业知识、技术技能和经验经历等，来提高受训者工作效率的一种培训方法。主要目的在于帮助和辅助新员工或绩效考核成绩较差的员工，加强对新员工、一线操作岗位员工和岗位轮换人员的技术和能力的培养，以不断提高员工的能力水平。

对于企业而言，传帮带可以为企业节约培训成本；对于员工而言，传帮带能够使员工切身体会各种知识和技能，并在辅导老师的监督下得到迅速的提高。

所以，在选择传帮带的辅导老师时应谨慎，应有明确的标准，以确保运用传帮带方法进行培训的效果。选择辅导老师应遵循以下原则：

① 具有良好的思想道德品质，具有较强的责任感、创新意识、开拓务实的精神，以及组织领导能力、独立工作能力、沟通能力；

② 具备扎实的理论知识和丰富的实践经验，精通业务，有专业技能特长；

③ 熟悉企业组织结构及各部门职能，认同企业文化和发展战略，遵守企业各项规章制度。

（5）特别任务法

特别任务法指的是企业通过为受训者分派特别任务对其进行培训的一种方法，主要分为两种形式。

① 委员会或初级董事会。由有发展前途的中层管理人员组成，培养其分析全公司范围问题的能力，并提高其决策能力。一般由10～12名受训者组成，针对高层次的管理问题提出意见，并将其提交给正式委员会，由正式委员会对意见做出评定。

② 行动学习。旨在让受训者将全部时间用于分析、解决其他部门而非本部门问题的一种课题研究方法。一般由4～5名受训者组成一个小组，定期召开会议，就研究进展和结果进行讨论。

（6）事件处理法

事件处理法又称"事件处理讨论法"，指的是企业通过让受训者自行收集亲身经历的案例，再将这些案例作为个人案例，利用案例研究法进行分析讨论，并用讨论结果来解决日常工作中出现问题的一种培训方法。

在运用事件处理法进行培训时，参训者之间通过对彼此所经历事件的相互交流和讨论，可以实现企业内部信息的共享，并有助于形成一个和谐的工作环境。

事件处理法的优点如下：

① 参与性强，使受训者由被动接受变为主动接受；

② 将参训者解决问题能力的提高融入知识的传授当中；

③ 培训的方式生动具体，直观并易于学习和接受；

④ 参训者之间能够通过对各自案例的分析达到交流的目的。

事件处理法的不足在于：

① 参训者案例的准备时间较长，且要求高；

② 需要较多的培训时间作保障；

③ 对培训师的能力要求较高；

④ 对受训者的能力有一定的要求；

⑤ 无效的案例会浪费培训对象的时间和精力。

# 第5章

# 如何设计薪酬福利激励系统

薪酬福利本身具有激励力，再加上对外的竞争力、对内的公平力、对成本的控制力、对法制的法治力，就是薪酬福利四力激励系统，这必是一个多维度、全方位、立体化的大系统，能全面激发出员工的超强内驱力。

| | 外部薪酬水平调研分析 | | | 岗位价值评价与以岗定薪 | 薪酬结构设计 |
|---|---|---|---|---|---|
| 薪酬水平市场竞争力 | 内部员工薪酬满意度调查 | 竞争力 | 公平力 | 岗位价值综合评价 | 奖金、津贴、补贴、福利超市 |
| 对标案例 | 薪酬相关法律法规和制度 | 法治力 | 控制力 | 薪酬预算控制 | |
| | 工资集体协商法律法规依据 | | | 薪酬成本核算控制 | |
| | | | | 薪酬成本支出控制 | |

# 5.1 薪酬福利竞争力设计

薪酬福利竞争力的高低主要是针对外部市场薪酬水平而言的，同时，如果企业薪酬水平不高于市场水平，但是内部员工的认可度和满意度较高，那么企业的薪酬福利也具有竞争力，对标的前提和基础是进行薪酬调查。

从薪酬调查的具体内容和对象来看，薪酬调查又可以分为外部市场薪酬水平调查和企业内部员工薪酬满意度调查两种类型。企业进行薪酬调查的目的是解决企业薪酬水平的内外部均衡性问题，确保对外的薪酬竞争力或者为采取适合本企业的薪酬策略提供依据。而外部市场调查的数据分析是确定企业内部各岗位薪酬水平的参考依据。

## 5.1.1 外部薪酬水平调研分析的五种方法

在对外部市场薪酬水平进行调研与数据整理、汇总、统计分析时，常用的方法有图表调研法、调查问卷法、数据排列法、频次分析法、回归分析法。为了提高分析的信度和效度，需要根据实际情况选择调研方法。

（1）图表调研法

图表调研法是在对调查数据进行统计、汇总，以及对资料进行整理的基础上，首先按照一定格式编制统计表，然后制成各种统计图（比如直方图、柱状图、饼状图、雷达图等），对薪酬调查结果进行对比分析的一种统计分析方法。

图表调研法具有直观、形象、鲜明、突出和简洁等特点。有些国家还出版了"图说经济学""图表统计学""图说管理学"等类的专门著作。有些企业采用的薪酬调查统计分析表范例，如表5-1所示。

（2）调查问卷法

调查问卷及填写说明范例见表5-2。

表 5-1　薪酬调查统计分析表范例

| 岗位名称· | | | 岗位等级代码 | |
| 样本数量 | | | 任职人数 | |
| 任职年龄：<br>任职时间：<br>教育水平代码： | 低限平滑值<br>（LQ） | 中间值<br>（MED） | 高限平滑值<br>（UQ） | 平均值<br>（AVE） |
| 付薪月数 | | | | |
| 年基本工资 | | | | |
| 年固定奖金 | | | | |
| 年可变奖金 | | | | |
| 物价补贴 | | | | |
| 饭补 | | | | |
| 车补 | | | | |
| 房补 | | | | |
| 服装费用 | | | | |
| 洗理费用 | | | | |
| 节日津贴 | | | | |
| 防暑降温费 | | | | |
| 冬季取暖费 | | | | |
| 旅游 / 搬迁费用 | | | | |
| 加班费 | | | | |
| 轮班津贴 | | | | |
| 其他费用 | | | | |
| 工资性津贴合计 | | | | |
| 年总现金收入 | | | | |
| 医疗费 | | | | |
| 养老金 | | | | |
| 住房公积金 | | | | |
| 福利费 | | | | |
| 教育费 | | | | |
| 工会费 | | | | |

说明：

① 岗位等级代码：1 级——总经理；2 级——执行总监；3 级——职能部门经理；4 级——中级管理；5 级——初级管理；6 级——班组长；7 级——一般员工。

② 教育水平代码：1 级——高中或以下；2 级——职高或中专；3 级——三年制大专；4 级——大学学士；5 级——硕士；6 级——博士。

表 5-2　调查问卷及填写说明范例

**填写说明：**

本次问卷调查的目的在于了解您所在公司的薪酬福利水平，其数据用于编写行业薪酬调查报告。本调查问卷的信息仅在本调查活动中作为分析依据，并且匿名进行，请您放心回答。当有 50% 以上的题目未回答时，本问卷将做无效处理，请您认真回答，感谢您的支持！

**个人基本情况**

1. 您的性别？（　　）

A. 男　　　　　　　　B. 女

2. 您的年龄？（　　）

A. 22 岁以下　　　　B. 22 ～ 30 岁　　　　C. 31 ～ 40 岁　　　　D. 40 岁以上

3. 您的学历？（　　）

A. 本科以下　　　　B. 本科　　　　　　　C. 硕士　　　　　　　D. 博士及以上

4. 您在本行业的累计工作年限？（　　）

A. 2 年以下　　　　B. 2 ～ 5 年　　　　　C. 6 ～ 10 年　　　　　D. 10 年以上

5. 您在本公司的工作年限？（　　）

A. 1 年以下　　　　B. 1 ～ 3 年　　　　　C. 4 ～ 6 年　　　　　D. 7 ～ 9 年

E. 10 年及以上

6. 您在公司目前的岗位等级是？（　　）

A. 基层工作人员　　B. 中层管理人员　　　C. 高层管理人员　　　D. 经营者

E. 其他_____

**公司基本信息**

7. 您所在的公司是以下哪种类型？（　　）

A. 外资企业　　　　B. 国有企业　　　　　C. 民营企业　　　　　D. 其他_____

8. 您所在的公司的资产总额？（　　）

A. 少于 3000 万元　　　　　　　　　　　B. 3000 万～ 15000 万元

C. 15001 万～ 30000 万元　　　　　　　D. 大于 30000 万元

9. 您所在的公司是否已经上市？（　　）

A. 仅在国内上市　　B. 仅在国外上市　　　C. 在国内、国外上市　D. 没有上市

E. 拟上市

10. 您所在的公司的员工总人数？

_____

**薪酬福利水平**

11. 您的工资固定吗？（　　）

A. 不固定，完全随企业的效益浮动　　　　B. 不固定，完全随个人表现而定

C. 固定，每月定额发放　　　　　　　　　D. 基本工资固定，奖金津贴浮动

12. 您的月基本工资水平？（　　）

A. 0 ～ 3000 元　　B. 3001 ～ 4000 元　　C. 4001 ～ 5000 元　　D. 5001 ～ 6000 元

E. 6001 ～ 7000 元　　F. 7001 ～ 8000 元　　G. 8001 ～ 9000 元　　H. 9000 元以上

13. 您目前每月的奖金？（　　　）

A.0～500元　　　　B.501～1000元　　　C.1001～1500元　　D.1501～2000元

E.2001～2500元　　F.2501～3000元　　　G.3001～3500元　　H.3500元以上

I. 不固定，浮动范围是 _____

14. 您所在公司提供的津贴项目包括（多选）？（　　　）

A. 午餐津贴或免费午餐　　　　　　　　　B. 交通津贴或免费交通

C. 住房津贴　　　　D. 通讯津贴　　　　　E. 加班津贴　　　　　F. 夜班津贴

G. 防暑降温津贴　　　H. 其他津贴项目 _____

15. 您所在公司提供的福利项目包括（多选）？（　　　）

A. 社会保险　　　B. 年终奖金　　　　　C. 年终双薪　　　　　D. 住房公积金

E. 商业保险　　　F. 节假日福利　　　　G. 生日礼金　　　　　H. 结婚礼金

I. 生育礼金　　　J. 带薪病假　　　　　K. 生病慰问金　　　　L. 年度旅游

M. 其他福利项目 _____

16. 公司员工平均工资与同行业平均水平相比如何？（　　　）

A. 较高　　　　　B. 持平　　　　　　　C. 较低　　　　　　　D. 不确定

17. 您觉得目前企业的发展与员工工资增长的关系是？（　　　）

A. 利益增长时一定会得到工资增长　　　　B. 利益增长时员工有可能得到工资增长

C. 利益增长时员工不会得到工资增长　　　D. 不确定

18. 您所在的公司员工最高的薪酬水平大概是全员平均工资的多少倍？

_____

19. 就您所在城市的工资水平而言，您认为您的薪酬水平如何？（　　　）

A. 非常高　　　　B. 较高　　　　　　　C. 基本持平　　　　　D. 较低

E. 非常低

20. 您认为公司的总体薪酬水平与同行业相比？（　　　）

A. 非常高　　　　B. 较高　　　　　　　C. 基本持平　　　　　D. 较低

E. 非常低

21. 您认为公司目前的薪酬水平是否能起到吸引人才的作用？（　　　）

A. 非常吸引　　　B. 较吸引　　　　　　C. 不确定　　　　　　D. 不够吸引

E. 几乎没有任何吸引力

22. 您对目前的薪酬水平满意吗？（　　　）

A. 非常满意　　　B. 基本满意　　　　　C. 一般　　　　　　　D. 不满意

23. 您认为公司应该依据下述哪些标准发放薪酬？（　　　）

A. 绩效考评结果　　　　　　　　　　　　B. 学历

C. 在公司的服务年限　　　　　　　　　　D. 其他 _____

24. 请写出您认为最佳的薪酬福利结构。

_____

25. 关于行业薪酬水平的问题您还有其他需要说明的吗？

_____

再次对您的参与和支持表示由衷的感谢！祝您生活和工作愉快！

（3）数据排列法

数据排列法是先将薪酬调查的同一类数据由高至低进行排列，再计算出数据列中的几个特殊位置，并标示出中点或50%点处、25%点处、75%点处和90%点处。其中，工资水平较高的企业应该关注75%点处，甚至是90%点处的工资水平，工资水平较低的企业应该关注25%点处，一般的企业应该关注中点即50%点处。

例如，给本企业的会计岗位确定工资，并要求其在薪酬市场上具有一定竞争力。那么，按照上述薪酬市场调查的第二个步骤所述，根据企业和岗位确定的要求进行选择，调查15个企业的会计岗位，用数据排列法进行统计分析。具体会计岗位工资调查数据统计分析表范例如表5-3所示。

表5-3　会计岗位工资调查数据统计分析表范例

| 企业名称 | 平均月工资/元 | 数据排列结果 |
|---|---|---|
| A | 2500 | 1 |
| B | 2200 | 2　90%点处=2200元 |
| C | 2200 | 3 |
| D | 1900 | 4　75%点处=1900元 |
| E | 1700 | 5 |
| F | 1650 | 6 |
| G | 1650 | 7 |
| H | 1650 | 8　（中点或50%点处=1650元） |
| I | 1600 | 9 |
| J | 1600 | 10 |
| K | 1550 | 11 |
| L | 1500 | 12　（25%点处=1500元） |
| M | 1500 | 13 |
| N | 1500 | 14 |
| O | 1300 | 15 |

（4）频次分析法

如果被调查企业没有给出准确的薪酬水平数据，只能了解到该企业的平均薪酬情况时，可以采取频次分析法，记录在各薪酬额度内各企业平均薪酬水平出现的频次，从而了解这些企业或某类岗位人员薪酬的一般水平，具体如表5-4所示。

为了更直观地进行观察，还可以根据调查数据绘制出直方图，如图5-1所示。

表 5-4　某岗位薪酬频次分析

| 工资额度 / 元 | 出现频次 |
| --- | --- |
| 2200 ～ 2499 | 1 |
| 2500 ～ 2799 | 2 |
| 2800 ～ 2999 | 3 |
| 3000 ～ 3499 | 4 |
| 3500 ～ 3799 | 3 |
| 3800 ～ 4000 | 2 |

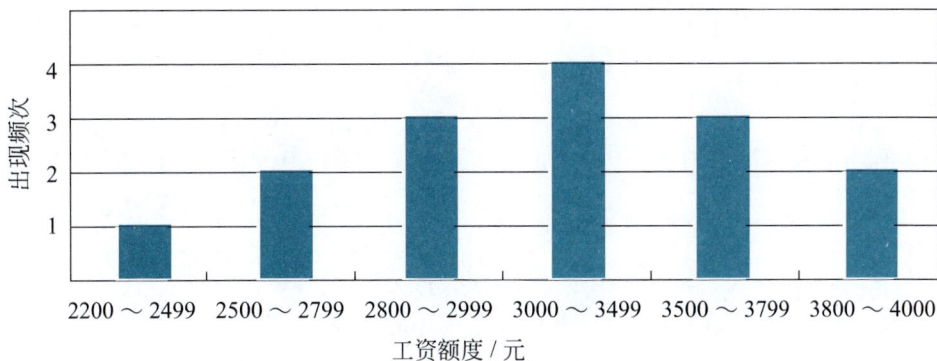

图 5-1　某岗位薪酬频次分析

（5）回归分析法

回归分析法指的是借用一些数据统计软件（如SPSS、Excel等）所提供的回归分析功能，分析两种或多种数据之间的关系，从而找出影响薪酬水平、薪酬差距的主要因素及其影响程度，进而对薪酬水平或者薪酬差距的发展趋势进行预测的方法。

## 5.1.2　内部员工薪酬满意度调查问卷设计

薪酬满意度是指内部员工从企业获得经济性报酬和非经济性报酬，并将其与他们的期望值相比较，而产生的一种心理状态。薪酬满意度是一个相对的概念，一般认为超出期望值表示满意，达到期望值表示基本满意，低于期望值表示不满意。进行内部员工薪酬满意度调查，最常用的方式为问卷调查，目的在于提升薪酬激励的效应，提高员工工作积极性，从而提高企业的经济效益。

为了保证薪酬满意度调查的质量，应当精心设计内部员工薪酬满意度调查问卷，并根据环境和条件的变化，进行必要的修改、补充与完善（表5-5）。

## 表5-5　内部员工薪酬满意度调查问卷范例

**填写说明：**

① 为了更好地了解员工的薪酬满意度，诊断公司薪酬制度存在的问题，从而完善公司的薪酬福利体系，提高人力资源管理效率，特进行本次员工薪酬满意度调查。

② 本调查问卷的保密级为A级，任何信息都将严格受到保密，所以您可以放心回答。

③ 当有超过50%的题目未回答时，本问卷将做无效处理，请您按实际情况回答，否则将影响调查结果。感谢您的支持！

基本信息

岗位：_____　　　　年龄：_____　　　　性别：_____

部门：_____　　　　工龄：_____　　　　学历：_____

**薪酬满意度调查**

1. 你对自己付出的努力与工资回报二者公平性的感受是（　　　）。
A. 完全公平　　　　B. 基本公平　　　　C. 不确定　　　　D. 不公平
E. 非常不公平

2. 你的努力工作在工资中有明显的回报吗？（　　　）。
A. 一定有　　　　B. 可能有　　　　C. 不确定　　　　D. 可能没有
E. 完全没有

3. 你对目前公司薪酬制度科学性的评价是（　　　）。
A. 非常科学合理　　B. 较科学合理　　C. 不确定　　　　D. 不够科学合理
E. 非常不科学不合理

4. 你对目前公司薪酬制度对人才吸引性的评价是（　　　）。
A. 非常吸引　　　　B. 较吸引　　　　C. 不确定　　　　D. 不够吸引
E. 几乎没有任何吸引力

5. 你对目前公司薪酬制度对员工激励性的评价是（　　　）。
A. 非常强的激励　　B. 较强的激励　　C. 不确定　　　　D. 激励性不够
E. 非常差

6. 你觉得目前公司薪酬的计算方式（　　　）。
A. 非常简洁且易于明白　　　　　　B. 比较简洁
C. 不确定　　　　　　　　　　　　D. 有些繁复
E. 非常晦涩难懂

7. 你觉得目前公司薪酬的支付方式（　　　）。
A. 非常先进　　　　B. 较先进　　　　C. 不确定　　　　D. 落后
E. 非常落后

8. 你觉得目前公司薪酬的保密性（　　　）。
A. 有非常强的保密性　　　　　　　B. 比较强的保密性
C. 不够保密　　　　　　　　　　　D. 不确定
E. 非常公开化

9. 你对公司经济性福利的看法是（　　　）。
A. 经济性福利多样且额度合适　　　B. 经济性福利多样但额度过低
C. 不确定　　　　　　　　　　　　D. 基本上没有经济性福利
E. 完全没有经济性福利

续表

10.你对过去一年公司在非经济性福利建设方面的看法是（    ）。

A.卓有成效　　　B.基本可以　　　　C.不确定　　　　D.较差　　E.非常差

11.在过去一年中，你获得培训福利的机会（    ）。

A.非常多　　　　B.较多　　　　　　C.不确定　　　　　　D.较少　　E.完全没有

12.在过去一年中，绩效工资的发放（    ）。

A.有科学合理的正式考核制度和考核表格作为依据

B.有一些简单的考核制度和表格

C.不确定

D.没什么制度和依据，凭感觉考核

E.完全失控

13.员工基本工资、津贴和福利的确定过程（    ）。

A.绝对遵照明确的规章制度执行　　　　　B.基本遵照规章制度执行

C.不确定　　　　　　　　　　　　　　　D.基本上没有规矩

E.非常混乱

14.你觉得公司大部分员工的辞职（    ）。

A.因为薪酬的不合理而直接导致　　　B.和薪酬有一定的关系　　　C.不确定

D.和薪酬没有什么关系　　　　　　　E.绝对与薪酬问题无关

15.你觉得公司一线生产员工对他们的薪酬（    ）。

A.很满意　　　　B.基本满意　　　　C.不确定　　　　D.不太满意

E.非常不满意

16.你觉得公司一般管理人员对他们的薪酬（    ）。

A.很满意　　　　B.基本满意　　　　C.不确定　　　　D.不太满意

E.非常不满意

17.你觉得公司技术人员对他们的薪酬（    ）。

A.很满意　　　　B.基本满意　　　　C.不确定　　　　D.不太满意

E.非常不满意

18.你觉得公司高级管理人员对他们的薪酬（    ）。

A.很满意　　　　B.基本满意　　　　C.不确定　　　　D.不太满意

E.非常不满意

19.你认为公司员工的工资层级差别（    ）。

A.有一定的层级差别，但非常合理　　　B.有一定的层级差别，比较合理

C.不确定　　　　　　　　　　　　　　D.层级差别过大，不太合理

E.层级差别过小，不太合理

20.与当地的一般消费水平相比，员工的基本工资（    ）。

A.非常合理　　　B.基本合理　　　　C.不确定　　　　D.较低，不太合理

E.太低，非常不合理

21.按规定时间，公司薪酬支付的准确性和及时性（    ）。

A.非常准确和及时　　　　　　　　B.基本准确和及时

C.不确定　　　　　　　　　　　　D.不准确不及时

E.经常拖欠

22. 公司薪酬方面的管理制度（　　　）。

A. 非常完善　　　　　　　　　　　B. 大多数需要的制度都有

C. 不确定　　　　　　　　　　　　D. 规章制度较少

E. 没有建立任何薪酬方面的管理制度

23. 公司薪酬管理制度的执行（　　　）。

A. 非常严格　　　B. 比较严格　　　　　C. 不确定　　　　　D. 执行得比较差

E. 管理制度形同虚设，完全没有人去遵守

24. 上一年度，公司对薪酬制度方面的意见征询工作（　　　）。

A. 开展得非常好　　B. 比较好　　　　　C. 不确定　　　　　D. 不太好

E. 非常差

25. 公司在国家强制性保险福利、最低工资方面的做法（　　　）。

A. 按照高于国家法律法规的要求执行，并向员工增加了其他福利

B. 按照国家法律法规要求的最低限度执行

C. 不确定

D. 部分按照国家法律法规的要求执行，部分则没有

E. 完全没有按照法律法规的要求执行

26. 过去一年，你获得的工资涨幅（　　　）。

A. 非常合理，且令人满意　　　　　B. 较合理，较满意　　　　C. 不确定

D. 不合理也不太满意　　　　　　　E. 非常不合理，令人很不满意

27. 你觉得目前企业的发展与员工工资增长的关系是（　　　）。

A. 利润增长时员工工资一定会得到增长　　B. 利润增长时员工工资可能会得到增长

C. 不确定　　　　　　　　　　　　　　　D. 利润增长时员工工资不会得到增长

E. 利润增长时员工工资绝对得不到增长

28. 有员工对薪酬方面的事情提出不同意见和建议时，公司的态度是（　　　）。

A. 非常欢迎，积极采纳和接受意见　　B. 基本上会有一些正面的改善，但比较被动

C. 不确定　　　　　　　　　　　　　D. 听听而已，没什么改变

E. 非常敏感，尽量压制

29. 您认为公司的薪酬管理方面还存在哪些问题？

_____

30. 关于公司的薪酬体系建设，您有哪些好的意见和建议？

_____

再次感谢您的支持与配合，祝您工作愉快！

## 5.1.3　决定薪酬水平市场竞争力的两类因素

薪酬水平是指从某个角度按照某种标志考察的某一领域内员工薪酬的高低程度。它决定了企业薪酬的对外竞争力，对员工队伍的稳定性也有一定的影响。

薪酬水平包括企业内部各岗位薪酬水平和企业在劳动力市场上的薪酬水平。内部

岗位薪酬水平指组织之间的薪酬关系，组织相对于其竞争对手的薪酬水平的高低。薪酬的外部竞争性实质上是指企业薪酬水平的高低以及由此产生的企业在劳动力市场上所形成的竞争能力大小。

（1）决定企业薪酬水平高低的因素

决定企业薪酬水平的因素主要是外部因素，也包括企业内部经营状况、财务支付能力及企业产品的市场竞争力。其主要影响因素，如表5-6所示。

表5-6　企业整体薪酬水平影响因素一览表

| 影响因素 | 详细说明 |
| --- | --- |
| 劳动力市场的供求水平 | 若劳动力市场供大于求，企业则可以以较小的代价招到合适的员工；若劳动力市场供不应求，企业则要花费较高的代价来满足企业生产对人力资源的需求 |
| 地区薪酬水平 | 企业应参考所在地居民的生活水平和薪酬水平，本企业各岗位的薪酬水平不能低于所在地区同行业企业同岗位的薪酬水平，否则会失去对外竞争力 |
| 生活水平和物价水平 | 企业在制定薪酬标准时，要考虑到社会物价水平的上涨，必须能满足企业员工的基本生活需要，保证其实现基本购买力 |
| 行业薪酬水平 | 除了考虑同行业的薪酬水平之外，不同行业的薪酬水平也可作为企业薪酬水平的制定标准，如朝阳产业薪酬水平较高，夕阳产业薪酬水平较低 |
| 企业的负担能力 | 员工薪酬水平原则上应该控制在企业财务承受能力范围之内，并且与企业的生产率增长保持步调一致。企业经济实力强则可以支付较高的薪酬，企业经济实力弱则只能支付较低的薪酬。如此才能保证企业长期稳定发展 |
| 企业产品的市场竞争力 | 若企业薪酬水平过高的话，产品生产成本较高，则企业产品的价格就要偏高，进而企业产品的竞争力就不是很强，如果价格低了企业利润就没有保障 |

（2）决定个人薪酬水平高低的因素

企业内部各岗位之间的薪酬水平（即员工个人的薪酬水平）也有着很大的差别。这种差别的主要影响因素来源于岗位本身和员工本人。岗位本身是影响员工个人薪酬水平的外在因素，如该岗位在企业内部的价值排序；任职者本人是影响个人薪酬水平的内在因素，员工个人客观存在的一些潜在能力是其中的一部分，员工主观意愿上的付出是另外一部分。

员工个人客观存在的内在潜质、主观意愿、付出程度以及所担任的职务性质等与个人薪酬水平之间存在一定的关系，如表5-7所示。

表5-7 员工个人薪酬水平影响因素一览表

| 影响因素 | 具体说明 |
|---|---|
| 个人贡献大小 | 员工能力有差异，给企业带来的价值也不相同，在相同条件下可以参照员工给公司带来的工作质量的高低和数量的多少来衡量员工贡献大小 |
| 职务高低 | 职务是权力和责任大小的象征，所以，职务不同员工薪酬水平也不同，一般是职务越高薪酬水平就会越高 |
| 所在岗位的相对价值 | 岗位的存在决定着企业的存亡，比如核心技术岗位，所以，岗位价值相对较高，薪酬水平也会相对较高 |
| 技术水平高低 | 高技术人才能为企业解决更多的问题，带来更高的价值。相比较而言，较低技术水平员工的薪酬要少于较高技术水平员工的薪酬，这种较大差距的设计应能弥补员工为增长技术而耗费的精力、体力、时间，以及为了学习而减少的机会成本，只有这样才能激励员工不断学习新知识，提高生产率 |
| 工作时间 | 一般来讲，从事季节性与临时性工作的人员的薪酬水平比长期性的略高，以维持员工歇工时的正常生活 |
| 补偿性工资差别 | 从事某些岗位工作的员工因为其工作场所或工作性质的特殊性，影响了员工的生命安全或人身健康的，要给予一定的经济补偿 |
| 年龄与工龄 | 年龄和工龄也是影响薪酬水平的重要因素之一，通常，较多企业采用早期低工资，晚期高工资的薪酬策略，项目设计有工龄工资等 |

## 5.2 薪酬福利公平力设计

薪酬福利公平力主要是针对组织内部的岗位价值大小和薪酬结构设计而言的，对标的前提和基础是进行岗位评价。

### 5.2.1 岗位价值评价流程与以岗定薪酬

#### 5.2.1.1 岗位价值评价流程

企业在进行岗位评价时，总体来说应分为三个阶段，即准备阶段、实施阶段、完善与维护阶段，且每个阶段均有不同的工作内容和操作方法。

（1）准备阶段

① 确定岗位评价目的。进行岗位评价时，首先要明确岗位评价的目的。岗位价值评价结果直接用于确定薪酬决策。

② 分析企业现状。包括企业战略目标、行业特性、企业规模、组织结构、生产流程、经营状况以及人员状况等。

③ 汇编岗位说明书。岗位说明书是工作分析的重要成果，其中包含了岗位职责、工作环境、任职资格、权限等重要的岗位信息，是岗位评价信息来源的主要途径。

④ 成立岗位评价委员会。岗位评价委员会是岗位评价的组织与执行机构，在岗位评价过程中担负重要职责。包括根据职务分析的结果进行岗位评价体系设计，选择评价方法，并对相应岗位做出评价，形成岗位等级结构等。

⑤ 选择标杆岗位。标杆岗位是指在大多数企业中都存在的，且岗位职责和任职资格条件差异不大的一般化岗位。标杆岗位数目一般占企业中全部岗位的10%～15%，非标杆岗位的相对价值通过与标杆岗位的岗位评价结果相对比而得出。

⑥ 建立岗位评价体系。根据岗位分析结果划分岗位类别，针对不同岗位类别选择适当的岗位评价方法，确定岗位评价指标、各指标的分级定义以及指标权重。

（2）实施阶段

① 对参与评价者进行培训。培训的内容主要包括岗位评价的目的和意义、评价方法、评价流程、评价技术等。

② 进行岗位评价。对非标杆岗位进行初评，了解岗位评价体系，并对岗位评价体系的科学性和实用性进行检验。确认无误后开始正式评价，形成岗位等级结构。

③ 建立申诉机制和程序。不断与员工进行交流，使评价的目的、方法、标准等透明化，建立申诉机制和程序，给员工发表见解的机会与途径。

（3）完善与维护阶段

本阶段最重要的工作是将岗位评价结果做成书面报告。岗位评价结束后，应及时对岗位评价的过程、使用的方法、流程等进行整理，编制成书面报告，并在实施过程中及时验证与完善整个评价体系。

## 5.2.1.2 岗位评价与薪酬等级

岗位评价与薪酬等级的关系主要表现在八个方面。

① 岗位评价的结果可以是分值形式，也可以是等级形式，还可以是排序形式。

② 对应关系既可以是线性关系也可以是非线性关系。

③ 岗位评价主要考虑的因素是工作内容、职责、权利、任职条件、劳动条件与环境等。

④ 薪酬等级是在岗位评价结果的基础上建立起来的，它将岗位价值相近的岗位

归入同一个管理等级，并采取一致的管理方法处理该等级内的薪酬管理问题。

⑤ 薪酬等级划分的考虑要素包括企业文化、企业所属行业、企业员工人数、企业发展阶段、企业组织架构等。

⑥ 等级越多，薪酬管理制度和规范要求越明确，但容易导致机械化；等级越少，相应的灵活性也越高，但容易使薪酬管理失去控制。

⑦ 薪酬等级包括分层式薪酬等级类型、宽泛式薪酬等级类型。

⑧ 岗位评价是岗位等级的前提和基础，薪酬等级的划分需建立在岗位等级的基础上。

### 5.2.1.3　岗位评价与以岗定薪

岗位评价在企业薪酬管理中是一项基础性工作，岗位评价是以岗定薪的前提和基础。只有确定了岗位的价值才能确定相应岗位的科学合理的薪酬标准。

（1）岗位评价和以岗定薪的关系

① 要实施按劳分配、公平分配，发挥薪酬的激励作用，就必须通过对各岗位进行价值评估和以岗定薪来实现。

② 现代企业管理要求建立适应现代企业制度和市场竞争要求的薪酬分配体系，岗位评价和以岗定薪是新型薪酬管理体系的关键环节。

③ 发挥薪酬的激励和约束作用要求建立与员工能力、贡献相对等的薪酬分配机制，在制度上需通过岗位评价和以岗定薪来实现。

以岗定薪是建立在岗位评价基础上的，不是简单地按岗位等级确定薪酬水平。岗位等级是以岗定薪的一个因素，但不是全部的因素，确定岗位薪酬必须进行科学的岗位评价。因此，岗位评价和以岗定薪是现代企业实现科学的人力资源管理，充分发挥人力资源动能的必然手段。二者是相互结合，不可分离的。

（2）岗位评价和以岗定薪的步骤

岗位评价和以岗定薪共分为四个步骤：即准备、调查、分析和实施，四个步骤是相互联系、相互影响的，每个步骤都有不同的操作重点，如表5-8所示。

表 5-8　岗位评价和以岗定薪的步骤

| 步骤 | 主要工作内容 |
| --- | --- |
| 准备 | 以精简、高效为原则组成工作小组，明确工作分析的意义、目的、方法、步骤，向有关人员宣传、解释工作的必要性，确定调查和分析对象，同时考虑对象的代表性 |
| 调查 | 通过编制各种调查问卷和提纲，灵活运用各种调查方法，对岗位的工作内容、工作过程、工作方法、工作环境以及相应岗位任职人员的素质要求等进行全面的调查了解，广泛搜集进行岗位评估的相关资料和数据 |

续表

| 步骤 | 主要工作内容 |
|------|------|
| 分析 | 通过仔细审查搜集到的数据和资料，归纳总结、分析，运用排序、分类、打分等方法来确定各类岗位的价值，完成岗位定薪工作 |
| 实施 | 根据以上分析结果以及得出的相关数据完成编写岗位说明书，竞聘上岗，以岗定薪 |

进行岗位评价和以岗定薪的根本目的就是要发挥薪酬机制的激励和约束作用，最大限度地调动员工的主动性、积极性和创造性。企业要实现这一目的，就应该把薪酬与绩效相关联、与员工贡献相关联、与员工能力相关联。这就要求建立科学可行的绩效考核体系，对员工的绩效进行定期考评，全面了解员工完成工作的情况，及时发现存在的问题，并提出改进措施。

根据员工的绩效考核结果，奖优罚劣。绩效考核结果可作为员工竞争上岗、人员调整的主要依据。因此，岗位评价和以岗定薪这套科学并行之有效的管理方法，如果与科学有效的绩效考核体系联系起来，将对企业薪酬管理和员工管理起到更大的帮助。

## 5.2.2 岗位价值综合评价

（1）管理岗位价值综合评价量表

对管理岗位可采用"计点评分法"进行评价。管理岗位价值综合评价标准量表范例，如表5-9所示。

**表5-9 管理岗位价值综合评价标准量表范例**

| 要素 | 序号 | 子因素及权重 | 因素等级 | 评价标准 | 分值 | 评价意见 |
|------|------|------|------|------|------|------|
| 岗位工作技能要求（25%） | 1 | 文化素质要求（35%） | 一级 | 高中及以下学历 | 20 | |
| | | | 二级 | 中专学历 | 45 | |
| | | | 三级 | 大专学历 | 70 | |
| | | | 四级 | 大学本科学历 | 100 | |
| | 2 | 工作能力要求（65%） | 一般能力 | 需完成日常事务性和一般性的工作 | 10 | |
| | | | 专项管理能力 | 需完成较复杂的管理工作 | 30 | |
| | | | 专业管理能力 | 能独立主持一方面管理工作 | 50 | |
| | | | 综合管理能力 | 综合管理公司一方面的工作 | 70 | |
| | | | 全面管理能力 | 全面领导公司各项工作 | 100 | |

续表

| 要素 | 序号 | 子因素及权重 | 因素等级 | 评价标准 | 分值 | 评价意见 |
|------|------|------------|---------|---------|------|---------|
| 岗位工作责任（40%） | 3 | 效益责任（40%） | 微小 | 对本企业的效益影响微小 | 20 | |
| | | | 较小 | 对本企业的效益影响较小 | 45 | |
| | | | 较大 | 对本企业的效益影响较大 | 70 | |
| | | | 重大 | 对本企业的效益影响重大 | 100 | |
| | 4 | 管理安全生产责任（20%） | 责任微小 | 对本企业管理工作影响微小 | 20 | |
| | | | 责任较小 | 对本企业管理工作影响较小 | 45 | |
| | | | 责任较大 | 对本企业管理工作影响较大 | 70 | |
| | | | 责任重大 | 对本企业管理工作影响重大 | 100 | |
| | 5 | 决策责任（40%） | 业务决策 | 日常工作中为了提高生产效率、工作效率所做的决策 | 30 | |
| | | | 战术决策 | 组织内部范围贯彻执行的决策，属于战略决策过程的具体决策 | 60 | |
| | | | 战略决策 | 直接关系到组织的生存和发展，涉及组织全局的、长远性的、方向性的决策 | 100 | |
| 劳动强度（25%） | 6 | 工作负荷（60%） | 一般 | 工作量适中，平均每天用于完成本岗位的纯作业时间为6～8小时 | 20 | |
| | | | 较重 | 工作量较大，工作满负荷，平均每天用于完成本岗位工作的纯作业时间为8小时以上 | 45 | |
| | | | 重 | 工作量大，平均每天用于完成本岗位工作的纯作业时间为10小时以上 | 70 | |
| | | | 很重 | 工作量大，平均每天用于完成本岗位工作的纯作业时间为10小时以上，50%以上的公休假日和法定节假日用于工作 | 100 | |
| | 7 | 难易程度（40%） | 小 | 处理、协调、解决问题的难度小 | 10 | |
| | | | 较小 | 处理、协调、解决问题的难度较小 | 30 | |
| | | | 一般 | 处理、协调、解决问题有一定的难度 | 50 | |

续表

| 要素 | 序号 | 子因素及权重 | 因素等级 | 评价标准 | 分值 | 评价意见 |
|---|---|---|---|---|---|---|
| 劳动强度（25%） | 7 | 难易程度（40%） | 较难 | 处理、协调、解决问题的难度较大 | 70 | |
| | | | 很难 | 处理、协调、解决问题的难度很大 | 100 | |
| 工作条件（5%） | 8 | 工作条件（100%） | 较好 | 工作有规律，工作任务不枯燥，办公环境较好 | 20 | |
| | | | 一般 | 工作有规律，办公环境较好，但经常接触有毒物质 | 45 | |
| | | | 较差 | 工作无规律，有时需要加班加点 | 70 | |
| | | | 最差 | 工作非常不规律，经常加班加点且时间较长 | 100 | |
| 岗位流动率（5%） | 9 | 岗位流动（100%） | 稳定 | 岗位流动率低，易招聘的岗位 | 20 | |
| | | | 较低 | 岗位流动率较低，较易招聘的岗位 | 45 | |
| | | | 较高 | 岗位流动率较高，招聘较困难的岗位 | 70 | |
| | | | 高 | 岗位流动率高，招聘很困难的岗位 | 100 | |

按照上表对管理岗位进行评分，计算各管理岗的分值，并进行汇总，填写管理岗位价值综合评价分值汇总表，如表5-10所示。

表5-10 管理岗位价值综合评价分值汇总表范例

| 岗位 | 分值 | 备注 |
|---|---|---|
| 总经理 | | |
| 生产部经理 | | |
| 财务部经理 | | |
| 市场部经理 | | |
| 技术部经理 | | |
| 人力资源部经理 | | |
| …… | | |

（2）技术岗位价值综合评价量表

对技术岗可采用"计点评分法"进行评价。技术岗位价值综合评价标准量表范例，如表5-11所示。

表5-11　技术岗位价值综合评价标准量表范例

| 要素 | 序号 | 子因素及权重 | 因素等级 | 评价标准 | 分值 | 评价意见 |
|---|---|---|---|---|---|---|
| 岗位工作技能要求（25%） | 1 | 文化素质要求（40%） | 一级 | 中专学历 | 20 | |
| | | | 二级 | 大专学历 | 45 | |
| | | | 三级 | 大学本科学历 | 70 | |
| | | | 四级 | 硕士学历 | 100 | |
| | 2 | 技能素质要求（60%） | 初一级 | 技术员级以下 | 20 | |
| | | | 初二级 | 助理级 | 45 | |
| | | | 中级 | 工程师级 | 70 | |
| | | | 高级 | 高工级 | 100 | |
| 岗位工作责任（40%） | 3 | 效益责任（40%） | — | — | — | |
| | 4 | 技术责任（20%） | 责任微小 | 对本单位技术工作影响较小 | 20 | |
| | | | 责任较小 | 对本单位技术工作影响一般 | 45 | |
| | | | 责任较大 | 对本单位技术工作影响较大 | 70 | |
| | | | 责任重大 | 对本单位技术工作有重大影响 | 100 | |
| | 5 | 技术复杂程度（40%） | 一级 | 日常技术工作 | 10 | |
| | | | 二级 | 需从事一般技术工作 | 30 | |
| | | | 三级 | 负责某一方面较复杂的技术工作 | 50 | |
| | | | 四级 | 需要很复杂的技术工作 | 70 | |
| | | | 五级 | 负责全面的技术管理工作 | 100 | |
| 劳动强度（25%） | 6 | 工作负荷（60%） | — | — | — | |
| | 7 | 难易程度（40%） | — | — | — | |
| 工作条件（5%） | 8 | 工作条件（100%） | — | — | — | |
| 岗位流动率（5%） | 9 | 岗位流动率（100%） | — | — | — | |

按照上表对技术岗位进行评分，计算各技术岗的分值，并进行汇总，填写技术岗位价值综合评价分值汇总表，如表5-12所示。

表5-12　技术岗位价值综合评价分值汇总表范例

| 岗位 | 分值 | 备注 |
| --- | --- | --- |
| 工艺工程师 | | |
| 测试工程师 | | |
| 技术专员 | | |
| …… | | |

（3）生产岗位价值综合评价量表

对生产岗可采用"计点评分法"进行评价。生产岗位价值综合评价标准量表，如表5-13所示。

表5-13　生产岗位价值综合评价标准量表范例

| 要素 | 序号 | 子因素及权重 | 因素等级 | 评价标准 | 分值 | 评价意见 |
| --- | --- | --- | --- | --- | --- | --- |
| 岗位工作技能要求（30%） | 1 | 文化素质（30%） | — | — | — | |
| | 2 | 技能素质（40%） | — | — | — | |
| | 3 | 工作经验（30%） | — | — | — | |
| 岗位工作责任（45%） | 4 | 产量责任（30%） | 一级 | 一般的服务性岗位 | 10 | |
| | | | 二级 | 辅助生产的一般岗位 | 25 | |
| | | | 三级 | 辅助生产的重要岗位 | 40 | |
| | | | 四级 | 产品生产工序中的一般岗位 | 60 | |
| | | | 五级 | 产品生产工序中较重要的岗位 | 80 | |
| | | | 六级 | 产品生产工序中的主要岗位 | 100 | |
| | 5 | 质量责任（40%） | 一级 | 辅助生产，无质量责任 | 20 | |
| | | | 二级 | 辅助生产，质量责任不大 | 45 | |
| | | | 三级 | 产品生产的主要工序，有质量指标 | 70 | |
| | | | 四级 | 产品生产的主要工序，有重要的质量指标 | 100 | |

续表

| 要素 | 序号 | 子因素及权重 | 因素等级 | 评价标准 | 分值 | 评价意见 |
|---|---|---|---|---|---|---|
| 岗位工作责任（45%） | 6 | 安全责任（30%） | 一级 | 对本企业的安全生产影响微小 | 20 | |
| | | | 二级 | 对本企业的安全生产影响较小 | 45 | |
| | | | 三级 | 对本企业的安全生产影响较大 | 70 | |
| | | | 四级 | 对本企业的安全生产影响重大 | 100 | |
| 劳动强度（20%） | 7 | 工作压力（60%） | 一级 | 从事程序性工作，心理压力较小 | 20 | |
| | | | 二级 | 程序性工作较多，有时会出现不可控因素，有一定的心理压力 | 45 | |
| | | | 三级 | 脑力劳动强度较大，工作中常出现不可控因素，心理压力较大 | 70 | |
| | | | 四级 | 需要付出的脑力劳动强度大，不可控因素多，心理压力大 | 100 | |
| | 8 | 工作时间特征（40%） | 一级 | 按正常时间上下班 | 20 | |
| | | | 二级 | 上下班时间不一定是正常的，但具有一定的规律性，可以自行安排或预先知道 | 45 | |
| | | | 三级 | 有些时候因工作需要不得不早到迟退或者周末加班 | 70 | |
| | | | 四级 | 工作时间根据工作具体情况而定，自己无法控制 | 100 | |
| 劳动条件（5%） | 9 | 劳动条件（100%） | — | — | — | |

按照上表对生产岗位进行评分，计算各生产岗的分值，并进行汇总，填写生产岗位价值综合评价分值汇总表，如表5-14所示。

表5-14 生产岗位价值综合评价分值汇总表范例

| 岗位 | 分值 | 备注 |
|---|---|---|
| 车间主任 | | |
| 班组长 | | |
| 生产计划专员 | | |
| …… | | |

（4）服务岗位价值综合评价量表

根据服务岗位的职责特征设计综合评价要素，并根据不同评价要素的重要性对其设置相应的权重。服务岗位价值综合评价标准量表，如表5-15所示。

表5-15 服务岗位价值综合评价标准量表范例

| 要素 | 序号 | 子因素及权重 | 因素等级 | 评价标准 | 分值 | 评价意见 |
|---|---|---|---|---|---|---|
| 工作技能（30%） | 1 | 文化素质（55%） | 一级 | 高中及以下学历 | 30 | |
| | | | 二级 | 中专学历 | 60 | |
| | | | 三级 | 大专学历 | 100 | |
| | 2 | 技能素质（45%） | 一级 | 岗位对技能素质的要求低 | 20 | |
| | | | 二级 | 岗位需要具备一定的技能素质 | 45 | |
| | | | 三级 | 岗位对技能素质的要求较高 | 70 | |
| | | | 四级 | 岗位对技能素质的要求很高 | 100 | |
| 工作责任（30%） | 3 | 成本管理（50%） | 一级 | 对成本、消耗不负责任 | 20 | |
| | | | 二级 | 对成本、消耗所负的责任较小 | 45 | |
| | | | 三级 | 对成本、消耗所负的责任较大 | 70 | |
| | | | 四级 | 对成本、消耗所负的责任很大 | 100 | |
| | 4 | 管理责任（50%） | 一级 | 接受管理，不管理别人 | 40 | |
| | | | 二级 | 管理1个层级 | 100 | |
| 工作强度（30%） | 5 | 劳动负荷（50%） | 一级 | 工作量小，日平均劳动时间在4小时以下 | 20 | |
| | | | 二级 | 工作量较小，日平均劳动时间为4～6小时 | 45 | |
| | | | 三级 | 工作量较大，日平均劳动时间为6～8小时 | 70 | |
| | | | 四级 | 工作量大，日平均劳动时间在8小时以上 | 100 | |
| | 6 | 劳动疲劳度（50%） | 一级 | 劳动疲劳度一般 | 20 | |
| | | | 二级 | 劳动疲劳度较高 | 45 | |
| | | | 三级 | 劳动疲劳度高 | 70 | |
| | | | 四级 | 劳动疲劳度很高 | 100 | |
| 劳动条件（10%） | 7 | 劳动条件（100%） | 一级 | 劳动危险程度小 | 20 | |
| | | | 二级 | 劳动危险程度较小 | 45 | |
| | | | 三级 | 劳动危险程度大 | 70 | |
| | | | 四级 | 劳动危险程度很大 | 100 | |

　　根据对各服务岗位评价得分来填写服务岗位价值综合评价分值汇总表，如表5-16所示。

表5-16　服务岗位价值综合评价分值汇总表范例

| 岗位 | 分值 | 备注 |
|---|---|---|
| 计算机管理员 | | |
| 资料管理员 | | |
| 客户服务员 | | |
| …… | | |

### 5.2.3　薪酬结构设计

　　薪酬结构是指在一个组织机构中各项工作的相对价值及其对应的实付薪酬之间的关系。薪酬结构包括高稳定性薪酬结构、高弹性薪酬结构和折中性薪酬结构三种类型。

　　① 高稳定性薪酬结构。固定薪酬所占比例很高，浮动薪酬所占比例很低，比如，岗位工资制、技能工资制等。这种薪酬结构的优点是员工收入与业绩关联不大，波动小，员工安全感很强；缺点是缺乏激励功能，容易造成员工懒散。

　　② 高弹性薪酬结构。浮动薪酬所占比例很高，固定薪酬所占比例很低，比如，绩效工资制、奖金提成制等。这种工资制度的优点是激励性很强，薪酬与员工业绩密切相关，能避免大锅饭现象，但员工收入波动性很大，心理上缺乏安全感，缺少收入保障。

　　③ 折中性薪酬结构。固定薪酬、浮动薪酬各占一定的合理比例，对员工的生活有保障，有一定激励性，使员工有一定的安全感。

　　进行薪酬结构设计，要注意把握好四点要求。

　　① 企业在进行薪酬结构设计时不仅要考虑成本，还应该考虑使激励性薪酬与企业未来绩效相结合，让员工和股东的共同利益及风险程度适度挂钩，树立长期风险性报酬的观念，适当拉开薪酬差距，进而设计合理的薪酬结构。

　　② 应该注意与企业的分配方式、企业所在行业的特点、企业文化等相一致。

　　③ 还要注意岗位的特点，不同的岗位选择不同的薪酬结构，比如，采用的工资结构形式包括岗位工资、技能工资和绩效工资，或基本工资、浮动工资加奖金等。

　　④ 企业在进行薪酬结构设计时，还应该根据企业采取的薪酬福利策略，注意薪酬各组成部分设置的目的和比重。

　　下面以管理、职能、技术、销售四个序列为例介绍薪酬结构设计。

（1）管理序列薪酬结构框架

在企业中从事管理工作并拥有一定管理职务的岗位，即通常所说的手下有兵的岗位。其承担的计划、组织、领导、控制职能是企业主要的付薪依据。企业高层管理人员实行年薪制，中基层管理人员的工资构成框架基本采用如下形式。

$$薪酬 = 基本工资 + 奖金和红利 + 福利与津贴$$

① 基本工资。基本工资是管理人员的基本生活保障，往往与经营业绩没有直接关系，是工资体系中最基本的也是最重要的部分。其他工资项目的确定，比如奖金、红利、津贴等都是依据基本工资的多少来确定的。基本工资往往占员工总工资收入的 1/3 ～ 2/3，具体要视管理岗位的高低而定，管理岗位越低，基本工资占比就越高。

② 奖金和红利。奖金和红利是工资体系中的浮动部分，包括短期奖金和长期奖金。其中短期奖金的适用范围更为广泛，适用于企业各个阶层的管理岗位，而长期绩效则适用于企业的高层或部分中层管理人员。这些浮动部分与管理人员的工作绩效以及企业的绩效之间紧密相连，即基于其对企业进行经营的结果，将管理人员的利益与企业整体利益结为一体。

③ 福利与津贴。管理人员可享用的福利与津贴很多，主要有完善的养老金计划、丰厚的住房补贴、各种商业保险、舒适的工作环境等。这也是企业吸引和稳定管理人员的竞争手段之一。

（2）职能序列薪酬结构框架

职能序列岗位是指在企业中从事管理工作并拥有一定管理职务的岗位，手下可能有兵也可能无兵，被管理对象可能是人也可能是物。比如，具有办公室管理、生产管理等职能的工作岗位。这类人员的付薪依据，主要是其辅助、支持的职责完成情况。职能序列岗位人员的薪酬结构整体框架，通常采用如下形式。

$$年总收入 = 年基本收入 + 年业绩收入 = （月固定工资 + 工龄工资 + 各类补贴或补助）+$$
$$（月绩效工资 + 年度延迟支付工资 + 企业业绩分享）$$

其中，固定工资收入往往占员工总工资收入的 1/3 ～ 2/3，具体要视管理岗位的高低而定，管理岗位越低，基本工资占比就越高。此结构的优点在于能促进员工稳定性和提高员工日常工作的积极性。较多企业也在为职能序列岗位增加福利项目，但总体数量要比高层管理人员的项目少，且额度偏低。

（3）技术序列薪酬结构框架

技术序列岗位是指企业内部从事技术研发、设计、操作的岗位，表现为有一定的技术含量，企业付薪的主要依据是该岗位人员所具备的技能。一般付薪的项目不体现为计件形式，但不排除少量的项目奖金。

技术序列岗位因为具有短期内不容易有业绩体现，以及平时行为不易被监督等特点，其薪酬结构的整体框架通常采用如下形式。此结构增加了企业对技术人员的薪酬控制和行为监督的灵活性。

年总收入＝年基本收入＋年其他收入＝月固定工资＋技能工资＋项目奖金＋

工龄工资＋福利和服务＋年度延迟支付工资

**（4）销售序列薪酬结构框架**

销售序列岗位是指在市场上专职从事产品销售或提供整体服务方案的岗位，一般工作场所不固定，业绩高低主要取决于销售人员个体的努力程度。

销售序列岗位薪酬结构常见的整体框架为"基本工资＋佣金制"，即"底薪＋提成"。销售人员工资设计的六种模式详见第6章的内容。

企业在设置固定工资与浮动工资时适用的比例一般为1：1，相对于职能序列等其他序列，销售序列的固定薪酬比较低，浮动薪酬比较高。

## 5.2.4 奖金、津贴、补贴、福利超市等配套激励

### 5.2.4.1 奖金

奖金是企业为了激励员工工作的积极性，提高员工满意度和组织的工作绩效而设立的，在企业员工创造超过正常绩效标准的劳动成果时，给予的劳动奖励。

**（1）奖金的三种类型**

奖金的类型有个人奖金、团队奖金、企业奖金三种，如表5-17所示。

表5-17 奖金的三种类型

| 类型 | 说明 | 举例 |
|---|---|---|
| 个人奖金 | 个人奖金是指对表现超过设定绩效标准的员工发放奖金的激励形式 | 常见的有计件制、佣金制、利润分享、年终奖等 |
| 团队奖金 | 团队奖金是指用来奖励那些出色完成团队协作工作任务的团队的激励形式 | 常见的有项目团队奖、生产班组奖、销售团队奖等 |
| 企业奖金 | 企业奖金是指当公司盈利超过预定的财务标准时给公司全体员工发放奖金的激励形式 | 常见的有分红制、员工持股计划、斯坎伦计划等 |

**（2）奖金管理的三项原则**

① 灵活性原则。奖金的设置要有弹性，不能守着固定的额度和标准不变。要确定奖励的标准、时间、范围，根据企业效益进行弹性设置。

② 差别性原则。奖金的设置要弥补计时工资和计件工资的不足，体现不同超额劳动的价值，不同绩效的员工要有不同的奖金奖励。

③ 激励性原则。奖金的设置要体现员工的价值，根据设定的标准给予超额劳动的报酬，从而提高员工的积极性和工作效率。

（3）奖金的提取

① 奖金提取基数。以超过目标利润的部分为提取基数，即以公司整体核算超目标利润的部分为提取基数。

② 奖金提取比例。根据当年实际超额情况，由公司董事会决定具体提取比例，一般在0%～40%范围内。

③ 超额奖金计算。方法如下：

$$超额奖金额 = 超目标利润额 \times 超额奖金提取比例$$

④ 超额奖金的分配。以人员年终标准绩效奖金为基础，计算个人绩效奖金系数，再进行分配。计算方法如下：

$$个人超额奖金 = \frac{个人标准绩效奖金}{整体标准绩效奖金} \times 超额奖金总数$$

### 5.2.4.2　津贴

津贴是企业支付给员工工资以外的补助费，主要是为了补偿员工特殊或额外的劳动消耗和因其他特殊原因而支付的费用。津贴作为劳动报酬的一种补充分配形式，不仅能给员工多一份保障，还能体现企业对员工的关怀与福利。

（1）津贴的种类

津贴的名目繁多，按种类可分为岗位津贴、保健津贴、技术津贴、年功津贴、地区津贴和学历津贴等，如表5-18所示。

表5-18　津贴项目种类列表

| 津贴分类 | 说明 | 项目举例 |
| --- | --- | --- |
| 岗位津贴 | 为了补偿员工在某些特殊劳动条件岗位或额外劳动消耗而设立的津贴 | 高空津贴、高温津贴、低温津贴、矿山井下津贴、夜班津贴等 |
| 保健津贴 | 为保障员工身体健康，对从事有毒、有害作业的员工设立的津贴 | 卫生防疫津贴、医疗卫生津贴和科技保健津贴等 |
| 技术津贴 | 根据特殊技术和技能的稀缺性，为具有特殊技术和技能的员工设立的津贴 | 科研津贴、工人技师津贴等 |
| 年功津贴 | 为保持员工队伍的稳定，鼓励员工忠诚于企业，为具有一定工龄员工设立的一种津贴 | 工龄津贴、资历津贴等 |
| 地区津贴 | 为了补偿员工在不同地理自然条件下付出额外劳动而设立的津贴 | 林区津贴、高寒山区津贴、海岛津贴、海外津贴等 |
| 其他津贴 | 对人力资本投资进行的补偿，或者企业根据自身实际情况自行设立的津贴 | 学历津贴、托儿津贴、少数民族伙食津贴等 |

（2）学历津贴

① 目的。为了激发员工的学习热情，提高员工尤其是高学历员工的工作积极性，公司给予具有一定学历的员工每月发放一定数额的津贴，以拉开不同学历员工的工资差距，鼓励员工不断学习，努力提高综合素质。

② 适用范围。学历津贴适用于公司全体正式员工。

③ 学历津贴的标准。如表5-19所示。

表5-19　学历津贴标准

| 学历 | 大专 | 本科 | 硕士研究生 | 博士及以上 |
|---|---|---|---|---|
| 支付标准 | 200元/月 | 400元/月 | 600元/月 | 800元/月 |

④ 学历津贴计发。人力资源部负责员工学历证书的审核及学历津贴的计发工作。员工取得相应学历后，持毕业证书原件到人力资源部备案，经审核通过后可从下月起领取学历津贴。新进员工在试用期暂不发放学历津贴，待试用期考核合格办理转正手续后，补发试用期的学历津贴。对员工弄虚作假，使用假学历、假证书骗取学历津贴的，公司给予相应处分。享受学历津贴的员工，如病假、事假超过一个月等情况，停发学历津贴。

### 5.2.4.3　补贴

补贴是因物价上涨而造成员工的生活水平下降，或者工作原因导致员工家庭生活开支增加时，企业在工资以外向员工支付的补助费。

（1）补贴的形式

企业可通过多种形式对员工进行补贴，如表5-20所示。

表5-20　补贴项目一览表

| 补贴项目 | 说明 |
|---|---|
| 餐饮补贴 | 企业为员工提供的早、中、晚餐补助或饮料补贴 |
| 住房补贴 | 企业对无自有住房员工或自有住房面积未满足住用需求的员工发放的购房或住房补贴 |
| 交通补贴 | 企业用于补偿员工上下班乘坐市内公共交通工具而发生的费用，或补偿员工使用个人交通工具而发生的燃油费、保养费 |
| 通讯补贴 | 企业为补偿员工因工作需要而发生的移动、固定电话通信费而向员工提供的补贴 |
| 出差补贴 | 企业为补偿员工因出差产生的费用而向员工提供的补贴 |
| CPI补贴 | 企业根据当前经济形势向员工提供的临时性物价补贴，用来缓解员工因CPI上涨造成的生活拮据，如果CPI下降，则可以随时取消该补贴 |

续表

| 补贴项目 | 说明 |
|---|---|
| 医疗补贴 | 企业补偿员工因病或非因工负伤发生的医疗费用而支付的补贴 |
| 困难补助 | 企业对因病、因残或其他原因导致生活困难的部分员工发放定期或一次性困难补助费 |

**（2）出差补贴方案**

① 补贴标准。出差补贴标准参照当地食宿及生活水平，并结合公司的财务制度制定，根据员工职务不同而有所差异，如表5-21所示。

表 5-21 补出差补贴标准 单位：元／天／人

| 员工级别 | 通信补助 | 交通补助 | 食宿补助 | 业务招待费 |
|---|---|---|---|---|
| 经理及以上员工 | 200 | 200 | 600 | 限额报销 |
| 主管级员工 | 100 | 100 | 300 | 限额报销 |
| 一般员工 | 50 | 50 | 200 | 限额报销 |

② 不同城市的差别。出差补贴视出差城市的不同，也会有所差别。三线城市指其他一些中小城市，依照上表补贴标准执行。二线城市指省会城市、经济特区和各省综合实力排名前三名的城市，上表中各项补贴标准均增加10%。一线城市指北京、上海、天津、重庆四个直辖市，上表中各项补贴标准均增加20%。

③ 出差费用的报销。出差人员凭往返交通票据，住宿费、伙食费凭证，可按实际出差天数领取出差补贴。出差补贴按照实际出差天数计发，出差期间顺路回家探亲的天数不包含在内。公司副总经理级别以上人员出差的，可由行政部门安排车辆接送。无法安排专车接送的，可乘坐出租车前往机场、车站，所有车费实报实销。

### 5.2.4.4 福利超市

福利超市是指企业在核定的人均年度福利预算范围内，为员工提供可选的多种福利项目，给员工自主选择权，由员工根据本人及其家庭成员的需要自主选择福利产品或产品组合的一种激励模式。福利超市模式给予员工更多的选择权和决定权，最大限度满足员工个性化需要，大大提高了员工对福利的感知度与体验值。

采用福利超市，企业通常的做法是设计一个包含所有福利项目的菜单，然后交由员工进行选择，员工根据自己或家庭的喜好和需求，在公司规定的预算额度内进行选择。这种设计可以最大程度上满足员工需要，提高其工作满意度。同时，企业也可以结合企业战略目标和财务预算，进行福利设置，在预算范围内实行计划，提高其在市场的竞争力。

福利超市属于一种弹性福利计划。实施弹性福利计划的企业既要保证国家强制性福利到位，又要使员工拥有一定的选择权。由于弹性福利计划突出个性化，会增加福利管理的难度，在一定程度上会增加管理成本。因此，在以福利超市的模式实施弹性福利计划时，应注意四个方面的执行要点。

① 进行福利成本控制。企业福利计划总额的确定必须符合企业薪酬成本控制的要求。企业还要对确定的福利项目进行精确的成本核算和年度预算，以求把成本控制在合理范围内，避免为满足员工需求而支付超过企业承受能力的福利成本。

② 进行员工福利调查。弹性福利的着眼点在于员工的不同需求。企业需要通过调查来完成不同员工对福利项目的需求。在进行调查时要注意收集的内容包括：一方面是对福利项目进行详尽的描述；另一方面是对员工需要的福利项目尽量提供可衡量的价值标准。这样便于企业对福利项目价值的衡量，便于员工对福利项目的选择。

③ 福利与绩效相挂钩。弹性福利的一个重要特点就是基于绩效和能力。企业对于不同工作表现的员工应实行不同的福利预算额度，以便激励员工争取更好业绩。如果企业没有将福利计划与绩效充分结合，就只能使福利发挥保健作用，不能有效激励员工。

④ 加强与员工的信息沟通。在弹性福利计划的制定、实施等一系列过程中，应在不同层次、不同范围内与员工进行有效沟通，广泛收集员工对该计划的建议或意见，以使福利计划得到更好的实施。企业也应及时、清晰地向员工说明福利计划所涉及的内容，以确保福利计划的透明性和公平性。

## 5.3 薪酬福利控制力设计

薪酬福利控制力主要是针对组织整体的薪酬支付实力而言的，包括企业的薪酬预算、核算和成本支出控制。

### 5.3.1 薪酬预算控制

薪酬预算是指企业管理者在薪酬管理过程中进行的一系列成本开支方面的权衡和取舍。薪酬预算控制的程序，如表5-22所示。

表 5-22　薪酬预算控制的程序

| 序号 | 预算程序 | 具体内容说明 |
|---|---|---|
| 1 | 确定企业战略目标和经营计划 | ① 确定下年度企业战略是快速扩张、适当收缩、稳步增长还是转换领域。这决定了公司整体对人力资源的需求，同时也会影响薪酬总额预算<br>② 确定公司下年度经营目标，例如收入、利润、增加值、产值等指标。这是决定薪酬总额的基础<br>③ 确定下年度组织结构、岗位设置。因为一方面组织结构的变动会影响员工人数，另一方面组织结构的变动也会带来员工岗位工资部分的变动 |
| 2 | 分析企业薪酬支付能力 | 衡量企业薪酬支付能力的指标主要有 3 种，即劳动分配率、薪酬费用率和薪酬利润率 |
| 3 | 确定企业薪酬策略 | ① 薪酬水平策略，即领先型、跟随型还是滞后型<br>② 薪酬激励策略，即重点激励哪些人群，采用什么样的激励方式<br>③ 薪酬结构策略，即薪酬应当由哪些部分构成，各占多大比例；薪酬分为多少层级，层级之间的关系如何 |
| 4 | 诊断薪酬问题 | 对薪酬的诊断可以从一些指标和数据入手，包括薪资均衡指标（Compa-Ratio）、递进系数、重叠度、幅宽等 |
| 5 | 分析人员流动情况 | 分析人员流动情况实际上是对人力资源需求和供给的预测，主要包括总人数的预测、有多少员工被提拔到上一层级、新增加多少员工、有多少员工离职等 |
| 6 | 确定薪酬总额及整体调整幅度 | ① 确定薪酬总额调整依据，根据利润、增加值或销售收入提取薪酬总额<br>② 确定劳动分配率、薪酬费用率和薪酬利润率的目标值<br>③ 依据经营目标、历史工资水平测算出预期薪酬总额<br>④ 计算出薪酬调整总额，并按照薪酬激励策略和原来各部门在薪酬总额中所占的比重、各部门的业绩，确定各部门的薪酬调整总额 |
| 7 | 薪酬总额分配 | 常见的薪酬总额分配方法有按劳分配、按技术分配、按生产要素分配等，薪酬总额项目一般包括基本工资、岗位工资、绩效工资、加班加点工资、津贴补贴和奖金等 |
| 8 | 确定薪酬水平 | 根据市场薪酬水平和薪酬策略确定员工的薪酬水平 |
| 9 | 薪酬预算测定 | ① 自上而下法，先由决策者决定公司的总体薪酬预算总额，以及加薪的幅度，然后再将预算总额分配到各个部门，各个部门再分配到每一个员工<br>② 自下而上法，先估算各部门、各岗位需要的薪酬，再进行汇总，编制整体预算。此方法应与上种方法测算的数据趋于一致，并作为薪酬成本预算 |

### 5.3.2　薪酬成本核算控制

薪酬成本核算控制的指标主要包括两个方面，即人工成本基本指标和人工成本投入产出指标的控制，如表5-23所示。

表 5-23　薪酬成本核算控制的指标

| 指标大类 | 细分指标 | 具体说明 |
| --- | --- | --- |
| 人工成本基本指标 | 企业从业人员年平均人数 | 企业从业人员年平均人数，是按国家统计局规定的范围和方法进行统计，在岗员工年平均人数单列其中 |
| | 企业从业人员年人均工作时数 | 企业从业人员年人均工作时数 = $\dfrac{\text{企业年制度工时 + 年加班工时 + 损耗工时}}{\text{企业从业人员年平均人数}}$ |
| | 企业销售收入 | 企业销售收入是核算企业在报告期内生产经营中通过销售产品、提供服务或从事其他生产经营活动而获得的全部收入 |
| | 企业增加值 | 企业增加值是核算企业在报告期内以货币表现的企业生产活动的最终成果<br>① 生产法核算：增加值 = 总产出 − 中间投入<br>② 收入法核算：增加值 = 劳动者报酬 + 固定资产折旧 + 生产税净额 + 营业盈余 |
| | 企业利润总额 | 企业在报告期内实现的盈亏总额，可以反映企业最终的财务成果 |
| | 企业成本总额 | 企业成本总额是在报告期内为生产产品、提供服务所发生的所有费用 |
| | 企业人工成本总额 | 企业人工成本总额 = 企业从业人员劳动报酬总额 + 社会保险费用 + 福利费用 + 教育费用 + 劳动保护费用 + 住房费用 + 其他人工成本 |
| 人工成本投入产出指标 | 薪酬费用率 | 薪酬费用率 = $\dfrac{\text{薪酬总额}}{\text{销售额}} \times 100\%$ |
| | 劳动分配率 | 劳动分配率 = $\dfrac{\text{人工费用}}{\text{增加值（纯收入）}} \times 100\%$ |
| | 薪酬利润率 | 薪酬利润率 = $\dfrac{\text{利润总额}}{\text{薪酬总额}} \times 100\%$ |

### 5.3.3　薪酬成本支出控制

企业受市场环境的影响，要在激烈的市场竞争中立于不败之地，就必须不断地加强成本控制。而薪酬成本是企业成本的重要组成部分，科学合理地控制企业薪酬成本支出，对提高企业的经济效益具有十分重要的意义。

薪酬成本支出控制，是企业日常成本控制的重要内容，包括对劳动消耗量、工资成本、单位产品工资成本的控制等。具体来讲，薪酬成本控制应从以下两方面来解释。

一是在薪酬预算时要认真决策，精打细算，在薪酬执行中厉行节约、高效，在保证不影响生产经营的前提下尽量减少薪酬支出总额。

二是投入与产出的比率，也就是投入的人工成本与创造的价值的比率。所以从这个角度来看，并不是人工成本增加了就是没有控制好人工成本，而是要看增加投入的人工成本所带来的增加值是多少。

薪酬成本支出控制的三种方法，如表5-24所示。

| 表 5-24　薪酬成本支出控制的三种方法 | | |
| --- | --- | --- |
| 序号 | 方法 | 具体说明 |
| 1 | 劳动消耗量控制 | 定额管理是企业管理的重要基础工作，各种劳动定额的制定，是实行成本控制的必备条件。为保证最佳成本目标的实现，企业应立足于降低产品劳动消耗，采取科学方法制定出各种产品、零部件的工时消耗控制目标，作为控制和考核劳动者劳动数量和质量、制定单位产品工资成本的依据 |
| 2 | 工资成本控制 | 工资成本控制，主要是指工资总额控制目标和企业各类人员工资标准<br>① 工资总额控制目标应在定员基础上，根据人员工资标准制定，考虑劳动生产率的影响，以及在国家宏观控制范围内一定时期工资水平的增长幅度<br>② 企业各类人员的工资标准，应按国家规定执行。实行计件工资的企业，若国家无统一标准，一般应考虑员工的技术水平和劳动熟练程度等各方面条件，参照同行业、同工种的工资标准，通过测算具体制定 |
| 3 | 单位产品工资成本控制 | 单位产品工资成本控制目标，是在上述劳动消耗量、工资控制目标确定之后，按不同产品进行汇集，通过编制产品成本计划确定其目标值 |

以下是企业在控制薪酬费用时常用的两种管理思路，即人工成本弹性控制思路和人工成本水平状态控制思路。

（1）人工成本弹性控制思路

企业人工成本弹性控制思路，是考查人工成本的增长状态，即从动态的角度通过测算人均人工成本变动幅度分别与人均增加值、人均销售收入、人均总成本变动幅度的比值，即弹性的控制，把人工成本水平的提高控制在经济效益和投入产出水平所能允许的范围之内。

（2）人工成本水平状态控制思路

企业人工成本水平状态控制思路，是从水平状态考查人工成本，即从分配水平的角度控制人工成本。人工成本的水平状态主要是从人工成本的比率指标来考查的，以行业平均的劳动分配率、人事费用率、人工成本占总成本比重这三个比率指标为参照，衡量企业与行业对应比率指标的偏差程度。

# 第6章

# 如何设计薪酬激励指标、工具与模式

指标，就是衡量目标的参数，薪酬激励指标就是预期中计划达成的指数、规格、标准，一般用具体数据或数值表示；工具，原指工作时所需要的器具，薪酬激励工具就是为了达到、完成或促进高效薪酬管理而采取的手段；模式，即解决问题的方法论，是从工作实践经验和前沿理论系统中抽象、升华和提炼出来的核心操作体系。

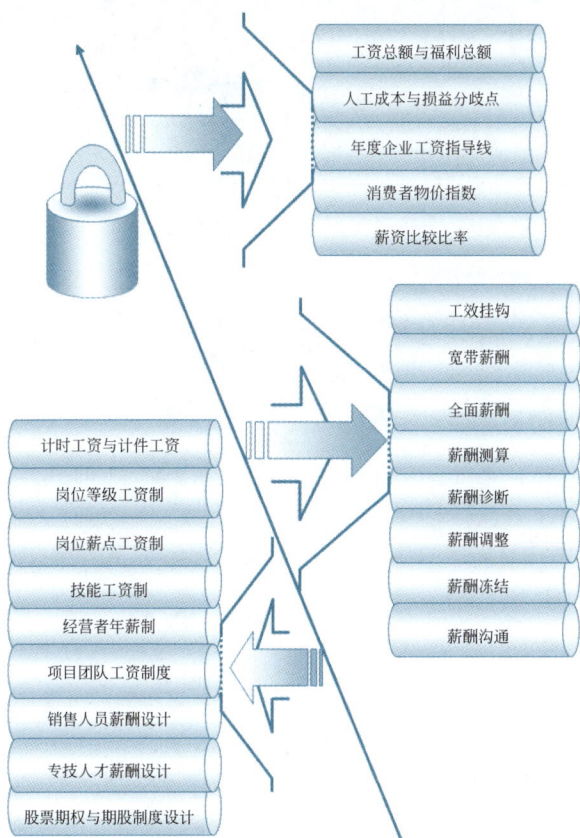

工资总额与福利总额

人工成本与损益分歧点

年度企业工资指导线

消费者物价指数

薪资比较比率

工效挂钩

宽带薪酬

全面薪酬

薪酬测算

薪酬诊断

薪酬调整

薪酬冻结

薪酬沟通

计时工资与计件工资

岗位等级工资制

岗位薪点工资制

技能工资制

经营者年薪制

项目团队工资制度

销售人员薪酬设计

专技人才薪酬设计

股票期权与期股制度设计

# 6.1 薪酬激励指标

薪酬激励指标的设计包括五个方面，如图6-1所示。

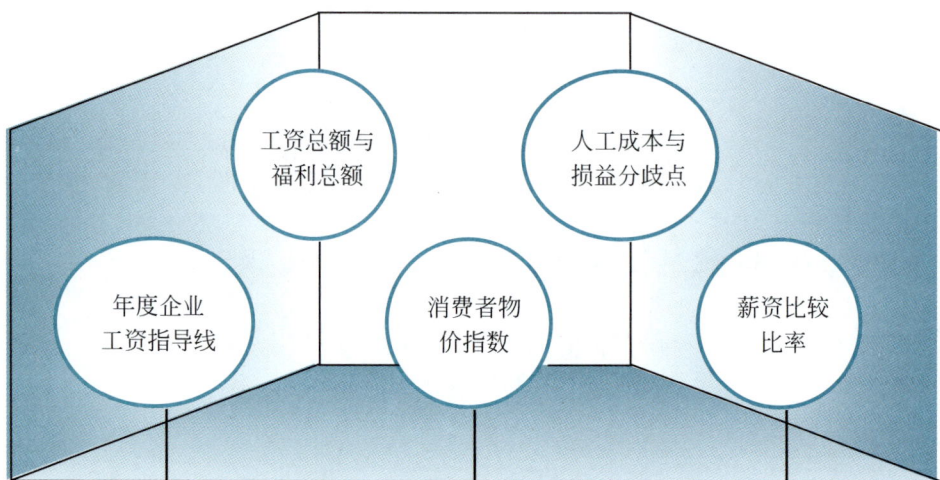

图 6-1　薪酬激励指标的设计

## 6.1.1　工资总额与福利总额

### 6.1.1.1　工资总额

工资总额，是指企业在一定时期内直接支付给全体员工的劳动报酬总额，主要包括计时工资、计件工资、与生产有关的各种经常性奖金，以及根据相关法律法规和政策规定的各种工资性质的津贴补贴等。工资总额是企业工资计划管理的一个重要指标，也是计算企业平均工资的依据。

（1）工资总额增长幅度

$$工资总额增长幅度 = \frac{全年提取的工资总额 - 上年度提取的工资总额}{上年度提取的工资总额} \times 100\%$$

如果工资总额增长幅度高于经济效益增长幅度，则：

当年可在税前扣除的工资总额 = 上年度提取的工资总额 ×（经济效益增长幅度 +1）

（2）工资总额构成

工资总额主要由六个部分构成，即计时工资、计件工资、奖金、津贴和补贴、加班加点工资以及一些特殊情况下支付的工资等，如表6-1所示。

表6-1 工资总额构成

| 序号 | 构成部分 | 具体内容说明 |
|------|----------|--------------|
| 1 | 计时工资 | ① 对已做工作按计时工资标准支付的工资<br>② 实行结构工资制的单位支付给员工的基础工资和职务（岗位）工资<br>③ 新参加工作员工的见习工资（学徒的生活费） |
| 2 | 计件工资 | ① 按劳动部门或主管部门批准的定额和计件单价支付给员工的工资，比如超额累进计件、直接无限计件、限额计件、超定额计件等工资制<br>② 按工作任务包干方法支付给员工的工资<br>③ 按营业额提成或利润提成办法支付给员工的工资 |
| 3 | 奖金 | 指支付给员工的超额劳动报酬和增收节支的劳动报酬，包括生产奖、节约奖、劳动竞赛奖，机关、事业单位的奖励工资，以及其他奖金 |
| 4 | 津贴和补贴 | ① 津贴，目的是为了补偿员工特殊或额外的劳动消耗，常见的包括矿山井下津贴、高温津贴、林区津贴、山区津贴、驻岛津贴、保健性津贴、医疗卫生津贴和年功津贴等<br>② 物价补贴，包括为保证员工工资水平不受物价上涨或变动影响而支付的各种补贴 |
| 5 | 加班加点工资 | 指员工在法定节假日、公休日加班加点，或在规定的制度工作时间以外工作时发给的劳动报酬 |
| 6 | 特殊情况工资 | ① 根据国家法律、法规和政策规定，因病、工伤、产假、计划生育假、婚丧假、事假、探亲假、定期休假、停工学习、执行国家或社会任务等按计时工资标准或计时工资标准的一定比例支付的工资<br>② 附加工资、保留工资等 |

（3）工资总额不得包含的部分

下列各项内容不得列入工资总额的范围，如表6-2所示。

表6-2 工资总额不得包含的部分

| 序号 | 不得包含内容 |
|------|--------------|
| 1 | 根据国务院发布的有关规定颁发的发明创造奖、自然科学奖、科学技术进步奖和提出的合理化建议和技术改进奖以及支付给运动员、教练员的奖金 |
| 2 | 有关劳动保险和员工福利方面的各项费用 |
| 3 | 有关离休、退休、退职人员待遇的各项支出 |
| 4 | 劳动保护的各项支出 |

| 序号 | 不得包含内容 |
|---|---|
| 5 | 稿费、讲课费及其他专门工作报酬 |
| 6 | 出差伙食补助费、午餐补助、调动工作的差旅费和安家费 |
| 7 | 对自带工具、牲畜来企业工作员工所支付的工具、牲畜等的补偿费用 |
| 8 | 租赁经营单位承租人的风险性补偿收入 |
| 9 | 对购买本企业股票和债券的员工所支付的股息（包括股金分红）和利息 |
| 10 | 劳动合同制员工解除劳动合同时由企业支付的医疗补助费、生活补助费等 |
| 11 | 因录用临时工而在工资以外向提供劳动力单位支付的手续费或管理费 |
| 12 | 支付给家庭工人的加工费和按加工订货办法支付给承包单位的发包费用 |
| 13 | 支付给参加企业劳动的在校学生的补贴 |
| 14 | 计划生育补贴 |

### 6.1.1.2　福利总额

福利总额，是指企业为保留和激励员工而提供的除工资、奖金之外的所有待遇，主要包括保险、实物、股票期权、培训、带薪假等。一般在企业福利系统中列出的金额是从企业成本角度考虑的，折合成金额进行展示。

（1）法定福利与补充福利

法定福利，又称基本福利，是指按照国家法律法规和政策规定必须提供的福利项目，其特点是只要企业建立并存在，就有义务、有责任且必须按照国家统一规定的福利项目和支付标准支付，不受企业所有制性质、经济效益和支付能力的影响。比如我们平常所说的"五险"，即养老保险、医疗保险、失业保险、工伤保险和生育保险，均为法定福利。

补充福利，是指在国家法定的基本福利之外，由企业自定的福利项目。补充福利可以包括交通补贴、租房补助、免费住房、工作午餐、女工卫生费、通信补助、互助会、员工生活困难补助、财产保险；人寿保险、法律顾问、心理咨询、贷款担保、内部优惠商品、搬家补助、子女医疗费补助等。

（2）集体福利与个人福利

集体福利，是指全部员工可以享受的公共福利设施：员工集体生活设施，如员工食堂、托儿所、幼儿园等；集体文化体育设施，如图书馆、阅览室、健身房、体育馆等；医疗设施，如医院、医疗室等。

个人福利，是指在个人具备国家及所在企业规定的条件时可以享受的福利，如探亲假、冬季取暖补贴、子女医疗补助、生活困难补助、租房补贴等。

（3）经济性福利与非经济性福利

经济性福利与非经济性福利，具体内容如表6-3所示。

表6-3　经济性福利与非经济性福利

| 分类 | 主要项目 | 具体内容说明 |
|------|---------|-------------|
| 经济性福利 | 住房性福利 | 以成本价向员工出售住房，给予租房补贴等 |
| | 交通性福利 | 为员工提供各种交通补助，用班车接送员工上下班等 |
| | 饮食性福利 | 免费供应午餐、水果等 |
| | 教育培训性福利 | 员工的脱产进修、短期培训等 |
| | 医疗保健性福利 | 免费为员工进行例行体检，打预防针等 |
| | 有薪节假福利 | 节日、假日以及事假、探亲假、带薪休假等 |
| | 文化旅游性福利 | 员工过生日时举办的活动，集体的旅游，体育设施的购置 |
| | 金融性福利 | 如为员工购买住房提供的低息贷款 |
| | 其他生活性福利 | 如直接提供的工作服 |
| | 补充保险与商业保险 | ① 补充保险包括补充养老保险、补充医疗保险等<br>② 商业保险包括安全与健康保险，如人寿保险、意外死亡与肢体残伤保险、医疗保险、病假职业病疗养、特殊工作津贴等，以及养老保险金计划、家庭财产保险等 |
| 非经济性福利 | 咨询性服务 | 如免费提供法律咨询和员工心理健康咨询等 |
| | 保护性服务 | 平等就业权利保护（如反性别、年龄歧视），隐私权保护等 |
| | 工作环境保护 | 如实行弹性工作时间，缩短工作时间，员工参与民主化管理等 |

### 6.1.1.3　薪酬总额效益指标分析

工资总额和福利总额加起来就是薪酬总额，其激励效果如何取决于薪酬总额效益指标。薪酬总额效益指标是薪酬总额分析的核心指标，是进行企业薪酬总额控制常用的指标，能够将薪酬总额与经济效益联系起来。

薪酬总额效益指标包括劳动分配率、人事费用率、薪酬总额利润率、薪酬总额占总成本比重，如表6-4所示。

表6-4　薪酬总额效益指标

| 指标名称 | 说明 |
|---------|------|
| 劳动分配率 | 是指薪酬总额与增加值的比率，表示在一定时期内新创造的价值中用于支付薪酬的比例。它反映分配关系和人工成本要素的投入产出关系 |

续表

| 指标名称 | 说明 |
|---|---|
| 人事费用率 | 是指人工成本总量与销售（营业）收入的比率。表示在一定时期内企业生产和销售的总价值中用于支付人工成本的比例。同时也表示企业员工人均收入与劳动生产率的比例关系、生产与分配的关系、人工成本要素的投入产出关系。它的倒数表明每投入一个单位人工成本能够实现的销售收入 |
| 薪酬总额利润率 | 是指人工成本总额与利润总额的比率。它反映了企业人工成本投入的获利水平 |
| 薪酬总额占总成本比重 | 反映活劳动对物化劳动的吸附程度，这一比值越低，说明活劳动所推动的物化劳动越大，反之，活劳动所推动的物化劳动越小 |

不难看出，对企业薪酬总额效益指标的分析是企业管理中特别是劳动管理中十分重要的一项基础性工作。科学合理地分析企业的薪酬总额承受能力，并制定恰当的薪酬总额，对持续提高企业的经济效益具有十分重要的意义。

## 6.1.2　人工成本与损益分歧点

### 6.1.2.1　人工成本

国际上通用的人工成本概念，是于1966年的日内瓦第十一届国际劳动经济会议人工成本会议决议案通过的。人工成本是指雇主在雇佣劳动力时产生的全部费用。我国人工成本的概念即企业在一定时期内，在生产、经营和提供劳务活动中因使用劳动力而支付的所有直接费用和间接费用的总和。

（1）人工成本构成

人工成本的范围包括员工工资总额、社会保险费用、员工福利费用、员工教育费用、劳动保护费用、员工住房费用和其他人工成本费用，如表6-5所示。

### 表6-5　人工成本的构成

| 序号 | 构成部分 | 具体内容说明 |
|---|---|---|
| 1 | 员工工资总额 | 员工工资总额，是指企业在一定时期内直接支付给内部全部员工的劳动报酬总额，主要包括计时工资、计件工资、与生产有关的各种经常性奖金，以及根据法律规定的各种工资性质的津贴等 |
| 2 | 社会保险费用 | 社会保险费用指国家通过立法对员工支付的各项社会保险费用，包括养老保险，医疗保险、失业保险、工伤保险、生育保险和企业建立的补充养老保险、补充医疗保险等费用 |

| 序号 | 构成部分 | 具体内容说明 |
|---|---|---|
| 3 | 员工福利费用 | 员工福利费用是在工资以外按照国家规定支出的费用，主要包括员工的医疗卫生费、员工因工负伤赴外地就医的路费、员工生活困难补助、宣传费、集体福利事业补贴、上下班交通补贴等 |
| 4 | 员工教育费用 | 员工教育费用指企业为员工学习先进技术和提高文化水平而支付的费用，包括就业前培训，在职提高培训、转岗培训、派外培训、职业道德等方面的培训费用和企业自办大中专、职业技术院校等发生的费用以及职业技能鉴定费用 |
| 5 | 劳动保护费用 | 劳动保护费用指企业购买员工实际使用的劳动保护用品的费用，如工作服、保健用品、清凉用品等 |
| 6 | 员工住房费用 | 员工住房费用指企业为改善员工居住条件而支付的费用，包括员工宿舍的折旧费、企业交纳的住房公积金、实际支付给员工的住房补贴和住房困难补助以及企业住房的维修费和管理费等 |
| 7 | 其他人工成本费用 | 其他人工成本费用包括工会经费、企业因招聘员工而实际花费的员工招聘费、咨询费、外聘人员劳务费，对员工的特殊奖励，支付给实行租赁、承租经营企业的承租人、承包人的风险补偿费等，以及解除劳动合同或终止劳动合同的补偿费用 |

**（2）人工成本指标体系**

人工成本指标体系主要包括人工成本总量指标、人工成本结构性指标、人工成本效益指标，如表6-6所示。

**表6-6  人工成本指标体系**

| 构成部分 | 具体内容说明 |
|---|---|
| 人工成本总量指标 | 反映的是企业人工成本的总量水平。由于不同企业员工人数不同，因此常用人均人工成本来反映企业人工成本的高低 |
| 人工成本结构性指标 | 指人工成本各组成项目占人工成本总额的比例，反映人工成本投入的构成情况与合理性。工资占人工成本的比重是人工成本结构性指标的主要项目 |
| 人工成本效益指标 | 人工成本效益指标是人工成本分析的核心指标，是一组能够将人工成本与经济效益联系起来的相对数，包括劳动分配率、人事费用率、人工成本利润率、人工成本占总成本的比重等衡量指标 |

### 6.1.2.2  损益分歧点

损益分歧点，也称为损益平衡点或收支平衡点，具体来讲，是指在单位产品价格一定时与产品制造和销售及管理费用相等的销货额，或者说达到这一销货额的产品销售数量。损益分歧点还可以简要地概括为公司利润为零时的销货额或销售量。由损益分歧点可知，如果人工成本超额支出，就会造成企业亏损。

（1）损益分歧点的销售收入公式

$$销售收入＝制造成本＋销售及管理费用$$

如果将制造成本和销售及管理费用划分为固定费用和变动费用，其中，固定费用也称固定成本，是指不随生产量多少而增减的费用，如折旧费、房租、间接人工成本等；变动费用也称变动成本，是指随产销数量变动而增减的费用，如材料费、保管费、直接人工成本等。那么损益分歧点的销售收入公式则可改写为：销售收入＝固定成本＋变动成本。

（2）损益分歧点的其他三个公式

如果用"$P$"表示"单位产品单价"，"$V$"表示"单位产品变动成本"，"$F$"表示"固定成本"，"$X$"表示"产量或销售量"，则有：$PX=F+VX$。

在损益分歧点所要达到的销售量为：$X=\dfrac{F}{P-V}$，"$P-V$"为每单位产品边际利益。

每单位产品的边际利益与每单位产品价格之比为边际利益率，即：

$$每单位产品边际利益率＝\frac{P-V}{P}$$

以销售金额表示的损益分歧点为固定成本/边际利益率，即：

$$PX=\frac{F}{\dfrac{P-V}{P}}=P\frac{F}{P-V}$$

（3）损益分歧点应用模型

以下是损益分歧点应用模型，如图6-2所示。

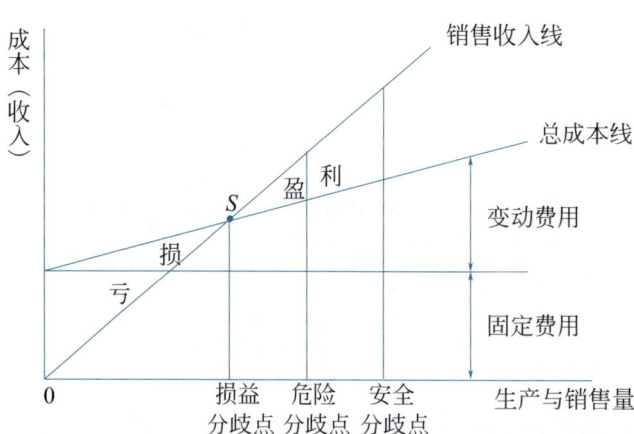

注：1.以损益分歧点为基准，计算一定人工费总额下的损益分歧点之销售额及薪资支付的最高限度。

2.以损益分歧点为基准，计算损益分歧点之上危险盈利点所应达到的销货额，并继而推算出薪资支付的可能限度，即可能人工费比率。

3.以损益分歧点为基准，计算出损益分歧点之上剩余额保留点之销货额，进而推算出人工费用支付的适当限度，即合理人工费比率，也称为安全人工费比率。

图6-2　损益分歧点应用模型

## 6.1.3 年度企业工资指导线

年度企业工资指导线制定的主要依据指标包括本地区年度经济增长率、社会劳动生产率、城镇居民消费价格指数，并综合考虑城镇就业状况、劳动力市场价格、人工成本水平和对外贸易状况等相关因素。

年度工资指导线是国家对企业工资分配进行宏观调控的一种方式，是每年都要制定和执行的。工资指导线的制定目的是在国家宏观指导下，促使企业的工资微观分配与国家的宏观政策相协调，引导企业在生产发展、经济效益提高的基础上，合理确定工资分配。

年度企业工资指导线制度是社会主义市场经济体制下，国家对企业工资分配进行宏观调控的一种制度，目的是在国家宏观指导下，促使企业的工资微观分配与国家的宏观政策相协调，引导企业在生产发展、经济效益提高的基础上，合理确定工资分配。通过调整、规范工资分配关系，逐步提高工资水平，保证所有的员工分享经济社会发展的成果，实现社会公平。

（1）年度企业工资指导线的作用

① 引导企业控制工资增长。有利于让企业掌握宏观经济形势和国家政策导向；有利于实现员工工资的适度增长，调动员工工作积极性；合理控制人工成本，达到增加企业产品市场竞争能力的目的。

② 为工资水平的确定提供依据。工资指导线是企业与员工双方共同协商，确定工资水平的主要依据；企业与员工双方工资增长的意见均应围绕工资指导线提出；劳动部门依照工资指导线制度及其他有关法律法规对集体协议工资进行指导和协调。

③ 促进劳动力市场均衡价格的形成。政府通过实施工资指导线，监测工资总量和工资水平的增长情况，使工资增长与经济效益增长保持合理的比例关系，从而促进政府宏观经济目标的实现。

（2）制定年度企业工资指导线应遵循的三项原则

①"两低"原则。工资指导线的制定应符合国家宏观经济政策和对工资增长的总体要求，坚持企业工资总额增长低于企业经济效益增长，平均工资增长低于劳动生产率增长的原则。

② 符合当地宏观经济状况原则。由于全国经济文化发展并不均衡，经济发展水平及发展速度、生活消费水平与其他价格水平存在着较大的差异，因而国家不实行全国统一的工资指导线标准。

③ 多部门协商原则。由省、自治区、直辖市人民政府劳动保障行政主管部门会同同级工会、企业家协会研究制定，并将当年工资指导线方案报劳动保障部门审核后，经地方政府审批，由地方政府颁布。

（3）年度企业工资指导线的三条线

年度企业工资指导线包括工资增长基准线、上线和下线。其具体含义及适用范围，如表6-7所示。

**表6-7　年度企业工资指导线的含义及适用范围**

| 指导线 | 解释说明 | 适用范围 |
|---|---|---|
| 基准线 | 是指企业平均工资的平均增长幅度，代表一般的水平 | 适用于生产经营稳定、经济效益增长的企业。这类企业应按基准线标准，妥善安排员工工资的正常增长 |
| 上线 | 也称为预警线，是指企业平均工资增长允许达到的最高幅度 | 适用于经济效益有较快增长的企业，是政府允许企业工资增长的最高限额，所有企业都必须自觉遵守、不得突破 |
| 下线 | 主要指向在法定工作时间内提供正常劳动的员工支付的工资不得低于当地最低工资标准 | 适用于经济效益较差或亏损的企业。这类企业平均工资增长在工资指导线适用的年度内允许零增长或负增长 |

## 6.1.4　消费者物价指数

（1）消费者物价指数的界定

消费者物价指数（Consumer Price Index，简称CPI）也称为居民消费价格指数，它反映一定时期内居民所消费商品及服务项目的价格水平变动趋势和变动程度。消费者物价指数可以用于分析市场价格的基本动态，是政府制定物价政策和工资政策的重要依据。

消费物价水平的变动率在一定程度上反映了通货膨胀（或紧缩）的程度。通俗地讲，CPI就是市场上的货物价格增长百分比，它是衡量通货膨胀的主要指标之一。一般来说，CPI超过3%即为通货膨胀，超过5%就是比较严重的通货膨胀。高速经济增长率会拉高CPI，但物价指数增长速度快于居民平均收入的增长速度就会引发经济问题。

（2）消费者物价指数的计算

① 权数获取。消费者物价指数测量的是随着时间的变化，多种（常有几百种）商品和服务零售价格的平均变化值。这些商品和服务按照类别划分，在计算消费者价格指数时，每一个类别都会有一个能显示其重要性的权数。

权数的获取是通过调查成千上万个家庭和个人购买的产品和服务而确定的，权数每两年修正一次，以使得它们与人们改变了的偏好相符。

我国CPI包括食品、烟酒、服装、家庭设备、医疗卫生保健、文化教育娱乐、交通通信、居住等八大类。其中食品包括粮食、淀粉、干豆类和豆制品、油脂、肉禽及其制品、蛋、水产品、菜、调味品、糖、茶和饮料等。家庭设备包括家庭设备用品和维修服务。

② 计算公式。消费者物价指数应按照以下公式进行计算：

$$CPI = \frac{一组固定商品按当期价格计算的价值}{一组固定商品按基期价格计算的价值} \times 100\%$$

采用的是固定权数按加权算术平均指数公式计算，即 $K = \sum KW / \sum W$。公式中的 $W$ 为固定权数，$K$ 为各种销售量的个体指数。

（3）消费者物价指数的作用

消费者物价指数对员工实际工资的影响：消费者物价指数的提高意味着实际工资的减少，消费者物价指数的下降意味着实际工资的提高。因此，可利用消费者物价指数将名义工资转化为实际工资，其计算公式为：

$$实际工资 = \frac{名义工资}{消费者物价指数}$$

## 6.1.5　薪资比较比率

薪资比较比率通常是表示员工实际获得的基本薪酬与相应薪酬等级的中值，或者是中值与行业平均薪酬水平的关系。薪资比较比率的计算公式为：

$$薪资比较比率 = \frac{员工平均薪酬水平}{行业同层次员工平均薪酬水平} \times 100\%$$

当薪资比较率大于1时，意味着员工的平均薪酬水平超过了行业同层次员工的平均薪酬水平。当薪资比较率小于1时，说明前者的薪酬水平低于后者的薪酬水平。当薪资比较率等于1时，说明二者的薪酬水平是相同的。

为了保持企业内部员工薪酬比较比率的长期平衡，可以采用绩效矩阵形式作为员工工资增长的依据。员工工资增长的频率和规模取决于两个因素，一是员工的绩效评价等级，二是员工在工资浮动范围中的位置，即员工工资与市场工资的比较比率。

比如，两个员工获得了同样的"绩效评价等级"，因为有"薪资比较比率"这个指标在，所以，不一定可以得到同等比例的"工资增长幅度"，如表6-8所示。

表6-8　同等级不同薪资比较比率下的工资增长幅度

| 绩效评价等级 | 薪资比较比率 | | | | |
|---|---|---|---|---|---|
| | 0.85～0.95 | 0.95～1.00 | 1.00～1.05 | 1.05～1.15 | 1.15～1.25 |
| A（好） | 12%～15% | 11%～13% | 10%～12% | 9%～11% | 增长上限 |
| B（较好） | 10%～12% | 9%～11% | 8%～10% | 7%～9% | — |
| C（一般） | 8%～10% | 6%～9% | — | — | — |
| D（差） | 5%～8% | — | — | — | — |
| E（极差） | — | — | — | — | — |

在表6-8的绩效矩阵中，员工工资增长的频率和规模与组织绩效和个人绩效两个因素相关，其中确立奖励总额的相应百分比，如表6-9所示。

表6-9　确定奖励总额的相应系数

| 个人绩效<br>（权重 =0.5） | 组织绩效（权重 =0.5） | | | | |
|---|---|---|---|---|---|
| | 杰出<br>（1.00） | 极好<br>（0.80） | 较好<br>（0.60） | 一般或可接受<br>（0.40） | 不可接受<br>（0） |
| 杰出（1.00） | 1.00 | 0.90 | 0.80 | 0.70 | 0.50 |
| 极好（0.80） | 0.90 | 0.80 | 0.70 | 0.60 | 0.40 |
| 较好（0.60） | 0.80 | 0.70 | 0.60 | 0.50 | 0.30 |
| 一般或可接受（0.40） | — | — | — | — | — |
| 不可接受（0） | — | — | — | — | — |

确定每位雇员奖金值的步骤与示例如下。

① 将雇员到某月份为止的直接工时工资或薪资的年度总额乘以最高的奖金比例。

② 将第一步所得结果同该表中相应的系数相乘。例如，某雇员到6月份为止的年度薪酬总额为20000美元，其最高奖励金比例为7%，他个人的绩效和组织的绩效都是极好，那么雇员的奖励金额将是1120美元（20000美元 × 0.07 × 0.80=1120美元）。

# 6.2　薪酬激励工具

薪酬激励工具的设计包括工效挂钩、宽带薪酬等八个方面，如图6-3所示。

| 工效挂钩<br>同经济<br>效益挂钩 | 宽带薪酬<br>与窄带<br>薪酬比较 | 全面薪酬<br>经济和<br>非经济的 | 薪酬测算<br>有基准，<br>用十步法 |
|---|---|---|---|
| 薪酬沟通<br>交流四个特征<br>六个步骤 | 薪酬冻结<br>降薪或维持<br>不变以<br>共度难关 | 薪酬调整<br>水平、结构、<br>工龄、效益、<br>奖励 | 薪酬诊断<br>问题-原因-<br>方案-改进 |

图6-3　薪酬激励工具

## 6.2.1　工效挂钩

工效挂钩是指企业工资总额同经济效益挂钩。工效挂钩办法是国家对国有企业工资总额进行管理的一种形式。具体做法是企业根据劳动保障部门、财政部门核定的工资总额基数、经济效益基数和挂钩浮动比例，按照企业经济效益增长的实际情况提取工资总额，并在国家指导下按以丰补歉、留有结余的原则合理发放工资。

实施工效挂钩的企业要在批准下达的工资总额基数、经济效益指标基数和浮动比例的范围内，制定具体实施方案，按照分级管理的原则核定所属企业各项指标基数和挂钩方案。劳动保障部门和财政部门每年对企业工效挂钩的实施情况进行清算。

工效挂钩可以从六个角度划分为12种类型，如表6-10所示。

表6-10　工效挂钩的划分角度与类型

| 划分角度 | 具体类型 | 界定与说明 |
|---|---|---|
| 从挂钩指标上划分 | 同价值量指标挂钩 | 主要是与上缴税利、实现税利、销售收入、销售产值、净产值、劳动生产率、创汇额等挂钩 |
| | 同销售量或实际工作量挂钩 | 主要与煤炭、水泥、矿石等实物产量或销售量挂钩，以及与换算周转量、吞吐量等挂钩 |
| 从是否为全部工资挂钩上划分 | 工资总额挂钩 | 企业全部工资（奖励基金进成本，并核入工资总额基数）同企业经济效益挂钩 |
| | 工资总额"分挂钩" | 将基本工资部分同某个经济指标挂钩，奖励基金随企业利润浮动 |
| 从挂钩浮动比例上划分 | 含量法 | 挂钩工资增长幅度取决于经济效益增长幅度，并成正比例增长。一般情况下，两者增长幅度比例为1∶1；当经济指标增长超过一定幅度时，需适当降低工资浮动比例 |
| | 系数比例法 | 工资增长幅度低于挂钩经济指标的增长幅度 |
| 从挂钩程度上划分 | 全挂钩 | 企业全部工资随经济效益浮动 |
| | 半挂钩 | 企业奖励基金随企业利润浮动，基本工资由国家统一安排 |
| 从挂钩层次上划分 | 企业挂钩 | 以企业法人地位为出发点，使企业工资的取得由过去依靠国家行政指令转变为依靠企业自身生产经营结果，完成企业工资的形成和增长机制的转换 |
| | 地区、部门全部企业总挂钩 | 为了加强地区、部门这一层次的管理功能，使之担负起应当担负的宏观调控责任，是企业工资分级管理的一种模式 |

续表

| 划分角度 | 具体类型 | 界定与说明 |
|---|---|---|
| 从奖励基金以及新增效益工资列支渠道上划分 | 总挂总提 | 核入工资总额的奖励基金进入成本，并且新增效益工资全部在成本中列支的挂钩办法 |
| | 总挂分提 | 奖励基金核入工资总额基数，但不进成本，仍在企业留利中列支，而新增效益工资则按工资总额基数中的基本工资和奖金的比例，分别在成本和留利中列支的挂钩办法 |

## 6.2.2　宽带薪酬

宽带薪酬（Broad Band Salary）设计的基础是美国工资设计专家爱德华·海的海氏评分法。它着眼于确定不同岗位工作对实现组织目标的相对重要性。

根据海氏评分法可以给企业的每一个职务提供一个评分点数。宽带中的"带"指的是工资级别，宽带则指工资浮动范围比较大。与之对应的则是窄带薪酬管理模式，即工资浮动范围较小、级别较多。传统薪酬等级与宽带薪酬的对比，如图6-4所示。

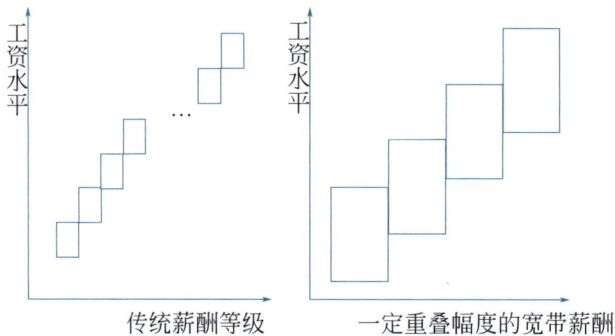

图6-4　传统薪酬等级与宽带薪酬

宽带薪酬设计的基本原理是在组织内用少数跨度较大的工资范围来代替原有数量较多的工资级别的跨度范围，将原来十几甚至二十几、三十几个薪酬等级压缩成几个级别，取消原来狭窄的工资级别带来的明显的等级差别，但同时将每个薪酬级别所对应的薪酬浮动范围拉大，从而形成一种新的薪酬管理系统及操作流程。

宽带薪酬的产生及其带来高激励效果的原因主要包括三点。

（1）组织扁平化趋势的需要

为了提高企业对外部环境变化的反应能力和反应速度，越来越多的企业强调组织的扁平化，以避免企业管理的层级限制。

采取员工参与管理和决策的措施，加快了企业与外界环境的信息交换，为了适应这种变化，企业的工资结构就必须做出相应的改变，由原来的多等级工资体系，转变为少数的几个等级的工资体系，这就出现了工资结构的宽带化。

（2）企业人才激励理念的真正体现

在传统的薪酬模式中，薪酬与员工在企业的职务行政等级相匹配，职位越高，薪酬越高，这导致了员工只有通过职务晋升才能得到更高的薪酬。在很多企业中都普遍存在一种让优秀员工不断晋升直到一个他所不能胜任的职位的总体倾向。结果，使本来处于较低职位但表现非常优秀的员工不得不待在一个自己不能胜任的高级别职位上。这种状况对于员工和企业来说都没有好处。

宽带薪酬的设计为员工提供了更多的职业发展通道，使他们由被动变为主动，依照个人的绩效水平和技能扩展能力加薪而不必提职。

（3）职位轮换和培养复合型人才的需要

复合型人才在扁平化的组织中越来越重要，为了培养具有多种技能和经验的复合型人才，组织必须展开大规模的职位轮换。然而在传统的薪酬模式下，员工进行职位的横向调动，到新的岗位要重新进行岗位学习，工作难度和辛苦程度会很高，同时也会增加管理上的困难，因为在职位轮换中要不断地改变调职人员的工资水平。

在宽带薪酬中，这样的问题可以迎刃而解。由于企业将多个薪酬等级进行重新组合，将过去处于不同薪酬等级中的大量职位纳入现在的同一薪酬宽带中，这样对员工进行不同工种的横向调动甚至向下调动时，遇到的阻力就小得多。同时，调动后的岗位与之前的岗位处在同一薪酬带内，有效地避免了频繁的工资变动，为企业的薪酬管理带来了便利。

宽带薪酬是对传统薪酬结构的改进和替代，采用前必须分析清楚其优势、劣势和应用条件，并按照既定步骤操作才有效。

（1）宽带薪酬的三个优势

① 弱化了岗位之间的等级差别，有利于企业提高效率并创造学习型的企业文化。

② 打破了原来只有晋升才能大幅加薪的状况，为员工创造较大的薪酬空间，利于员工提升技能。

③ 淡化了等级观念，有利于组织成员之间开展团队合作，提高企业效率。

（2）宽带薪酬的三个局限性

① 实施宽带薪酬，会使员工晋升较以往更加困难。

② 在宽带薪酬模式下，经理在决定员工工资时有更大的自由，因而使人力成本有可能大幅度上升。

③ 不是所有组织都适用，只适用于人力资源管理体系健全、薪酬管理制度市场化程度较高的企业。

（3）宽带薪酬的应用条件

为使宽带薪酬得到有效实施，企业至少应具备四个方面的条件，如图6-5所示。

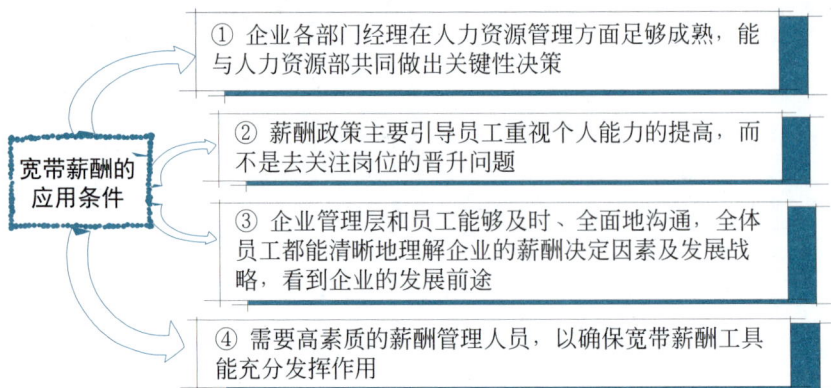

图6-5　宽带薪酬的应用条件

（4）宽带薪酬的应用步骤

宽带薪酬的应用主要遵循五个步骤，如图6-6所示。

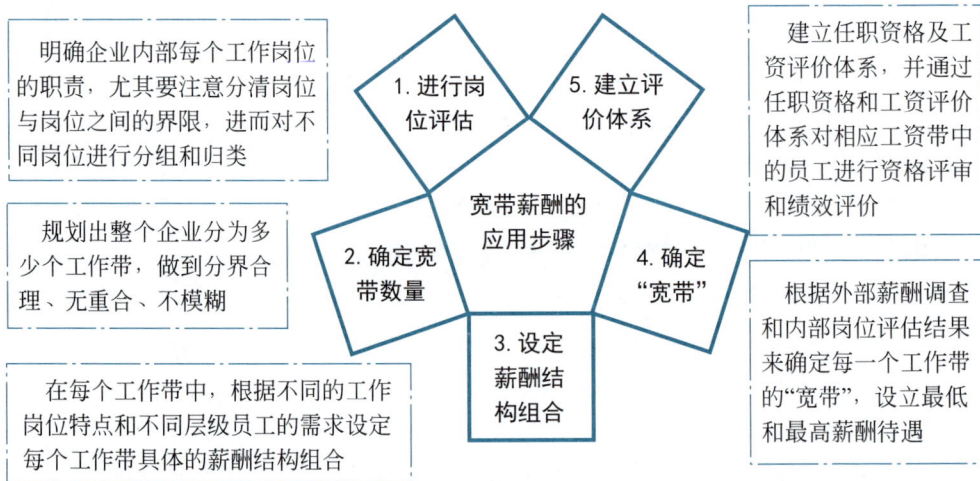

图6-6　宽带薪酬的应用步骤

## 6.2.3　全面薪酬

全面薪酬不仅包括企业向员工提供的货币性薪酬，也包括为员工创造良好的工作环境及工作本身的内在特征、组织特征等所带来的非货币性的激励效应。全面薪酬的表现形式包括精神的与物质的、有形的与无形的、货币的与非货币的、内在的与外在的。

（1）全面薪酬的构成框架

全面薪酬的构成框架如图6-7所示。

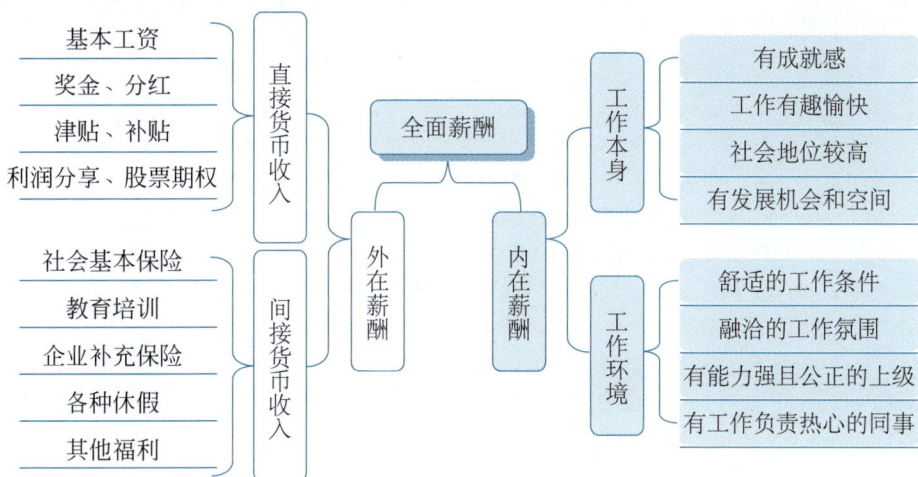

图6-7　全面薪酬的构成框架

（2）全面薪酬的特点

全面薪酬的特点如图6-8所示。

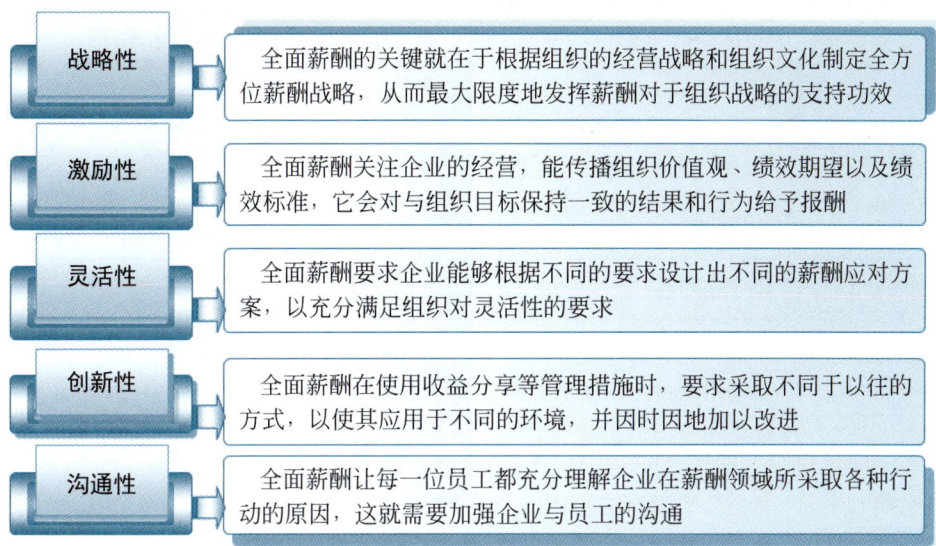

图6-8　全面薪酬的特点

### （3）全面薪酬设计的影响因素

在设计全面薪酬时，需要考虑多方面的因素，具体如图6-9所示。

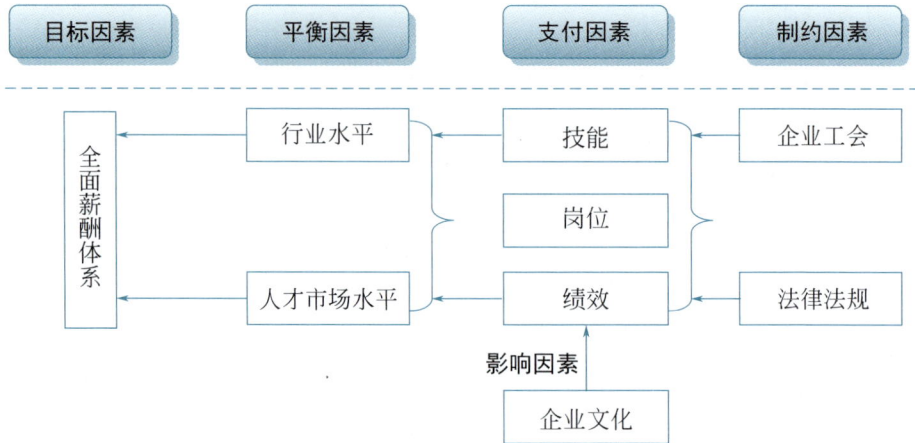

图 6-9　全面薪酬设计的影响因素

## 6.2.4　薪酬测算

薪酬测算，是指企业为了更好地进行薪酬管理，借助科学的计算方法，对调整后的薪酬变动情况进行测算、分析的过程。由于企业性质、发展阶段、经营状况以及支付能力等存在差异，每个企业所采用的薪酬预算基准也会存在一定的差异。

薪酬测算的具体流程主要包括十个步骤，即薪酬测算十步法，如图6-10所示。

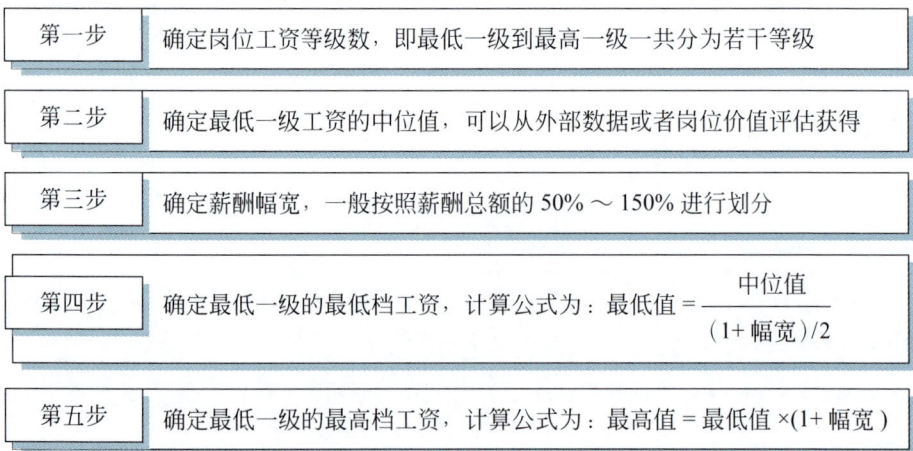

| | |
|---|---|
| 第一步 | 确定岗位工资等级数，即最低一级到最高一级一共分为若干等级 |
| 第二步 | 确定最低一级工资的中位值，可以从外部数据或者岗位价值评估获得 |
| 第三步 | 确定薪酬幅宽，一般按照薪酬总额的 50% ～ 150% 进行划分 |
| 第四步 | 确定最低一级的最低档工资，计算公式为：$最低值 = \dfrac{中位值}{(1+幅宽)/2}$ |
| 第五步 | 确定最低一级的最高档工资，计算公式为：最高值 = 最低值 ×(1+ 幅宽) |

| 第六步 | 确定中位值递增系数，一般 30%～40% |
|---|---|

| 第七步 | 根据上述公式确定各等级的最低值和最高值 |
|---|---|

| 第八步 | 确定档差，计算公式为：$档差 = \dfrac{最高值 - 最低值}{档级数 - 1}$ |
|---|---|

| 第九步 | 把档差代入各等级工资，确定所有岗位工资等级表的数据 |
|---|---|

| 第十步 | ① 确定重叠度，计算公式为：$重叠度 = \dfrac{下一级最高值 - 上一级最低值}{上一级最高值 - 下一级最低值}$<br>② 重叠度一般为 20%～40% 最为合适<br>③ 对递增系数、幅宽进行调整，以使岗位工资等级表更符合公司的薪酬策略，调整过程是人为的，最终结果与企业薪酬体系相匹配即可 |
|---|---|

图 6-10　薪酬测算十步法

薪酬测算后的数据可以反映出薪酬总额增量发生的变化情况、同层级员工薪酬发生的变化情况以及各个员工薪酬结构发生的变化情况等。薪酬预算可以避免企业盲目增加或减少薪酬，避免企业对同一层级员工薪酬发放的不公平性，减少企业出现不必要的薪酬成本差错。

对薪酬改革结果进行评估，即针对薪酬套改测算结果的评估，也就是说，对薪酬测算的数据进行统计并作为企业薪酬改革决策的依据。内容主要包括三个方面，如表6-11所示。

表 6-11　企业薪酬套改测算结果评估

| 序号 | 评估项目 | 具体内容说明 |
|---|---|---|
| 1 | 定级定档分布情况 | 一般来说要实现正态分布的效果，即员工集中分布在某个档位上 |
| 2 | 薪酬总额变动情况 | ① 企业进行薪酬改革是要付出一定的成本的，即表现为薪酬总额的上升，但是薪酬成本的增长也要考虑到企业的薪酬成本承受力、同行或当地相当水平的其他企业薪酬增长情况、当地物价水平等因素<br>② 一般情况下，企业进行薪酬改革时，薪酬总额上升18%及以内基本都是可以接受的 |
| 3 | 各增长幅度员工分布情况 | 一般来说要实现正态分布的效果，同时还要将增幅控制在总额增幅的上下 |

## 6.2.5 薪酬诊断

薪酬诊断，是指综合利用各种先进的分析手段和方法，发现企业薪酬方面存在的问题和薄弱环节，分析产生问题的原因，提出切实可行的方案或建议，进而指导方案实施以解决问题、改进现状、提高企业的薪酬管理水平。通常情况下，薪酬诊断是由具有丰富企业管理、人力资源管理和薪酬管理理论知识和实践经验的专家，与企业有关人员密切配合来进行的。

一般而言，对薪酬的诊断可以从五个方面进行，即对薪酬目标、薪酬水平、薪酬结构、薪酬体系及薪酬制度的诊断，如表6-12所示。

表 6-12　薪酬诊断的内容

| 序号 | 薪酬诊断 | 具体内容说明 |
| --- | --- | --- |
| 1 | 薪酬目标 | 目标管理是薪酬应该怎样支持企业、如何满足员工需要的发展战略，目标管理是企业薪酬管理最基础和核心的内容，诊断要点包括<br>① 薪酬目标设计是否经过充分调研和分析<br>② 薪酬目标是否科学、合理，是否符合企业现实生存环境和自身发展预期 |
| 2 | 薪酬水平 | 薪酬要满足内部公平性和外部竞争性的要求，并根据员工绩效、能力和工作态度进行动态调整，为了打造更好的人才战略，还要检测、确定与竞争对手相比的薪酬水平，以保持薪酬的外部竞争性，主要诊断内容包括<br>① 当前市场环境的变化对组织薪酬水平，特别是核心员工、稀缺人才薪酬的外部竞争力是否有影响，是否具有一定的外部竞争力<br>② 当前薪酬水平与组织目前的经营状况和财务目标是否相一致<br>③ 当前企业的薪酬水平和薪酬结构之间的关系是否协调 |
| 3 | 薪酬结构 | 薪酬结构管理需要正确划分薪级和薪等，确定合理的级差和等差，还包括如何适应企业组织结构扁平化和员工岗位大规模轮换的需要，合理地确定薪酬带宽。检测当前组织薪酬的纵向结构是否合理，以保持组织薪酬的内部一致性。主要诊断内容包括<br>① 薪酬等级的数目和级差是否合理，是否体现内部公平的原则<br>② 各类各级员工的薪酬关系是否协调，是否体现员工公平的原则<br>③ 核心员工的流失率是否与薪酬结构，特别是薪酬等级结构的设计有关 |
| 4 | 薪酬体系 | 薪酬体系包括基础工资、绩效工资、期权期股，以及如何给员工提供个人成长、工作成就感、良好的职业发展和再就业能力的管理。诊断内容主要包括<br>① 薪酬组合中，各薪酬要素之间的比例关系是否合理，是否有激励效应 |

续表

| 序号 | 薪酬诊断 | 具体内容说明 |
|------|----------|--------------|
| 4 | 薪酬体系 | ② 员工的努力程度是否与薪酬有直接关系，激励薪酬对员工是否有吸引力<br>③ 当前的薪酬支付方式是否合理，是否考虑了时间性和个体差异 |
| 5 | 薪酬制度 | 薪酬决策应在多大程度上向所有员工公开和透明化，薪酬预算、审计和控制又该如何建立，设计、修订、管理薪酬制度并形成体系。对薪酬制度进行诊断需要符合四项原则<br>① 与组织战略的基本方向和未来目标一致<br>② 与公司人力资源管理系统及其各环节之间的关系协调<br>③ 体现职、能、绩三个统一的原则<br>④ 考虑现实可行性与未来调整的空间 |

　　企业在执行内部薪酬策略时要讲究投资回报率（ROI），具体讲就是要做到薪酬三挂钩，诊断内容如表6-13所示。

表6-13　薪酬三挂钩诊断的内容

| 序号 | 项目 | 具体诊断内容说明 |
|------|------|------------------|
| 1 | 薪酬与企业策略挂钩 | ① 检验企业薪酬体系是不是能够驱动企业所期望的经营成果得以实现<br>② 有没有与业务保持同步的市场竞争力<br>③ 如果没能跟上业务的竞争力，就会造成人力资源管理困难；而长期超前于业务的竞争力是否是过度投入，从而使企业薪酬管理错乱 |
| 2 | 薪酬与成本投入挂钩 | 分析企业目前及预测的成本结构是不是合理。比如人力成本与总成本之间的比例、薪酬结构及定位、薪酬和福利投入的比例、固定工资和变动奖金的占比、短期激励和长期激励计划的比例等 |
| 3 | 薪酬与员工价值挂钩 | ① 企业的薪酬计划对员工而言是否具有实际激励意义<br>② 企业会不会在付出薪酬的同时，没有获得相应的回报 |

## 6.2.6　薪酬调整

　　薪酬调整指的是企业为促进薪酬管理的有效性，根据企业内外部环境的变化对薪酬体系进行的调整或改变。

　　*（1）薪酬水平调整*

　　薪酬水平调整主要包括整体薪酬水平调整、部分薪酬水平调整、个人薪酬水平调整。薪酬水平调整模型，如图6-11所示。

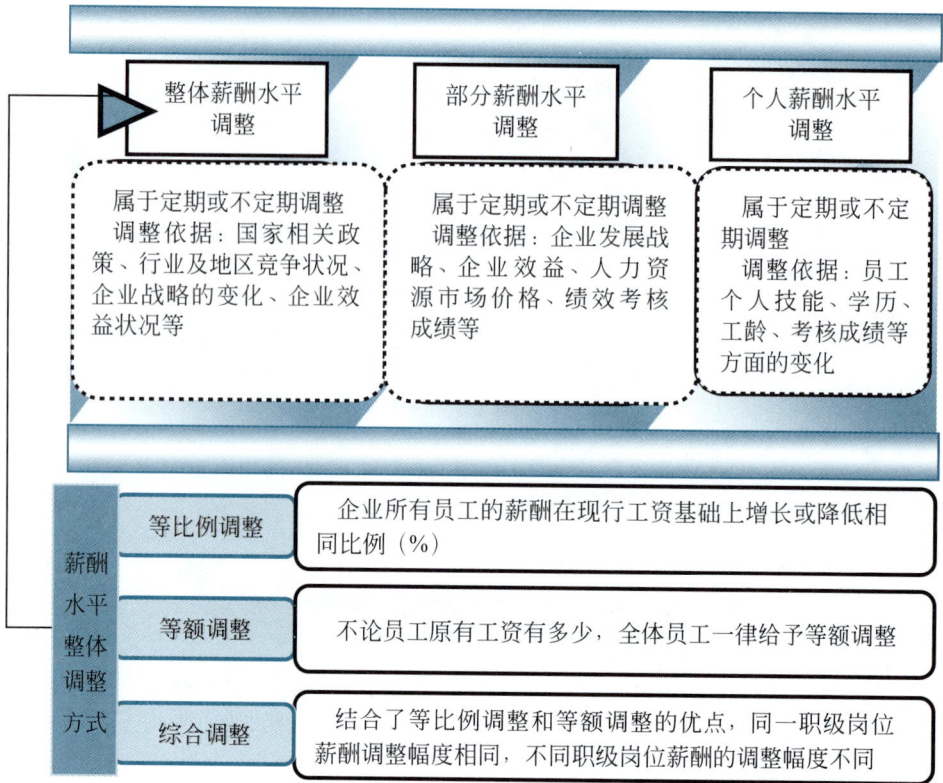

图6-11　薪酬水平调整模型

**（2）薪酬结构调整**

薪酬结构调整主要包括薪酬的纵向结构调整和横向结构调整。纵向结构调整指的是薪酬的等级结构调整；横向结构调整指的是各薪酬要素组合的调整。薪酬纵向结构调整模型，如图6-12所示。

**（3）工龄性薪酬调整**

工龄性薪酬调整，是将员工的资历和经验当作一种能力和效率而予以奖励的调整方式，随着时间的推移和员工在本企业连续工龄的增加，要对员工进行提薪奖励。工龄性薪酬调整要体现对企业贡献积累的原则，鼓励员工长期为企业服务，增强员工的归属感，提高企业的凝聚力。

工龄性薪酬调整的形式主要有两种，如图6-13所示。

**（4）效益性薪酬调整**

效益性薪酬调整，是一种当企业效益好、盈利增加时，对全体员工给予普遍加薪的方法，类似于不成文的利润分享制度。效益性薪酬调整以浮动式、非永久性为佳，即当企业效益下滑时，全员性的效益性薪酬下调也应成为当然。

| 方法 | 目的 | 说明 |
|------|------|------|
| 增加薪酬等级 | 增加薪酬等级的主要目的是为了将各岗位之间的差别细化，从而更加明确按岗位支付薪酬的原则 | 薪酬等级增加的方法很多，关键是选择在哪个层次上或哪类岗位上增加等级，例如，是增加生产人员的等级层次，还是技术员工的等级层次，需要注意的是增加薪酬等级以后，各层次、各类岗位之间还需要重新匹配、调整薪酬结构关系等 |
| 减少薪酬等级 | 将薪酬的等级结构"矮化"或宽波段化，是薪酬管理的一种流行趋势 | 薪酬等级减少的结果是薪酬等级"矮化"，一般倾向于将薪酬等级线延长，将薪酬类别减少，使每种类别中包含着更多的薪酬等级和薪酬标准；各类别之间的薪酬标准有一定的交叉和重叠 |
| 调整不同薪酬等级的人员规模和薪酬比例 | 达到通过岗位和岗位等级人员的变动进行薪酬调整的目的 | 在企业薪酬等级结构不变动的前提下，定期对每个薪酬等级的人员数量进行调整，如降低基层员工的薪酬比例，降低高层人员的比例 |
| 调整薪酬标准和薪酬率 | 使企业在员工收入分配上有更大的灵活性 | 这种调整主要适用于实行绩效薪酬制和弹性薪酬制的企业 |

图6-12　薪酬纵向结构调整模型

| 等额递增法 | 将工龄与绩效相结合法 |
|------------|---------------------|
| 企业专门设置工龄薪酬，工龄薪酬的调整实行人人等额递增的做法，这种方法没有考虑工龄中含有绩效的成分 | 将员工的工龄与其考核结果相结合，作为提薪时考虑的依据，并运用"薪酬定期调整指导表""员工职业生涯发展曲线"等工具，来控制员工的工龄薪酬 |

图6-13　工龄性薪酬调整

（5）奖励性薪酬调整

奖励性薪酬调整一般是用在当一些员工有优良工作绩效、突出的成绩或重大的贡献后，为了使他们保持这种良好的工作状态，而采取的薪酬调整方式。奖励的形式有多种，有货币性的、非货币性的，有立即给予的或将来兑现的，有一次性支付的，也有分批享用和终身享用的。

奖励性薪酬调整方法，如表6-14所示。

表6-14 奖励性薪酬调整方法

| 业绩表现 | 工资增长额［占员工工资的比例（％）］ | | 员工考核强制分等比例（％） |
| --- | --- | --- | --- |
| | 低于系列平均薪酬 | 等于或高于系列平均薪酬 | |
| 优异 | 10～13 | 9～11 | 4 |
| 良好 | 7～9 | 6～8 | 20 |
| 合格 | 0 | 0 | 70 |
| 差 | −5～−7 | −6～−8 | 6 |

## 6.2.7 薪酬冻结

薪酬冻结是指在人工成本过高或者经营效益不太好的情况下，企业不是选择裁员或者直接降低工资，而是维持员工现有的薪酬水平在一段时间内不变。这样做的结果一般不会引起员工的过度反感，有时甚至还会使员工主动反思自己的成果业绩或者行为表现，从而达到激励员工付出更大努力的效果。

由于基本薪酬的刚性，企业直接降薪极易遭到员工的抵制，挫伤员工的积极性，所以，企业可以实行薪酬冻结来缓解企业资金困境，控制人工成本，以共同努力渡过难关。

暂时的薪酬冻结，使节省下来的资金可用于企业再生产或者开辟新的销售渠道，也可用于短期的薪酬水平控制。其最根本的一点是稳定员工的工作情绪，保证企业生产的连续性，从而为战胜竞争对手提供机会和支持。

## 6.2.8 薪酬沟通

薪酬沟通是指企业在薪酬战略体系的设计和决策中，与员工之间就薪酬问题所进行的各种形式的交流。这些问题包括企业薪酬战略、薪酬制度、薪酬水平、薪酬结构、薪酬价值取向，以及员工满意度调查和员工合理化建议等。

薪酬沟通作为一种有效的激励机制具有以下特征，如图6-14所示。

企业在设计、决策及实施薪酬体系时，与员工进行有效的沟通，收集、征求员工意见和建议，使其满意度大大提高

薪酬沟通是一种双向沟通而非单向沟通，是一类有反馈的信息沟通

① 强激励性

② 互动性

薪酬沟通的四个特征

④ 动态性和灵活性

③ 公开性

企业薪酬方案随环境变化的调整频率而变化，薪酬沟通必须时刻保持自身的动态性和灵活性

薪酬沟通使企业薪酬更加公开、透明化。每个人都可以知道企业关于薪酬的规定

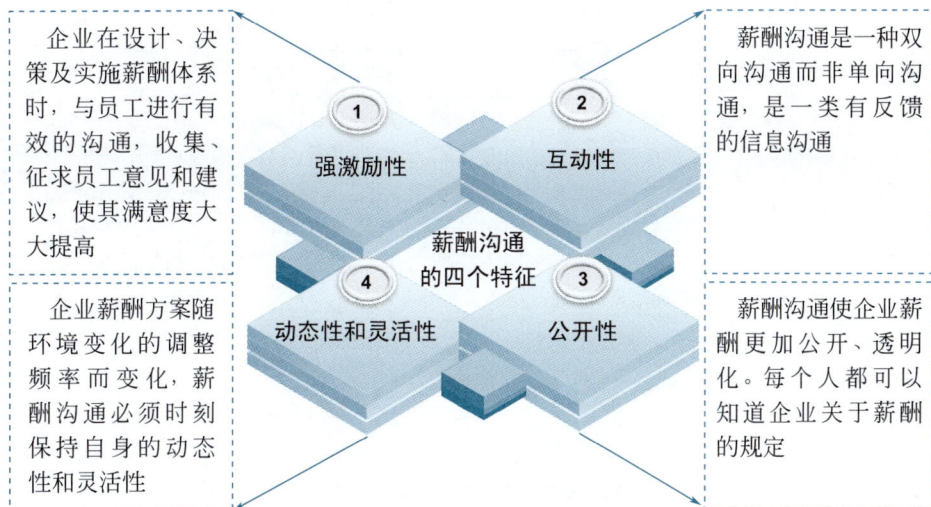

图6-14  薪酬沟通的四个特征

薪酬沟通设计的步骤如表6-15所示。

表6-15  薪酬沟通设计的步骤

| 序号 | 步骤名称 | 步骤内容 |
|---|---|---|
| 1 | 确定目标 | 薪酬沟通要达到的目标一般有三个<br>① 确认员工完全理解了新的薪酬体系的所有组成部分<br>② 改变员工对薪酬决策方式的看法<br>③ 激励员工在新的薪酬体系下充分发挥自身的能力将工作做好 |
| 2 | 获取信息 | 薪酬沟通需要获取的信息主要有以下九个<br>① 员工对当前薪酬体系和福利计划的理解程度如何<br>② 管理人员与员工拥有的信息是否一致并准确<br>③ 管理人员与员工的相互沟通是如何进行的及进行的水平如何<br>④ 决策层人员之间的沟通是否一致<br>⑤ 管理人员是否掌握了必要的沟通技巧来进行薪酬沟通<br>⑥ 员工是否知晓公司对他们的绩效期望<br>⑦ 员工是否相信在工作绩效与薪酬体系之间存在的联系以及联系的方式<br>⑧ 决策层人员是如何看待薪酬沟通的<br>⑨ 员工与管理人员及决策层人员应采用何种沟通方式最为恰当 |
| 3 | 开发策略 | 薪酬沟通开发策略的制定步骤如下<br>① 公司高层管理者给所有员工分发一个备忘录<br>② 安排关键管理人员召开一系列会议<br>③ 开发和员工之间持续沟通的项目<br>④ 在薪酬方案完成后，实施正式的沟通会议 |

147

续表

| 序号 | 步骤名称 | 步骤内容 |
|------|---------|---------|
| 4 | 选择媒介 | 薪酬沟通的媒介可从以下类型中进行选择<br>① 视听媒介，如幻灯片、电影、电子远程会议等<br>② 印刷媒介，如薪酬手册、书信、企业内部刊物、薪酬指南等<br>③ 人际媒介，如面对面协商、各种类型的会议等<br>④ 电子媒介，如信息中心、电话问答系统、交互式电脑程序、E-mail系统等 |
| 5 | 召开会议 | 薪酬沟通会议的内容根据人员不同而有所差别<br>① 对董事主要强调薪酬方案的构成、薪酬体系的作用以及解释薪酬执行程序<br>② 对经理人员强调薪酬方案构成部分的细致解释，以及通过薪酬管理、绩效考核和激励计划对员工开发和激励的强调<br>③ 对员工主要强调对组成部分的公开和细致的介绍，对程序和政策信息的强调，对激励计划运作的特殊关注 |
| 6 | 效果评价 | 薪酬沟通效果的评价可根据对下述问题"之前"和"之后"的回答对比进行<br>① 员工对当前薪酬体系和福利计划的理解程度如何<br>② 管理人员与员工的相互沟通是如何进行的及进行的水平如何<br>③ 决策层人员是否在其中传递了一致的信息<br>④ 员工相信绩效与薪酬体系之间存在联系吗 |

# 6.3 如何设计薪酬激励模式

薪酬激励模式的设计包括九个方面，如图6-15所示。

## 6.3.1 计时工资与计件工资

### 6.3.1.1 计时工资

计时工资指的是按计时工资标准（包括地区生活费补贴）和工作时间支付给个人的劳动报酬，包括对已经做的工作按计时工资标准支付的工资、实行结构工资制的企事业单位支付给员工的基础工资和职务（岗位）工资等。

| | | |
|---|---|---|
| 计时工资与计件工资 | 技能工资制 | 销售人员薪酬设计 |
| 岗位等级工资制 | 经营者年薪制 | 专业技术人才薪酬设计 |
| 岗位薪点工资制 | 项目团队工资制度 | 股票期权与期股制度设计 |

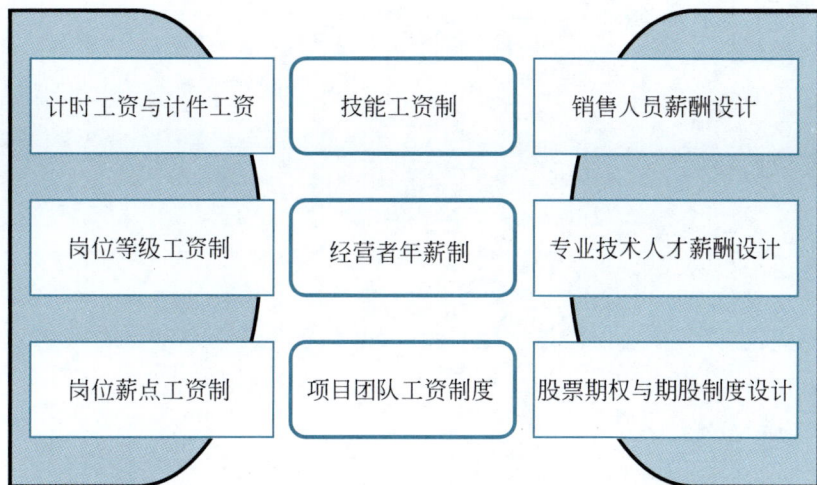

图6-15 薪资激励模式设计的九个方面

（1）计时工资的适用范围

由于计时工资是依据劳动时间来计算报酬的，简单易行，便于管理，所以，计时工资制广泛适用于单位、车间和各种岗位，如图6-16所示。

**1** ◎不易单独计算个人劳动成果的企业、行业和工种
　　①机械化、自动化水平较高，技术性强、操作复杂，产品需要经过多道工序、多道操作才能完成的行业或工种
　　②产品、经营项目和生产条件多变的企业

**2** ◎岗位
　　①主要为生产第一线服务和从事辅助工作，且其劳动量不便于用产品产量、产品质量等准确计量的岗位
　　②劳动量不便于统计计量的企业行政管理岗位和技术岗位等

**3** ◎质量比数量更为重要的工作
　　如科研、教学、生产高精尖产品等岗位，虽然有些工作是可以实行计件工资制的，但为了防止只顾数量而不顾质量的现象，而采取计时工资制

图6-16 计时工资的适用范围

（2）计时工资的类型

计时工资由三个要素构成，即计量员工劳动与支付报酬的时间单位，计量员工劳动量与相应报酬的技术标准，劳动者所付出的实际、有效的工作时间。计时工资按照计算时间单位的不同，通常分为月工资、日工资和小时工资三种类型，如图6-17所示。

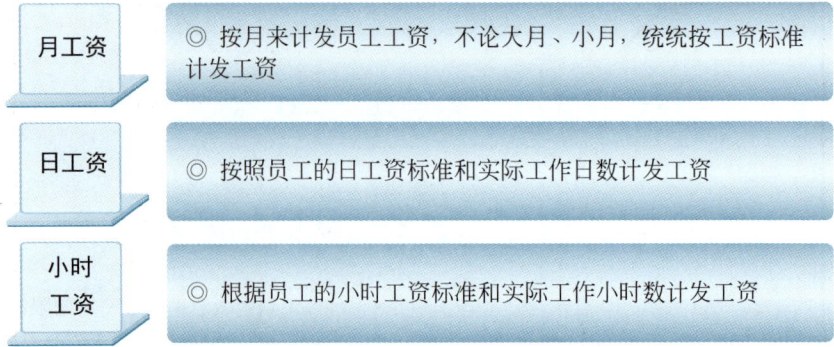

月工资 ◎ 按月来计发员工工资，不论大月、小月，统统按工资标准计发工资

日工资 ◎ 按照员工的日工资标准和实际工作日数计发工资

小时工资 ◎ 根据员工的小时工资标准和实际工作小时数计发工资

图6-17　计时工资的三种类型

### 6.3.1.2　计件工资

计件工资是按照员工完成合格产品的数量，按照预先规定的计件单价来支付劳动报酬的一种工资形式。计件工资制不是直接用劳动时间来计量的，而是用一定时间内完成的劳动成果（即产品数量或作业量）来计算的，即间接用劳动时间计算，是劳动力价值或价格的转化形式。

（1）计件工资的组成

计件工资可以分个人计件工资和集体计件工资，前者适用于员工个人能单独操作而且能够制定个人劳动定额的工种；而后者适用于工艺过程复杂、要求集体完成，且不能直接计算个人完成合格产品数量的工种。

计件工资由工作等级、劳动定额、计件单价组成，其主要内容如图6-18所示。

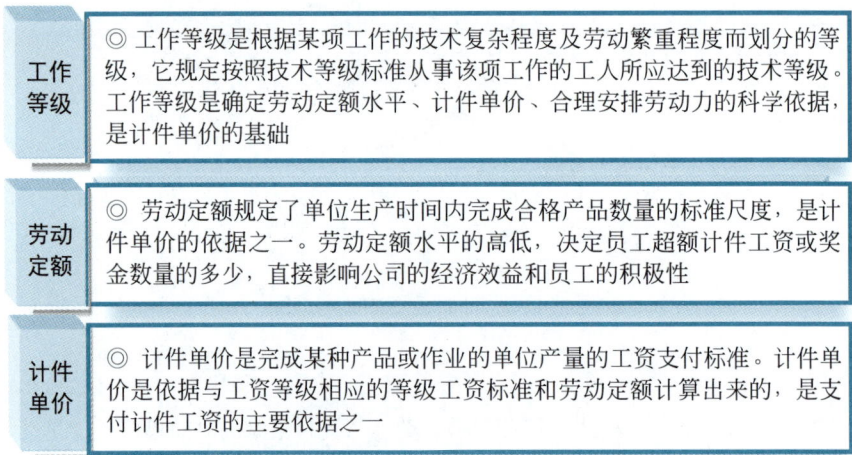

工作等级 ◎ 工作等级是根据某项工作的技术复杂程度及劳动繁重程度而划分的等级，它规定按照技术等级标准从事该项工作的工人所应达到的技术等级。工作等级是确定劳动定额水平、计件单价、合理安排劳动力的科学依据，是计件单价的基础

劳动定额 ◎ 劳动定额规定了单位生产时间内完成合格产品数量的标准尺度，是计件单价的依据之一。劳动定额水平的高低，决定员工超额计件工资或奖金数量的多少，直接影响公司的经济效益和员工的积极性

计件单价 ◎ 计件单价是完成某种产品或作业的单位产量的工资支付标准。计件单价是依据与工资等级相应的等级工资标准和劳动定额计算出来的，是支付计件工资的主要依据之一

图6-18　计件工资的组成

（2）计件工资的形式

计件工资主要包括12种形式，如表6-16所示。

表6-16　12种常见的计件工资形式

| 计件工资形式 | 具体说明 |
| --- | --- |
| 无限计件工资 | 员工工资收入完全取决于其单位时间内生产合格产品数量的多少和事先规定的不变的计件单价，超额收入不限，亏额损失也不予补偿 |
| 有限计件工资 | 即对员工个人单位时间所得计件工资收入总额给予一定的限制。常用方式是对个人计件工资收入规定最高限额、采用超额累退计件单价、采用可变计件单价 |
| 全额计件工资 | 也称全计件工资，指实行计件制的工人，按其全额工资计算计件单价，并估算员工的全部工资收入 |
| 超额计件工资 | 又称计时计件混合工资，是在劳动定额内，按计时发给标准工资，超额部分发给计件工资 |
| 差额单价计件工资 | 包括两段单价计件、累进计件、累退计件 |
| 间接计件工资 | 是对企业中某些辅助工人实行的一种工资分配形式 |
| 责任承包计件工资 | 又称百分考核计件工资。即以企业或车间、班组为单位的集体计件方式，同企业全面承包经营责任制紧密结合，以计件工资制促进企业经济责任制的落实 |
| 联质计件工资 | 即计件工资收入以产品质量好坏为主要计算依据的工资形式 |
| 包工工资 | 一种集体计件工资方式。即用工单位将较系统的生产任务或工程建设发包给工程队，事先通过签订合同规定任务完成期限、包工工资总额及其他要求 |
| 提成工资 | 即按照一定比例从公司营业收入、销售收入或纯收入中提取。适用于劳动成果难以事先制定的劳动定额和不易确定计件单价的工作 |
| 产值单价计件工资 | 即按照社会平均活劳动消耗量并借助价值指标确定计件单价，然后再按合格产品量计发计件工资 |
| 最终产品计件工资 | 一种集体计件工资形式。即按集体所完成的最终有效产品的数量预先确定的最终产品计件单价计发工资；同时，还要考虑主要经济技术指标的完成情况 |

## 6.3.2　岗位等级工资制

岗位工资制的主要类型有岗位等级工资制和岗位薪点工资制。

岗位工资制指的是为了合理地衡量工资水平，保证员工的稳定性，按照员工所在岗位的劳动技能、劳动强度、劳动责任、劳动条件等因素综合评价确定各岗位工资水平的一种工资制度。岗位工资制的主要特点是对岗不对人。

岗位等级工资制是按员工所担任的职务来确定员工工资等级和工资标准的一种工资制度。实施岗位等级工资制除应做到职务范围清晰、责任分明、工作规范、易于评价外，还应建立严格的员工调配、考核和晋升制度，以保证模式的有效性。

岗位等级工资制有两种形式，一种是一岗一薪制，另一种是一岗数薪制。

### （1）一岗一薪制

一岗一薪制是指对同一岗位上工作的员工都执行同一标准，岗位工资按由低到高的顺序排列，组成一个统一的岗位工资标准体系。它反映的只是不同岗位之间的工资差别，不反映内部劳动和工资的差别。此岗位工资制度适用于专业化、自动化程度较高，流水作业、工种技术比较单一的工作岗位。

### （2）一岗数薪制

一岗数薪制指在一个岗位设置多个工资标准，用以反映岗位内部不同员工之间的劳动差别。此岗位工资制度适用于同一岗位中存在工作差别，技术熟练程度和管理水平有所区别的工作岗位。

## 6.3.3　岗位薪点工资制

岗位薪点工资制指的是在岗位劳动评价四要素的基础上，用点数和点值来确定员工实际劳动报酬的一种工资制度。员工点数经过一系列量化考核指标来确定，点值与企业绩效挂钩，使工资分配与企业经济效益密切联系。

岗位薪点工资制适合于工作职能比较固定，重复性劳动较高的工作岗位。

岗位薪点工资制的三部分点数构成如下：

① 岗位薪点。岗位薪点的确定要通过岗位分析和岗位评价，得出每一岗位的等级与点数。

② 个人薪点。在确定员工的个人薪点时，一般将员工分为几类，如主管人员、技术人员、普通员工，不同的员工有各自的评分标准。

③ 加分薪点。对于岗位点数和个人点数不能表现的，但现阶段因为提高了团队或组织效率，需要奖励和激励的，可以采用加分薪点。

岗位薪点工资制的操作流程一般分为岗位分析和评价、确定岗位点数、确定员工总点数、确定点值、计算薪点工资五个步骤进行，如图6-19所示。

## 6.3.4　技能工资制

技能工资制指的是企业为了调动员工的积极性，以按劳分配为原则，以劳动技能、劳动责任、劳动强度和劳动条件等基本劳动要素评价为基础，按员工劳动质量和

| 步骤 | 实施内容 | 注意事项 |
| --- | --- | --- |
| 1. 岗位分析和评价 | 对岗位的权限、职责、要求进行科学分析，并制定任职说明书。在此基础上，根据岗位需要的知识、技能、能力、素质进行岗位评价 | 岗位分析和评价是薪点工资制的基础，因此要设定良好的标准进行分析和评价 |
| 2. 确定岗位点数 | 根据岗位评价的结果，确定岗位应得到的点数 | 岗位点数一般是确定的，要严格根据岗位分析和评价进行设置 |
| 3. 确定员工总点数 | 通过综合评价得到员工个人点数和加分点数，再结合岗位点数计算总的点数 | 计算总点数，要加个人和加分点数 |
| 4. 确定点值 | 根据行业水平和企业行业地位进行点值设置。企业可以设置固定点值，也可以根据部门效益的不同设置固定加浮动点值 | 点值的设置还要考虑企业的成本问题。企业要根据自身规模和发展速度进行岗位数量安排 |
| 5. 计算薪点工资 | 根据员工个人取得的总点数和点值计算薪点工资 | 薪点工资的设置和计算更能显示个人岗位的绩效酬劳，如果有偏差，要及时根据企业实际运营情况修正 |

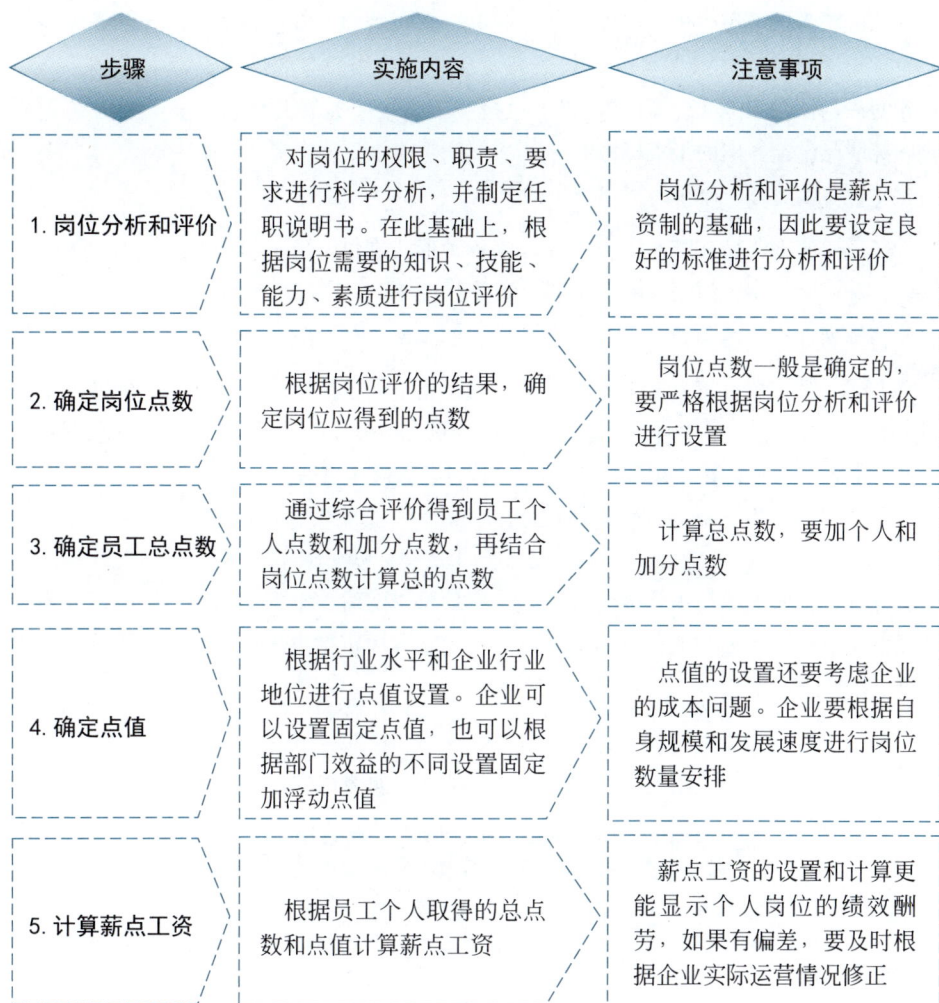

图6-19 岗位薪点工资制的操作步骤

数量来确定劳动报酬的企业基本工资制度。技能工资制适用于企业生产工人、专业技术人员和管理人员。

（1）技能工资制的两种类型

① 技术工资。工人技能工资标准划分为初级工、中级工、高级工三种，并相应设置为××个档。初级工为××～××档，中级工为××～××档，高级工为××～××档，技师向上延伸等级线，按照技能工资标准的××～××档执行。公司根据实际情况确定各档的工资标准。

② 能力工资。管理（专业技术）人员技能工资标准是根据管理（专业技术）人员岗位要求应具备的文化知识、专业技术理论水平和工作能力，划分为初级管理（专

业技术）职务，中级管理（专业技术）职务、高级管理（专业技术）职务，并相应设置为××个档次。初级职务的最高限为××档，中级职务的最高限为××档，高级职务的最高限为××档，研究员级（教授级）高级职务的最高限为××档。公司根据自身情况设置各档的工资标准。

**（2）配套辅助工资**

配套辅助工资是在基本工资以外，以各种形式支付给员工的其他工资性收入，它包括效益工资、奖金津贴补贴、工龄工资等。

**（3）工资定级管理**

工资定级是在对本人的工作业绩考评后，在本岗位类别与档别的工资标准范围内确定级别，并实行一年一评一定，每年年底经过业绩考评后重新确定次年的工资等级。

有下列情况者，在评定次年工资级别时，会做降级处理。

① 当年病假超过××天或事假超过××天者。

② 当年违纪丙类过失××次，或乙类过失××次，或甲类过失××次者。

对有突出成绩的员工，经过规定程序审批可以随时在本类本档工资标准范围内晋升工资。对严重违反企业制度的员工，经过规定程序审批也可以随时在本类本档工资标准范围内下浮工资。

**（4）实施技能工资制的五个条件**

实施技能工资制的企业，需要具备五个条件，如表6-17所示。

表6-17　实施技能工资制的五个条件

| 实施条件 | 具体说明 |
| --- | --- |
| 健全的技能评价体系 | ① 实施技能工资制首先要对员工的技能进行评价，从而确定不同的等级，然后根据员工所处等级分别支付不同的工资<br>② 健全的技能评价体系，至少要包括3个方面：一是技能评价的主体，二是技能评价的要素，三是技能评价的等级 |
| 扁平化的组织结构 | 扁平化的组织结构有助于员工将注意力从岗位晋升和地位提高，转向技能的学习、运用和扩充，这是实施技能工资制所必需的基础 |
| 工作结构性强、专业性强 | ① 判断一种工作结构性的强弱，主要看工作目标、内容、完成方式、程序和结果是否确定，如果很明确、很具体，则说明该项工作的结构性较强，反之则较弱<br>② 就结构性较强的工作而言，员工技能水平的高低将直接影响工作完成质量的好坏。因此，如果公司根据员工技能的高低来为员工发放工资，就可以促使员工不断努力提高自己的技能水平，从而实现提高工作完成质量的目标 |
| 员工的高度参与 | 设计和实施技能工资制的过程中，需要从员工那里获得充分的信息反馈及建议，不断对方案进行修改，因此要求员工高度参与 |

续表

| 实施条件 | 具体说明 |
|---|---|
| 完备的培训机制 | 实行技能工资后，员工的工资就与其掌握的知识和技能产生了直接的联系。员工会格外重视学习和发展自己的技能。因此，员工对培训的需求必然会增加，这就要求企业有完备的培训机制为员工提供培训，并保证员工有时间参加这些培训 |

## 6.3.5　经营者年薪制

经营者年薪制是以年度为考核周期，以企业会计年度为时间单位支付薪酬，将薪酬与企业经营业绩挂钩的一种薪酬分配方式。

实施经营者年薪制的目的是为了把经营管理人员的利益与企业所有者的利益联系起来，使经理人的目标与所有者的目标一致，形成对经理人的有效激励和约束。因此，年薪制的主要对象是企业的经营者和管理人员。年薪通常包括两个部分，即基本收入（基薪）和效益收入（风险收入）。

对于接受年薪制的企业经营者而言，年薪制是委托人和代理人之间的一个动态和约，是双方通过博弈而实现的动态均衡。年薪制的目标对双方来说就是以最低的委托代理成本实现双方相对满意的委托代理收益，把委托人（即企业）的利益和经营者个人的利益更多更紧密地联系起来。

（1）经营者年薪制的特点

从四个不同维度来看经营者年薪制的特点，如表6-18所示。

表6-18　经营者年薪制的特点

| 序号 | 特点 | 说明 | 示例 |
|---|---|---|---|
| 1 | 适用范围特定 | 包括企业经营管理者（中层和高层）和一些创造性人才 | 比如科研人员、营销人员、软件工程师、项目管理人员等 |
| 2 | 适用人群特定 | 工作性质决定了他们的工作需要较高的创造力，其工作价值难以在短期内体现 | 工作中需要更多的激励，而不是简单地管理和约束。比如，总经理、运营总监等高层管理人员 |
| 3 | 应用周期较长 | 一般以经营年度为考核和支付周期 | 比如，一年、半年、两年、一年半 |
| 4 | 存在一定风险 | 薪酬中很大一部分是和本人的努力及企业的经营情况挂钩的，年薪的制定不是简单地依据过去的业绩 | 更取决于接受者所具备的经营企业（或其他工作）的能力和贡献潜力，具有较大的风险和不确定性。比如，业绩用一个经营年度甚至更长时间衡量的高层管理人员或者大项目的负责人等 |

（2）经营者年薪制的支付形式和结构模式

经营者年薪制的支付形式主要有以下三种：

① 支付形式：基本年薪加效益年薪，这是年薪制的基本形式。结构模式：年薪收入＝基薪收入＋风险收入＋年功收入＋特别年薪奖励。

② 支付形式：基本年薪加效益年薪，其中，效益年薪部分用于购买本企业股份。结构模式：年薪收入＝基本年薪＋增值年薪＋奖励年薪。

③ 支付形式：基本年薪加认股权。结构模式：年薪收入＝年薪工资＋风险工资＋重点目标责任工资

其中，"基本年薪＋增值年薪＋奖励年薪"模式，是在奖励年薪中引入期权收益的方式，符合国际通行的职业经理人模式。

（3）经营者年薪制五种模式

经营者年薪制五种模式的比较分析，如表6-19所示。

表6-19　经营者年薪制五种模式的比较分析

| 模式 | 年薪结构 | 薪酬额度 | 考核指标 | 适用范围 | 激励作用 |
|---|---|---|---|---|---|
| 准公务员型模式 | 基本工资＋津贴＋养老金计划 | 视企业经营状况和经营者的岗位而定，通常基本工资是普通员工平均工资的2～4倍，养老金是普通员工平均养老金水平的4倍 | 政策执行和工作任务完成情况 | 大型国企，对国民经济有重大影响的集团公司、控股公司 | 激励力量来源于岗位升迁，退休后的养老金计划可约束经营者的短期行为 |
| 一揽子型模式 | 单一固定的年薪 | 报酬数量与年度经营目标相关联，在经营目标实现的前提下兑现管理人员报酬，金额一般较高 | 根据企业经营状况确定主要考核指标，考核指标应准确、具体，如利润率、销售收入额等 | 适用于有特殊问题急需解决的企业 | 具有招标承包式的激励作用，易引发经营者的短期行为 |
| 非持股多元化模式 | 基本薪酬＋津贴＋风险收入（效益收入和奖金）＋养老金计划 | 取决于经营难度和责任，一般为普通员工平均工资的2～4倍，风险收入根据经营业绩确定，一般没有封顶 | ① 基本薪酬参考企业的资产规模、销售收入、员工人数等指标<br>② 风险收入考虑净资产增长率、利润增长率、销售收入增长率，参考行业平均效益水平和经营者业绩指标 | 适用于追求利益最大化的非股份制企业 | 风险收入不封顶，在考核指标选择科学、合理的情况下具备激励作用。不足之处是缺乏长期激励 |

续表

| 模式 | 年薪结构 | 薪酬额度 | 考核指标 | 适用范围 | 激励作用 |
|---|---|---|---|---|---|
| 持股多元化模式 | 基本工资＋津贴＋含股权、股票期权等形式的风险收入＋养老金计划 | 基本薪酬取决于经营难度和责任，一般为普通员工平均工资的2～4倍，含股权、股票期权形式的风险收入取决于其经营业绩、企业市场价值。风险收入无法以员工平均工资为参照物。企业市场价值的大幅升值会使经营者得到巨额收益 | ① 基本薪酬参考企业的资产规模、销售收入、员工人数等指标<br>② 风险收入考虑净资产增长率、利润增长率、销售收入增长率、上缴税利增长率、员工工资增长率等指标，还要参考行业的平均效益水平和经营者的业绩来考核 | 适用于股份制企业，尤其是上市公司 | 是一种多种形式的、具有不同激励约束作用的报酬组合，保证了经营者行为的规范化、长期化 |
| 分配权型模式 | 基本薪酬＋津贴＋分配权、分配权期权形式的风险收入＋养老金计划 | 基本薪酬取决于经营难度和责任，一般为普通员工平均工资的2～4倍。分配权、分配权期权形式的风险收入取决于企业利润的情况 | ① 基本薪酬要参考企业的资产规模、销售收入、员工人数等指标<br>② 风险收入要考虑净资产增长率等企业业绩指标来考核 | 适用于所有类型的企业 | 把股权、股票期权引入非上市公司或股份制企业中，扩大其适用范围 |

（4）经营者年薪的支付与列支渠道

① 基本年薪列入成本，由企业按月以现金形式支付。

② 增值年薪列入企业成本，年终考核并经董事会或产权单位同意，由企业一次性以现金形式支付。

③ 奖励年薪从企业税后利润中提取，由产权单位以现金、股份、可转换债券等形式支付。

④ 基本年薪和增值年薪在企业工资总额外单列。

⑤ 董事长、总经理年薪收入的兑现要考核企业当年上缴利润的情况，不缴或欠缴利润的企业，以及虚盈实亏的企业，不能发放董事长和总经理的增值年薪和奖励年薪。

（5）国外的经营者年薪制

① 美国的经营者年薪制。在美国，高级管理人员的薪酬结构和薪酬水平是由公司董事会的薪酬委员会决定的。薪酬委员会通常由3～4名董事组成，大多数公司的薪酬委员会成员都是外部董事，立场比较中立。美国企业经理的报酬由五部分组成，如表6-20所示。

| 构成部分 | 具体设计与实施 |
|---|---|
| 基本年薪 | 它是固定的，一般根据企业的规模和行业特点以及本人的工作年限、竞争条件、生活费用和工作表现等因素进行确定和调整 |
| 奖金 | 奖金占经理报酬的25%，是一种短期奖励（通常是1～2年）。奖金额是可以变动的，由董事会决定 |
| 长期奖励 | 长期奖励的时间一般是3～5年，也可能在5年以上，一般占经理报酬的35%左右，最常见的长期奖励计划是股票期权 |
| 福利 | 高级管理人员除享受带薪假、各种保险、免费或打折服务外，还享受"经理津贴" |
| 额外津贴 | 额外津贴是给予经理的特权，一种是在企业内部为经理提供舒适的工作环境；另外一种是"个人津贴"，包括金融咨询、低息贷款、税收补助等 |

表6-20　美国企业经营者的年薪构成

② 日本的经营者年薪制。日本经营者（包括董事）的年薪主要由工资和奖金组成。从法律上讲，董事的报酬要由股东大会决定。但是，如果董事在企业就职，工资部分则由企业工资体系决定，而不是由股东大会决定。

经营者的工资水平主要由企业规模和效益状况来确定，企业规模不同或效益不同，工资水平也就不同。通常，经营者的年工资水平比本企业的平均工资水平要高出数倍，奖金水平差别更大。经营者的奖金是在企业净利润分配中单独列项的，同一般工人的奖金分开计算，且相差悬殊。经营者的奖金并非平均分配，但总体来讲，经营者尤其是高级经营者的奖金收入是很丰厚的。

③ 德国的经营者年薪制。从全德国范围看，经营者的年薪水平主要取决于企业规模的大小和企业的经营状况，还受工作年限的影响。德国经营者的年薪主要包括固定年薪、浮动收入和福利待遇。

固定年薪水平按照企业规模来定。固定年薪大致占65%，对于固定年薪的构成比例，不同层次的管理人员是不同的。

浮动收入包括企业红利提成、年终奖金等，占年薪的25%～30%。浮动收入的高低取决于销售额的增减和利润的多少。

在经营者的福利待遇中，最重要的一项是企业养老基金。管理人员基本上全部享受企业养老基金，如果再加上社会保险机构支付的退休金，管理人员在晚年会得到可观的收入。

## 6.3.6　项目团队工资制度

项目团队是指为了完成某个特定的任务而把一群具有不同背景、不同技能和来自不同部门的员工组织在一起形成的员工团队。一旦预定的任务完成，项目团队就解散了，其成员回到各自原来的单位工作。而在项目团队存在期间，团队成员通常是全职从事团队的工作。比如，企业中的新产品开发团队、电影制片厂的摄制组等。

在大多数情况下，项目团队中有专门的项目经理对其他团队成员的活动进行监督和控制。通常，项目团队成员工作的自由度低于流程团队。项目团队的工作结果可以用完成任务的时间、质量，以及产品的技术特征、成本控制的情况等因素进行衡量。

随着组织内部运作由专业化分工转向团队化合作，个人的工作职责变得宽泛化与多样化，团队成员之间的协作互助更加紧密。项目团队运作的广泛应用，使得员工个人绩效变得难以准确测量，企业应设计合理完善的项目团队工资制度，有效激励团队成员，推进项目的发展。

（1）项目团队的基本薪酬设计

如果以项目为经营单元，从项目团队的矩阵管理特点出发，企业就可以对项目团队成员的基本薪酬采用宽带薪酬制度。宽带薪酬将来自不同职能部门的员工归入同一薪酬等级或薪酬范围内，产生的公平感有利于增强团队凝聚力。

项目团队宽带薪酬的实施要点，具体如图6-20所示。

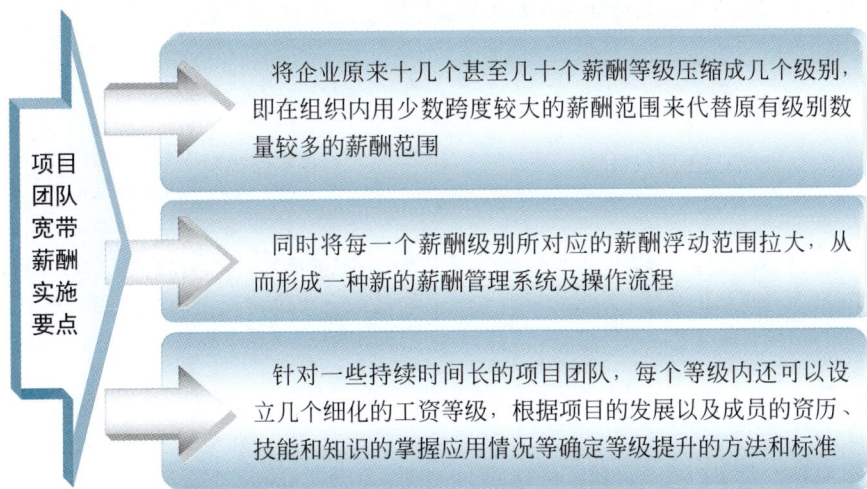

项目团队宽带薪酬实施要点

将企业原来十几个甚至几十个薪酬等级压缩成几个级别，即在组织内用少数跨度较大的薪酬范围来代替原有级别数量较多的薪酬范围

同时将每一个薪酬级别所对应的薪酬浮动范围拉大，从而形成一种新的薪酬管理系统及操作流程

针对一些持续时间长的项目团队，每个等级内还可以设立几个细化的工资等级，根据项目的发展以及成员的资历、技能和知识的掌握应用情况等确定等级提升的方法和标准

图6-20　项目团队宽带薪酬实施要点

（2）项目团队奖金设计

团队奖金的发放一般是在项目验收之后，根据项目绩效考核结果对项目团队进行的激励。每个团队参与成员都有获得奖金的资格。奖金分配方式的选择也具有很强的激励作用，不同层次的人员可以采用不同的奖金分配方式，常用的主要有按岗位和参与程度分配以及按个人绩效考核结果分配两种奖金分配方法。二者的比较分析，具体如表6-21所示。

表 6-21　项目团队奖金分配方法比较分析

| 分配方法 | 操作说明 | 优缺点 |
|---|---|---|
| 按岗位和参与程度分配 | 按这种方法进行团队奖金的分配是基于这样一个假设：具有不同知识、技能的人员对团队业绩的贡献也不同，且贡献与个人的技能成正比。个人奖金数额的大小根据其岗位级别与项目的参与程度来初步确定 | 考核信息易于获取且便于操作，但激励效果相对较弱 |
| 按个人绩效考核结果分配 | 按这种方法进行团队奖金的分配是建立在对每个团队人员进行考核的基础上，相对而言比较公平 | 激励效果强，但考核信息获取困难 |

（3）项目团队长期激励设计

项目团队随着项目的成立和发展而聚散，企业要留住项目团队的关键员工，必须考虑整体薪酬制度中如何满足他们不断追求个人目标的要求，这就需要企业设计长期激励体系，用于吸引、保留和激励团队核心员工。企业对项目团队成员的长期激励可以采用以下两种方式，具体如图6-21所示。

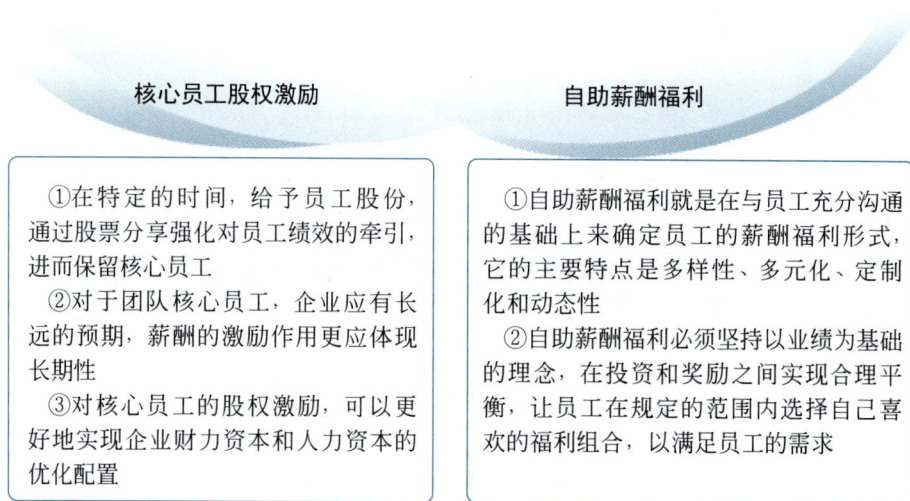

**核心员工股权激励**

①在特定的时间，给予员工股份，通过股票分享强化对员工绩效的牵引，进而保留核心员工
②对于团队核心员工，企业应有长远的预期，薪酬的激励作用更应体现长期性
③对核心员工的股权激励，可以更好地实现企业财力资本和人力资本的优化配置

**自助薪酬福利**

①自助薪酬福利就是在与员工充分沟通的基础上来确定员工的薪酬福利形式，它的主要特点是多样性、多元化、定制化和动态性
②自助薪酬福利必须坚持以业绩为基础的理念，在投资和奖励之间实现合理平衡，让员工在规定的范围内选择自己喜欢的福利组合，以满足员工的需求

图 6-21　项目团队长期激励方式

## 6.3.7　销售人员薪酬设计

销售部门是企业利润的创造者，在制定企业销售人员的薪酬体系时，企业应全面了解销售人员的工作特点，有针对性地进行薪酬体系设计。

**（1）销售人员工作的三个特点**

销售工作具有区别于其他类型工作的显著特点，销售人员的工作特点如图6-22所示。

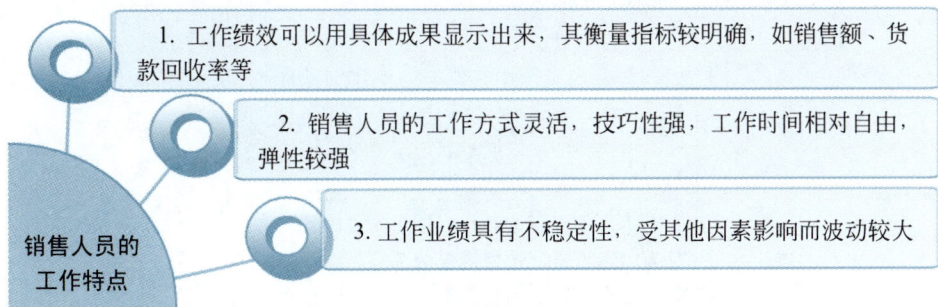

图6-22　销售人员的工作特点

**（2）销售人员薪酬设计的六种模式**

基于销售人员的工作特点，企业销售人员的薪酬制度应重点强调激励作用，吸引和留住优秀的销售人才，满足其工作成就感。目前，销售人员的薪酬模式主要有六种，具体如图6-23所示。

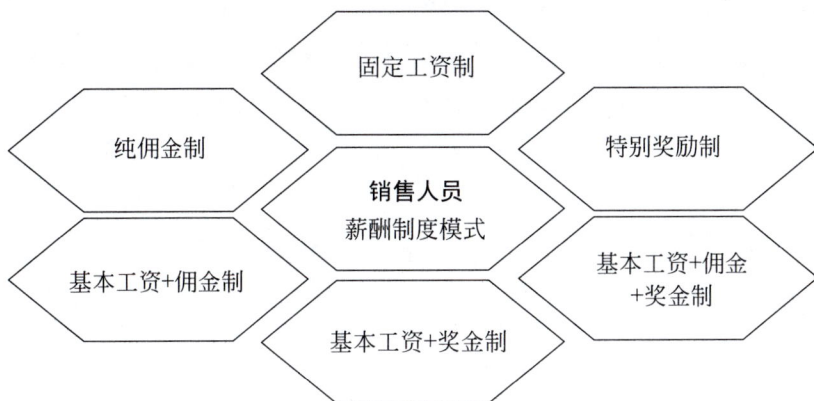

图6-23　销售人员薪酬制度模式

对上述销售人员六种薪酬模式的具体操作说明，如表6-22所示。

| 工资模式 | 具体说明 | 适用范围 |
|---|---|---|
| | **表6-22　销售人员六种薪酬激励模式** | |
| 固定工资制 | 固定工资制就是对销售人员实行固定的工资制度，无论当期销售完成与否，均给予其相同的报酬，其调整的主要依据是销售人员的表现及工作成果 | 主要适用于销售内勤人员，或依靠集体努力的销售工作人员 |
| 纯佣金制 | 纯佣金制是按销售额的一定比例进行提成，作为销售报酬，销售人员的收入与其一定期间的销售成果或销售数量直接挂钩，具有较好的激励效果 | 适用于企业产品刚上市，需要迅速开拓市场的情况 |
| 基本工资＋佣金制 | 基本工资加佣金制指将销售人员的收入分为固定工资和销售提成两部分内容。销售人员有一定的销售定额，当月无论是否完成销售指标，都可得到基本工资（即底薪）。如果销售人员当期完成的销售额超过设定指标，则超过以上部分按比例提成 | 适用于企业的产品已经进入成长期，销售较为稳定的阶段 |
| 基本工资＋奖金制 | 奖金与佣金的区别主要体现在，佣金直接由绩效表现决定，而奖金和业绩之间的关系却是间接的。通常销售人员的业绩只有超过了某一销售额，才能获得一定数量的奖金 | 适用于企业的产品已经进入成熟期，或企业所雇用的销售人员多为管理型人员时 |
| 基本工资＋佣金＋奖金制 | 这种薪酬制度设计的特殊性在于，它将佣金制和奖金制结合到了一起，使销售人员薪酬中包含底薪、佣金和奖金三种成分 | 当企业产品进入成长期、成熟期，或销售人员为开拓型或管理型时，均可采用该制度模式 |
| 特别奖励制 | 特别奖励制是指规定报酬之外的奖励，包括精神奖励和物质奖励。精神奖励包括荣誉、奖状等；物质奖励包括加工资、发奖金及其他福利等 | 适用于所有情况 |

## 6.3.8　专业技术人才薪酬设计

专业技术人才在进入劳动领域之前，一般都进行了高于社会一般水平的人力资本投资；即使进入劳动领域之后，由于要不断进行知识的更新，并开拓新的科学技术研究领域，仍然需要继续保持高水平的人力资本投资。这就要求专业技术人才的薪酬不仅要补偿他们的人力资本投资，使其收入首先反映他们从事科技工作的生产成本，而且还应按照劳动力市场规律以高于一般物质资本投资的内在报酬率进行补偿。

专业技术人才薪酬设计的焦点在于为他们所受的特殊科学性或智力性教育和训练提供回报。面临的特殊问题是工资的增加与知识的过时。专业技术人才的五种薪酬模式，如图6-24所示。

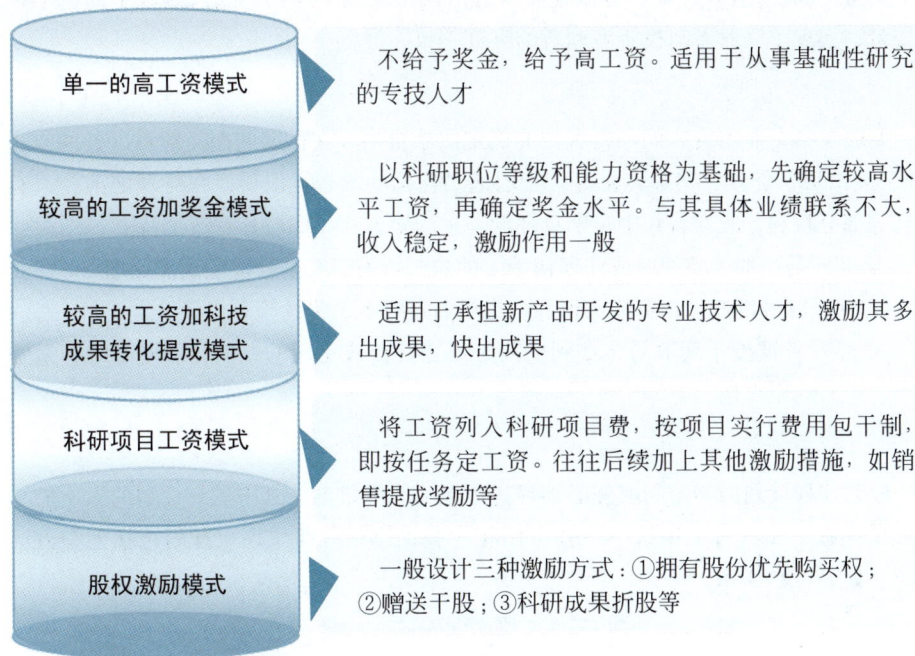

| 单一的高工资模式 | 不给予奖金，给予高工资。适用于从事基础性研究的专技人才 |
| 较高的工资加奖金模式 | 以科研职位等级和能力资格为基础，先确定较高水平工资，再确定奖金水平。与其具体业绩联系不大，收入稳定，激励作用一般 |
| 较高的工资加科技成果转化提成模式 | 适用于承担新产品开发的专业技术人才，激励其多出成果，快出成果 |
| 科研项目工资模式 | 将工资列入科研项目费，按项目实行费用包干制，即按任务定工资。往往后续加上其他激励措施，如销售提成奖励等 |
| 股权激励模式 | 一般设计三种激励方式：①拥有股份优先购买权；②赠送干股；③科研成果折股等 |

图 6-24　专业技术人才的五种薪酬模式

## 6.3.9　股票期权与期股制度设计

（1）期权

期权是企业授予员工在一定期限内按照预先约定的某个既定价格，买进或卖出一定数量的某种金融资产或商品的权利。

（2）股票期权

股票期权又称购股权计划或购股选择权，即企业赋予某类人员购进本公司一定股份的权利。比如，授予公司某一技术骨干员工一定数量的股票期权，该技术骨干能以事先约定的价格购买公司股票。当公司股票价格高于授予期权所指定的价格时，该技术骨干可以行使期权购买股票，并按照市场价格卖出，从中获利。因此，该技术骨干会有动力提高公司内在价值，从而提升公司股价，并可以从中获利。

股票期权具有五个特点：

① 股票期权是权利而非义务，是一种额外的奖励。

② 这种权利是无偿赠送的，实质上是赠送股票期权的行权价。

③ 股票期权不能免费得到，必须支付行权价。

④ 股票期权是经营者一种不确定的预期收入。

⑤ 股票期权的最大特点是将企业的资产质量变成了经营者收入函数中的一个重要变量，实现了经营者与投资者利益的高度一致。

（3）期股

期股是指企业出资者同经营者协商确定股票价格，在任期内由经营者以各种方式（如个人出资、贷款、奖金转化等）获取适当比例的本企业股份，在兑现之前，只有分红等部分权利，股票将在中长期兑现的一种激励方式。期股具有三个特点：

① 期股是当期（签约时或任期初始）的购买行为，股票权益在未来兑现。

② 期股既可以通过出资购得到，也可通过赠予、奖励等方式获得。

③ 经营者被授予期股后，在到期前是不能转让或兑现的。因此，期股既有激励作用，也有约束作用。

（4）股票期权计划的设计

股票期权计划的制定与实施必须经过股东大会的批准，其中参与计划的人不能享受股票期权。实施若干年后（一般为10年）自动结束。股票期权计划包括七个方面内容，如表6-23所示。

表6-23 股票期权计划的内容

| 序号 | 计划项目 | 实施说明 |
|---|---|---|
| 1 | 参与范围 | 主要对象是公司的经理；具体范围由董事会决定 |
| 2 | 行权价 | 三种方式：①低于现值，也称现值有利法；②高于现值，也称现值不利法；③等于现值，也称现值等利法 |
| 3 | 行使期限 | 使期权在较长时间内保持约束力，并避免一些短期行为 |
| 4 | 赠予时机 | 当经理人受聘、升职，及每年一次的业绩评定时 |
| 5 | 行使权所需股票来源 | 两种渠道：①公司发行新股票；②通过留存股票账户回购股票 |
| 6 | 股票期权的执行 | 三种方法：①现金行权；②无现金行权；③无现金行权并出售 |
| 7 | 对股票期权计划的管理 | 两级管理：①董事会管理；②规范的监督管理制度 |

（5）股票期权的授予标准

① 职务。根据职务高低来进行股票期权的授予。这种方法的优点是能够按照员工对企业的贡献程度、对公司业绩的最终影响程度来确定授予额度。

② 业绩。根据员工过去或当期已实现的业绩授予其股票期权。该方式对于提高和改善企业业绩有积极作用。

③ 能力。根据员工的能力来进行股票期权的授予，即将员工的从业能力作为授予的标准。该方式有利于发挥员工的潜能，有利于提高企业未来的业绩。

（6）期股的设计

经营者期股的设计包括六个方面内容，如表6-24所示。

表6-24　期股设计的内容

| 序号 | 计划项目 | 实施说明 |
| --- | --- | --- |
| 1 | 政策含义和原则 | 经营者期股试点应该坚持按比例有偿认购的原则，并坚持六个相结合：①经营者激励与约束机制相结合；②经营者责权利相结合；③经营者短期与长期利益相结合；④按劳分配与按生产要素分配相结合；⑤管人与管资产相结合；⑥大胆探索与稳妥操作相结合 |
| 2 | 期股激励对象 | 董事长和总裁、总经理，可以扩大至经营者群体，甚至可以考虑关键岗位人员，比如关键技术人才、市场营销骨干等 |
| 3 | 期股激励的主体 | 股东会、出资方 |
| 4 | 期股的形成 | 四个方面：①在企业改制的基础上，调整原有股本结构，建立新的股本结构，形成经营者的期股；②通过企业股权转让形成经营者的期股；③在企业增资扩股中形成经营者的期股；④企业经营者业绩延期兑现转换的股份 |
| 5 | 红利兑现及用途 | 一般而言，经营者期股每年所获红利，一部分兑现后归经营者本人；一部分用于归还购买期股、分期付款、贴息和低息贷款，一部分应按照契约规定，在企业增资扩股时转为经营者投入的股本金 |
| 6 | 期股变现 | 期股变现主要涉及两个问题：①变现的条件；②变现的价格 |

（7）技术股权激励模式

技术股权是指技术作价入股所拥有的股权，是馈赠给核心技术人员并与技术成果、技术积累、技术岗位相联系的股权，以及这些股权所获得的转赠股、送股。技术股权主要有三个不同来源的股权，即技术作价入股的股权；其他股东馈赠或优惠出让给技术人员的股权；上述股权的转赠股和配送股。

　　按照技术股的所有者细分，技术股可以分为法人技术股和个人技术股。法人技术股是指由企业或事业法人单位拥有的技术股，个人技术股是指由自然人拥有的技术股。

　　按照技术股所拥有的权益细分，可以分为完整权益股和部分权益股。完整权益股的拥有者拥有该技术股的所有权益，如技术股的所有权、表决权、分红权、转让权、增值权、馈赠和处置权等。部分权益股的拥有者只拥有股权中的部分权益，一般拥有分红权和增值权，没有所有权和表决权。

　　按照获取股权的时间不同，技术股权可以分为即期股权和远期股权。即期股权是指激励对象在获得股权时即拥有完整权益或部分权益，远期股权是指授予的是未来购买股份的权利，激励对象在到期购买之前，尚不具备股权本身的权益，比如表决权、分红权等。

# 第7章
# 如何设计目标责任书与绩效合同

目标责任书，有时也称为工作目标责任书、任期目标责任书、年度目标责任书或目标责任状等，本书统一使用岗位目标责任书。目标是绩效管理活动的起点和归宿，目标责任书是评价工作任务完成程度的蓝本。绩效合同作为绩效管理的重要工具之一，经考评者与被考评者充分沟通一致后签订。正式签订的绩效合同由公司人力资源部存档，对明确双方的权利义务均具有效力。后续考核双方需要进行半年/年度的绩效回顾与复盘，及时发现可能存在的问题或偏差并采取有效措施继续推行。

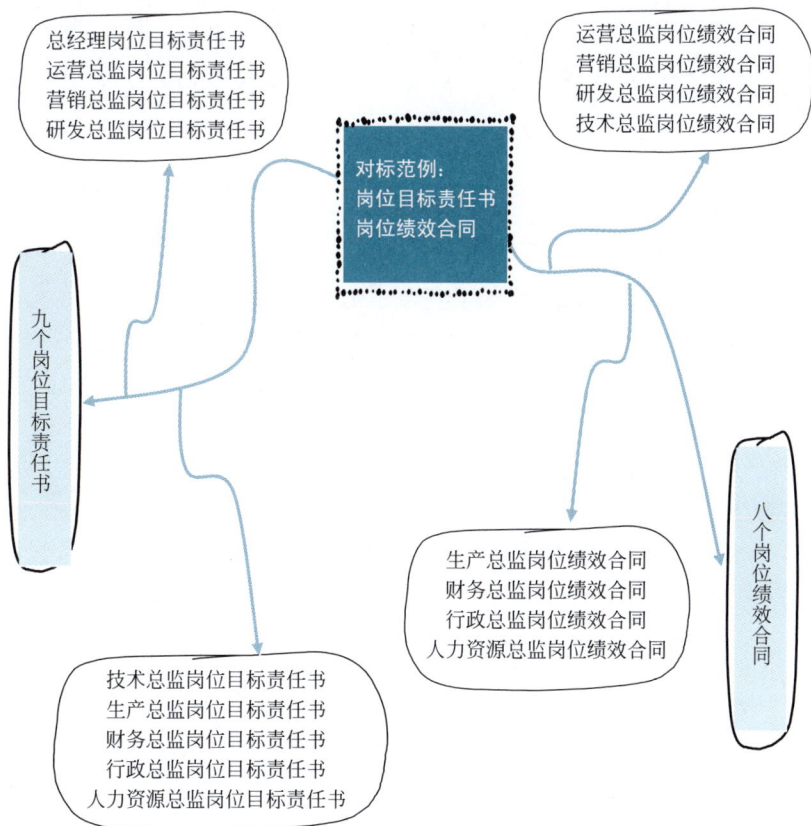

总经理岗位目标责任书
运营总监岗位目标责任书
营销总监岗位目标责任书
研发总监岗位目标责任书

运营总监岗位绩效合同
营销总监岗位绩效合同
研发总监岗位绩效合同
技术总监岗位绩效合同

对标范例：
岗位目标责任书
岗位绩效合同

九个岗位目标责任书

八个岗位绩效合同

技术总监岗位目标责任书
生产总监岗位目标责任书
财务总监岗位目标责任书
行政总监岗位目标责任书
人力资源总监岗位目标责任书

生产总监岗位绩效合同
财务总监岗位绩效合同
行政总监岗位绩效合同
人力资源总监岗位绩效合同

# 7.1 如何设计岗位目标责任书

## 7.1.1 对标范例：总经理岗位目标责任书

下面是某公司总经理岗位目标责任书的对标范例，可供参考。

### ××公司总经理岗位目标责任书

**一、岗位目标责任的期限**

总经理岗位目标责任的期限：20××年1月1日至20××年12月31日。

**二、总经理岗位职责说明**

总经理全面负责公司的经营管理工作，保证公司日常经营业务的正常开展，其主要职责包括：

① 负责制定和组织实施公司总体战略，并根据内外部环境的变化进行调整；

② 根据董事会年度经营目标负责制定和实施公司年度经营计划；

③ 负责建立良好、顺畅的沟通渠道，与董事会保持良好的沟通，并与公司客户、供应商、合作伙伴、媒体、政府机构等建立良好的关系，负责建立公司内部良好的沟通渠道；

④ 建立健全公司统一、高效的组织体系和工作体系，营造企业文化氛围，塑造和强化公司价值观；

⑤ 负责主持公司日常经营工作，如建设公司员工队伍、处理公司重大事件、参加重要活动、主持总经理办公会等。

**三、总经理岗位目标描述**

在20××年1月1日至20××年12月31日期间，总经理的目标责任如表1所示。

| 目标维度 | 目标名称 | 目标值 |
|---|---|---|
| 财务目标 | 企业总产值 | 达到＿＿＿万元以上，比上一年度增长＿＿＿%以上 |
| | 资金利用率 | 达到＿＿＿%以上 |
| | 利润 | 达到＿＿＿万元以上，比上一年度增长＿＿＿%以上 |
| | 管理费用 | 在预算范围内 |
| 内部运营目标 | 公司战略规划的及时性、规范性 | ① 每年＿＿＿月＿＿＿日前，将年度战略规划交至董事会 ② 战略规划在执行的过程中，修改的次数不得超过＿＿＿次 |
| | 年度发展战略目标完成率 | 年度发展战略目标完成率达到＿＿＿%以上 |
| | 对大型项目的建议被采纳并实施的次数 | 不得低于＿＿＿次 |
| | 主营产品的产量 | ① 液晶电视生产＿＿＿万台以上 ② 电热水器生产＿＿＿万台以上 |
| | 危机事件处理情况 | 得到比较完善的解决 |
| 客户目标 | 供应商满意度 | 供应商满意度评价在＿＿＿分以上 |
| | 部门合作满意度 | 部门合作满意度评价在＿＿＿分以上 |
| | 客户投诉率 | 控制在＿＿＿%以内 |
| 学习与发展目标 | 部门员工任职资格达标率 | 达到＿＿＿%以上 |
| | 部门关键员工保有率 | 达到＿＿＿%以上 |
| | 部门人员流失率 | 控制在＿＿＿%以内 |

表 1　总经理岗位目标描述

#### 四、总经理的工作权限

在目标责任有效期限内，总经理的工作权限主要包括：

① 拥有公司战略、经营计划、投融资、收购兼并合作等重大问题的决策权；

② 拥有针对企业规章制度审核和审批的权限；

③ 拥有对企业高级管理人员和核心骨干人才的人事任免权；

④ 拥有对公司员工奖惩的决定权，以及对下级之间工作争议的裁决权；

⑤ 拥有对所属下级管理水平、业务水平和成果绩效的考核评定权；

⑥ 拥有对公司各部门、团队和员工各项工作的监控权。

**五、奖惩办法**

依据绩效管理规定和薪酬福利管理规定，每年年终，对总经理岗位的年度目标完成情况进行考核并给予奖惩。

有下列情况之一的，查明原因，视具体情况追究相关人员责任，具体惩处措施由总经理办公会研究确定。

① 违反国家法律法规或有关政策规定的。

② 没有完成年度责任目标的。

③ 工作中出现重大失误或事故，给公司造成重大经济损失或者给公司品牌形象造成恶劣影响的。

④ 弄虚作假，损害公司利益的。

⑤ 受到集团公司上级通报批评或处罚的。

⑥ 严重违反公司规章制度，在内部造成不良影响的。

⑦ 其他未尽事宜。

### 7.1.2　对标范例：运营总监岗位目标责任书

下面是某公司运营总监岗位目标责任书的对标范例，可供参考。

## ××公司运营总监岗位目标责任书

**一、岗位目标责任的期限**

运营总监岗位目标责任的期限：20××年1月1日至20××年12月31日。

**二、运营总监岗位职责说明**

运营总监负责策划推进本公司的业务运营战略、流程与计划，组织协调公司各部门执行、实现公司的运营目标，其主要职责包括：

① 负责协助上级组织编制公司的中长期发展战略规划和公司年度经营计划；

② 负责编制、修订及执行公司与日常运营相关的制度体系、业务流程，

建立规范的运营管理体系；

③ 负责策划推进及组织协调公司重大运营计划，进行市场发展跟踪和策略调整；

④ 负责制定公司运营指标和运营标准，推动并确保营业指标的顺利完成；

⑤ 负责制定运营中心的各项业务计划，协调各部门的工作，建设优秀的运营队伍；

⑥ 负责完成上级领导临时交办的其他任务。

### 三、运营总监岗位目标描述

在20××年1月1日至20××年12月31日期间，运营总监的目标责任如表1所示。

**表1　运营总监岗位目标描述**

| 目标维度 | 目标名称 | 目标值 |
|---|---|---|
| 财务目标 | 运营费用节省率 | 达到____%以上 |
| | 销售计划完成率 | 达到____%以上 |
| | 销售收入 | 达到____万元以上 |
| | 重点客户创收 | 达到____万元以上 |
| 内部运营目标 | 工作目标按计划完成率 | 达到____%以上 |
| | 订单需求满足率 | 达到____%以上 |
| | 报表数据出错率 | 控制在____%以内 |
| 客户目标 | 客户保有率 | 达到____%以上 |
| | 新客户开发率 | 达到____%以上 |
| | 客户满意度 | 客户满意度评价在____分以上 |
| 学习与发展目标 | 部门员工离职率 | 控制在____%以内 |
| | 关键员工培养率 | 达到____%以上 |

### 四、运营总监的工作权限

在目标责任有效期限内，运营总监的工作权限主要包括：

① 对公司运营策略、措施及实施方案有决策权；

② 对公司运营费用的支出有审批权和监控权；

③ 对分管部门的工作有下达命令权、监督权、指导权和考核权。

### 7.1.3 对标范例：营销总监岗位目标责任书

下面是某公司营销总监岗位目标责任书范例，可供参考。

## ××公司营销总监岗位目标责任书

**一、岗位目标责任的期限**

营销总监岗位目标责任的期限：20××年1月1日至20××年12月31日。

**二、营销总监岗位职责说明**

营销总监全面负责公司产品或服务方案的市场销售工作，其主要职责包括：

① 制定市场营销战略和实施计划，完成企业的营销目标；

② 对市场策略的实施情况进行监控、检查、指导；

③ 制定公司品牌管理策略，维护品牌形象；

④ 指导公司的销售工作，确保销售目标的完成，使销售工作有序进行；

⑤ 负责监测、收集、整理和分析各种市场信息，并定期向直接上级提供市场报告；

⑥ 负责市场部的日常管理工作。

**三、营销总监岗位目标描述**

在20××年1月1日至20××年12月31日期间，营销总监的目标责任如表1所示。

表1 营销总监岗位目标描述

| 目标维度 | 目标名称 | 目标值 |
|---|---|---|
| 财务目标 | 销售收入 | 达到____万元以上 |
| | 销售增长率 | 比上一年度增长____%以上 |
| | 贷款回收率 | 达到____%以上 |
| | 费用控制 | 控制在预算范围内 |
| 内部运营目标 | 销售计划完成率 | 达到____%以上 |
| | 营销策划活动执行率 | 达到____%以上 |
| | 品牌宣传的有效性 | 达到预期效果 |

续表

| 目标维度 | 目标名称 | 目标值 |
|---|---|---|
| 客户目标 | 市场占有率 | 达到＿＿％以上 |
| | 客户增长率 | 达到＿＿％以上 |
| | 客户满意度 | 客户满意度评价在＿＿分以上 |
| 学习与发展目标 | 培训计划完成率 | 达到＿＿％以上 |
| | 关键员工保有率 | 达到＿＿％以上 |

**四、营销总监的工作权限**

在目标责任有效期限内，营销总监的工作权限主要包括：

① 对公司经营战略和年度经营计划制定的参与权；

② 对企业运营相关信息的知情权；

③ 对市场、销售、渠道推广等部门员工具有工作分配权、监督指导权、考核管理权和人事调动权；

④ 对年度市场销售预算内的资金具有支配权；

⑤ 对公司产品组合或服务项目的设计、招投标、合同谈判、合同签订等工作具有管理权和执行权；

⑥ 对公司产品或服务的市场推广、营销活动策划、公关活动方案等具有申请权、修改权和执行权。

## 7.1.4　对标范例：研发总监岗位目标责任书

下面是某公司研发总监岗位目标责任书范例，可供参考。

**××公司研发总监岗位目标责任书**

**一、岗位目标责任的期限**

研发总监岗位目标责任的期限：20××年1月1日至20××年12月31日。

**二、研发总监岗位职责说明**

① 参与制定公司的经营发展战略，负责制定公司年度新产品开发和项目立项计划，通过确认后制定研发预算和实施方案，经总经理审批后督导推进。

173

② 以与公司签订的年度目标责任书为依据，负责细化并分配给研发部年度工作目标，召开部门会议安排各项工作任务。

③ 组织研发部门制定部门规章制度、相关管理规范和研发项目工作流程，并定期或不定期修订与完善。

④ 每月对研发部门的项目进行评估、复盘，制定下一阶段对应的措施和确定研发重点，并形成报告提交总经理。

⑤ 负责安排项目立项前的市场调研，并与技术部门、市场销售部门、财务部门、人力资源部门等沟通，评估技术实现、市场前景、费用预算、人才需求等。

⑥ 统筹研发项目的开发工作，参与负责项目的系统分析及架构设计，并监督、审核项目完成的阶段性目标。

⑦ 编写研发部半年度工作总结、研发进度等情况的分析报告，半年述职一次，指出问题重点，明确下一步研发方向，修改或完善下半年的工作计划。

⑧ 负责研发队伍的建设、考核与培养，组织开发人员的培训学习，提升研发能力，提高开发技术，挖掘人才潜能。

**三、研发总监岗位目标描述**

1.业绩目标与考核标准

在20××年1月1日至20××年12月31日期间，研发总监的目标责任如表1所示。

**表1　研发总监岗位业绩目标与考核标准**

| 业绩目标 | 考核标准 |
|---|---|
| 新产品利润贡献 | 业绩目标值为＿＿＿%，每低＿＿＿%，减＿＿＿分，贡献率＜＿＿＿%，该项得0分 |
| 科研项目申请 | 业绩目标值为＿＿＿%，每低＿＿＿%，减＿＿＿分，成功率＜＿＿＿%，该项得0分 |
| 研发项目阶段成果 | 业绩目标值为＿＿＿%，每低＿＿＿%，减＿＿＿分，达成率＜＿＿＿%，该项得0分 |
| 科研成果转化 | 业绩目标值为＿＿＿%，每低＿＿＿%，减＿＿＿分，转化率＜＿＿＿%，该项得0分 |
| 试验验收通过数量 | 业绩目标值为＿＿＿次，每少＿＿＿次，减＿＿＿分，通过数量＜＿＿＿次，该项得0分 |
| 试验事故发生次数 | 业绩目标值为＿＿＿次，每增加＿＿＿次，减＿＿＿分，试验事故＞＿＿＿次，该项得0分 |

| 业绩目标 | 考核标准 |
| --- | --- |
| 产品设计更改次数 | 业绩目标值为＿＿次，每增加＿＿次，减＿＿分，设计更改＞＿＿次，该项得0分 |
| 所获专利数量 | 每成功1次，加＿＿分 |

2.管理绩效

① 其他部门（市场、生产等）及客户对研发系统的有效投诉数量，每出现1例，减＿＿分。

② 核心员工保有率达到＿＿%，每低于＿＿%，减＿＿分。

③ 下属行为管理：下属有无重大违反企业规章制度的行为，每有1例，减＿＿分。

④ 员工培训计划完成率达＿＿%，每有1次未按计划完成的，减＿＿分。

⑤ 研发成本不超出预算，每超出＿＿%，减＿＿分。

**四、研发总监的工作权限**

在目标责任有效期限内，研发总监的工作权限主要包括：

① 有权参与制定公司经营发展规划并提出建议；

② 有权制定并修改公司各项研发管理制度与计划，有权建立产品开发管理体系；

③ 有权监督和指导研发管理制度和新产品开发计划的执行，规范企业各项研发事务；

④ 有权进行研发团队建设，并对研发人员有管理权。

## 7.1.5 对标范例：技术总监岗位目标责任书

下面是某公司技术总监岗位目标责任书范例，可供参考。

### ××公司技术总监岗位目标责任书

**一、岗位目标责任的期限**

技术总监岗位目标责任的期限：20××年1月1日至20××年12月31日。

## 二、技术总监岗位职责说明

技术总监负责本公司的技术管理工作，以保证公司在本行业内的技术优势和持续发展能力，其主要职责包括：

① 参与制定公司的经营发展战略，拟定公司中长期技术改造和技术服务计划，制定技术发展战略规划，把握技术方向；

② 负责公司技术管理、重大技术决策和技术方案的编制、实施与调整工作；

③ 在技术项目实施期间，负责监控项目进展情况，及时处理各种突发事件，使项目得以顺利进行；

④ 适应公司总体发展战略，结合技术发展分析、竞争对手策略分析、客户需求分析、自身优劣分析等结果，组建优秀的技术团队；

⑤ 负责解决项目出现的技术问题，并给予其他部门相应的技术支持；

⑥ 负责技术工艺设备、计量器具的申购和管理；

⑦ 领导并推动技术系统的组织建设、流程优化，建立起配置有效、均衡发展的技术流程，提升技术团队绩效。

## 三、技术总监岗位目标描述

在20××年1月1日至20××年12月31日期间，技术总监岗位的目标责任如表1所示。

表1　技术总监岗位目标描述

| 目标维度 | 目标名称 | 目标值 |
|---|---|---|
| 财务目标 | 技术改造费用 | 控制在预算范围的____%之内 |
| | 技术研发费用 | 控制在预算范围的____%之内 |
| 内部运营目标 | 工艺改造计划完成率 | 达到____%以上 |
| | 技术研发计划完成率 | 达到____%以上 |
| | 技术获得专利项数 | 达到____%项以上 |
| | 新产品投入市场的技术稳定性 | 产品因技术问题而下架的次数为0 |
| | 技术的保密性 | 技术泄密次数为0 |
| 客户目标 | 产品质量投诉率 | 控制在____%之内 |
| | 部门合作满意度 | 部门合作满意度评价在____分之上 |
| 学习与发展目标 | 部门培训计划完成率 | 达到____%以上 |
| | 部门关键员工保有率 | 达到____%以上 |

**四、技术总监的工作权限**

在目标责任有效期限内，技术总监的工作权限主要包括：

① 有权参与制定公司经营发展规划并提出建议；

② 有权制定并修改公司各项技术管理制度与计划，有权建立技术管理体系；

③ 有权监督和指导技术管理制度和技术计划的执行，规范企业各项技术事务；

④ 有权进行技术团队建设，并对技术人员有管理权。

## 7.1.6 对标范例：生产总监岗位目标责任书

下面是某公司生产总监岗位目标责任书范例，可供参考。

### ××公司生产总监岗位目标责任书

**一、岗位目标责任的期限**

生产总监岗位目标责任的期限：20××年1月1日至20××年12月31日。

**二、生产总监岗位职责说明**

生产总监承担着对本企业产品生命周期及产品质量控制等重要工作。生产总监需根据产品、人员要求和现有资源的情况进行协调，以实现年度生产目标。其主要职责包括：

① 参与制定公司发展战略和年度经营计划；

② 制定、实施、调整年度生产计划，实行"5S"管理❶，并适时进行生产调度、管理和控制；

③ 建立并完善质量管理体系，监督、检查生产过程中质量管理体系的运行情况；

④ 负责本部门生产设备的申购、维护、保养等工作，提高设备利用率，

---

❶ "5S"管理是指在生产现场中对人员、机器、材料、方法等生产要素进行有效的管理。"5S"即整理（seiri）、整顿（seiton）、清扫（seiso）、清洁（seiketsu）、素养（shitsuke），是一种现代企业生产现场的有效管理模式。

提高工厂生产率，降低各种能源的消耗；

⑤ 负责做好生产过程中的安全管理、车间管理、质量管理、环境管理、危机管理等事宜；

⑥ 负责通过培训、练兵、竞赛等多种方式提升工厂的操作技能，以及做好下属部门及人员的激励管理。

### 三、生产总监岗位目标描述

在20××年1月1日至20××年12月31日期间，生产总监的目标责任如表1所示。

表1　生产总监岗位目标描述

| 目标维度 | 目标名称 | 目标值 |
|---|---|---|
| 财务目标 | 生产成本控制 | 控制在预算范围内 |
| | 成本预算达成率 | 达到____%以上 |
| | 净资产回报率 | 达到____%以上 |
| 内部运营目标 | 产品产量 | ① 液晶电视生产____万台以上<br>② 电热水器生产____万台以上 |
| | 产品质量合格率 | 达到____%以上 |
| | 劳动生产效率 | 比上一考核期提高____% |
| | 生产安全事故发生率 | 重大安全事故为0，一般性安全事故控制在____%以内 |
| | 产能利用率 | 达到____%以上 |
| | 质量管理体系有效性 | 质量管理体系有效性评价在____分以上 |
| 客户目标 | 员工满意度 | 员工满意度评价在____分以上 |
| | 产品质量投诉 | 少于____次 |
| 学习与发展目标 | 部门培训计划完成率 | 达到____%以上 |
| | 部门关键员工保有率 | 达到____%以上 |

### 四、生产总监的工作权限

在目标责任有效期限内，生产总监的工作权限主要包括：

① 公司经营战略制定、年度经营计划等重大决策的建议权；

② 对公司年度生产计划的建议权，并组织制定阶段性的生产进度计划；

③ 对管辖车间、工段、班组等部门工作计划执行情况的监督权、检查权和管理权；

④ 对管辖范围内员工具体工作的调度权、考核权、评价与人事调动权；

⑤ 具有针对生产现场安全风险或隐患的预案编制权。

## 7.1.7 对标范例：财务总监岗位目标责任书

下面是某公司财务总监岗位目标责任书范例，可供参考。

### ××公司财务总监岗位目标责任书

**一、岗位目标责任的期限**

财务总监岗位目标责任的期限：20××年1月1日至20××年12月31日。

**二、财务总监岗位职责说明**

财务总监的主要职责包括：

① 根据国家的有关法律、法规等，主持制定各项企业财务工作的规章制度、工作程序和工作计划，保障公司合法经营；

② 负责主持制定企业的财务战略规划，并负责指导、监督其执行；

③ 负责监督、指导、调控企业财务工作，领导、督促、考核企业的会计核算、财务管理等工作；

④ 参与企业资金使用调度、贷款担保、对外投资、产权转让、资产重组等重大经营决策活动；

⑤ 对企业重大项目和经营活动进行风险评估，并负责进行财务风险控制；

⑥ 根据董事会指示和企业的经营要求，组织资金筹集、供应和管理，疏通融资渠道，保持与金融机构的良好关系；

⑦ 负责企业财务部门的日常管理工作。

**三、财务总监岗位目标描述**

在20××年1月1日至20××年12月31日期间，财务总监的目标责任如表1所示。

**表1 财务总监岗位目标描述**

| 目标维度 | 目标名称 | 目标值 |
| --- | --- | --- |
| 财务目标 | 资金利用率 | 达到____%以上 |
| | 净资产收益率 | 达到____%以上 |
| | 预算成本降低率 | 达到____%以上 |

| 目标维度 | 目标名称 | 目标值 |
|---|---|---|
| 内部运营目标 | 财务管理计划编制及时率 | 达到____%以上 |
| | 财务管理流程改善目标实现率 | 达到____%以上 |
| | 财务管理目标达成率 | 达到____%以上 |
| | 财务分析报告的有效性 | 财务分析报告的有效性评价在____分以上 |
| | 融资计划完成率 | 达到____%以上 |
| 客户目标 | 部门协作满意度 | 部门协作满意度评价在____分以上 |
| | 外部关系单位满意度 | 外部关系单位满意度评价在____分以上 |
| 学习与发展目标 | 部门培训计划完成率 | 达到____%以上 |
| | 部门员工任职资格达标率 | 达到____%以上 |

**四、财务总监的工作权限**

在目标责任有效期限内，财务总监对公司的财务分析、财务计划管理、财务决策、经营核算全权负责；对下属各分公司财务收支及经营核算管理全权负责；具有企业投融资的建议权。

## 7.1.8  对标范例：行政总监岗位目标责任书

下面是某公司行政总监岗位目标责任书范例，可供参考。

### ××公司行政总监岗位目标责任书

**一、岗位目标责任的期限**

行政总监岗位目标责任的期限：20××年1月1日至20××年12月31日。

**二、行政总监岗位职责说明**

行政总监负责统筹管理本公司的日常行政事务、安全保卫、内部服务和对外联络等工作，其主要职责包括：

① 负责组织制定、完善本公司的行政制度，并监督检查行政制度的执行情况；

② 负责安排企业后勤保障工作，并审批各项改善员工工作和生活条件的意见与建议；

③ 负责组织编制企业行政性财产、物资的采购计划及预算，严格控制行政经费支出；

④ 负责组织制定行政部工作发展规划、计划与预算方案等；

⑤ 负责做好本企业办公用车、基础设施、固定资产等的申购、维修、保养和盘点；

⑥ 负责做好本企业各类文件、资料的鉴定及统计管理工作；

⑦ 负责指导、管理、监督分管部门人员的业务及工作，并负责部门员工的培训、考核等工作。

**三、行政总监岗位目标描述**

在20××年1月1日至20××年12月31日期间，行政总监的目标责任如表1所示。

表1　行政总监岗位目标描述

| 目标维度 | 目标名称 | 目标值 |
|---|---|---|
| 财务目标 | 行政费用预算达成率 | 达到____%以上 |
| | 行政性固定资产流失率 | 控制在____%之内 |
| 内部运营目标 | 行政工作计划完成率 | 达到____%以上 |
| | 重要固定资产完好率 | 达到____%以上 |
| | 行政管理制度的规范性 | 行政管理制度的规范性评价在____分以上 |
| | 文档资料的完好率 | 达到____%以上 |
| | 办公用品采购的及时性 | 能及时满足各职能部门人员的需求 |
| 客户目标 | 领导满意度 | 领导满意度评价在____分以上 |
| | 员工满意度 | 员工满意度评价在____分以上 |
| 学习与发展目标 | 部门人员培训时数 | 行政部个人接受的培训时间达到____小时以上 |
| | 部门任职资格达标率 | 达到____%以上 |

**四、行政总监的工作权限**

在目标责任有效期限内，行政总监的工作权限主要包括：

① 依照公司制度，对制度执行过程中发现的问题实施处罚的权利；

② 对公司内外公共关系的建议权；

③ 对行政部所属员工及各项业务工作的管理权；

④ 有权限范围内的经费审批权。

### 7.1.9 对标范例：人力资源总监岗位目标责任书

下面是某公司人力资源总监岗位目标责任书，可供参考。

## ××公司人力资源总监岗位目标责任书

**一、岗位目标责任的期限**

人力资源总监岗位目标责任的期限：20××年1月1日至20××年12月31日。

**二、人力资源总监岗位职责说明**

人力资源总监负责规划、指导、协调企业的人力资源管理与组织建设，最大限度地开发本企业的人力资源，促进企业经营目标的实现，其主要职责包括：

① 负责制定人力资源的战略规划，设计企业组织结构，构建企业文化，建设人才梯队、人才蓄水池；

② 建立健全人力资源管理体系，研究、设计符合本企业的人力资源管理模式，制定和完善人力资源管理制度；

③ 负责协调和指导公司各部门人员的招聘与配置、培训与开发、绩效考核管理、薪酬福利管理、员工关系管理，夯实定岗、定编、定额、定员基础，以及胜任素质模型搭建、人才测评技术开发、人力资本投资等工作；

④ 负责建立畅通的沟通渠道和有效的激励机制，及时处理企业管理过程中的重大人力资源问题；

⑤ 向企业高层决策者提供有关人力资源战略、组织建设等方面的建议，并致力于提高企业整体管理水平；

⑥ 负责本部门的日常管理和员工考核、培养、激励等工作。

### 三、人力资源总监岗位目标描述

在20××年1月1日至20××年12月31日期间，人力资源总监的目标责任如表1所示。

表1　人力资源总监岗位目标描述

| 目标维度 | 目标名称 | 目标值 |
|---|---|---|
| 财务目标 | 招聘成本 | 控制在预算范围内 |
| | 培训成本 | 控制在预算范围内 |
| | 人力资本总额控制成本 | 控制在预算范围内 |
| 内部运营目标 | 人力资源管理制度有效性 | 各项人力资源管理制度条款出现遗漏或失误的内容不得超过____% |
| | 人力资源战略规划的质量 | 人力资源战略规划符合企业实际要求 |
| | 培训计划完成率 | 达到____%以上 |
| | 绩效考核计划完成率 | 达到____%以上 |
| | 招聘计划完成率 | 达到____%以上 |
| | 员工工资发错的次数 | 不超过____次 |
| 客户目标 | 部门协作满意度 | 部门协作满意度评价在____分以上 |
| | 员工满意度 | 员工满意度评价在____分以上 |
| 学习与发展目标 | 部门员工认知资格达标率 | 达到____%以上 |
| | 部门关键员工流失率 | 控制在____%以内 |

### 四、人力资源总监的工作权限

在目标责任有效期限内，人力资源总监的工作权限主要包括：

① 根据企业业务状况按季度、年度提出部门扩编或缩编的建议权；

② 对于本企业人力资源部系统内部的求职者有一票否决权，对于其他部门的求职者有建议是否录用的权利；

③ 对于本企业人力资源部系统下属的任免、培养、协调、临时指派人事工作等的人事权；

④ 对于本企业人力资源部系统内部薪酬福利的制定权及知情权，对于其

他部门人员薪酬福利制定的建议权；

⑤ 对于本企业人力资源部下属的考核权；

⑥ 对于本企业人力资源部系统范围内所有工作文档、制度的知情权和审批权；

⑦ 向全集团签发人力资源系统（如全员培训、文化活动等）通知的签发权。

## 7.2 如何设计岗位绩效合同

### 7.2.1 对标范例：运营总监岗位绩效合同

下面是某公司运营总监岗位绩效合同范例，可供参考。

### ××公司运营总监岗位绩效合同

甲方：总经理　　　　　　　　　　　乙方：运营总监

第一条　合同期限

本合同自＿＿＿年＿＿＿月＿＿＿日开始实施至＿＿＿年＿＿＿月＿＿＿日结束，为期＿＿＿（年/月）。

第二条　双方的权利和义务

① 甲方有权对乙方的日常工作实施监督考核，并负有指导、协助乙方展开必要工作的责任。

② 乙方所负责的一切日常事务，应按甲方要求保质保量地完成，并服从甲方的临时性工作安排。

第三条　合同内容

乙方的绩效合同内容包括两大部分，业务类定量目标和管理类定性目标。

（1）业务类定量目标

乙方业务类定量目标考核标准如表1所示。

表1　乙方业务类定量目标考核标准

| 维度 | 绩效项目 | 目标值 | 配分 | 考核标准 | 得分 |
|---|---|---|---|---|---|
| 财务类 | 净资产回报情况 | 考核期内，净资产回报率达到＿＿％以上 | 20 | 每低于目标值＿＿％，扣＿＿分 | |
| | 主营业务收入情况 | 考核期内，主营业务收入达到＿＿万元以上 | 20 | 每低于目标值＿＿万元，扣＿＿分 | |
| | 销售收入完成情况 | 考核期内，成本费用利润率达到＿＿％以上 | 15 | 每低于目标值＿＿％，扣＿＿分 | |
| 内部运营类 | 运营计划完成情况 | 考核期内，运营计划完成率达到＿＿％以上 | 10 | 每低于目标值＿＿％，扣＿＿分 | |
| | 运营项目计划完成情况 | 考核期内，运营项目计划完成率达到＿＿％以上 | 10 | 每低于目标值＿＿％，扣＿＿分 | |
| | 劳动生产率 | 考核期内，劳动生产率比上一考核周期提高＿＿％以上 | 10 | 每低于目标值＿＿％，扣＿＿分 | |
| 客户类 | 员工满意度 | 考核期内，员工满意度达到＿＿％以上 | 5 | 每低于目标值＿＿％，扣＿＿分 | |
| | 部门协作满意度 | 考核期内，部门协作满意度达到＿＿％以上 | 5 | 每低于目标值＿＿％，扣＿＿分 | |
| | 客户满意度 | 考核期内，客户满意度达到＿＿％以上 | 5 | 每低于目标值＿＿％，扣＿＿分 | |
| 合计 | | — | 100 | — | |

（2）管理类定性目标

乙方管理类定性目标考核标准如表2所示。

表2　乙方管理类定性目标考核标准

| 管理项目 | 执行目标 | 目标达成情况及评分标准 | | | | |
|---|---|---|---|---|---|---|
| | | 优秀 | 良好 | 一般 | 差 | 评分 |
| 销售数据分析报告 | 为完善公司内部核算体系，积累并统计分析各部门主要业务的关键控制指标数据，每月向甲方汇报有关指标数据的动态状况，并复盘、比较、把握趋势 | 25 | 20 | 15 | 10 | |

| 管理项目 | 执行目标 | 目标达成情况及评分标准 | | | | |
|---|---|---|---|---|---|---|
| | | 优秀 | 良好 | 一般 | 差 | 评分 |
| 考核与激励 | 完善运营中心的薪酬激励和内部绩效考核体系，最大限度地调动员工的工作积极性 | 25 | 20 | 15 | 10 | |
| 文化建设 | 通过宣讲、强制执行、上级带头执行等多种形式，使员工养成执行制度的习惯，采用简报和组织活动等形式，增强员工的归属感，增加公司凝聚力 | 15 | 12 | 10 | 6 | |
| 团队建设 | 建立以公司管理目标和管理制度为核心的运营团队，通过完善制度和文化建设调整员工的工作态度 | 15 | 12 | 10 | 6 | |
| 企业形象建设 | 加强企业形象和品牌形象的建设，实现企业形象、品牌形象的逐步提升 | 10 | 8 | 5 | 4 | |
| 临时性工作 | 政令通畅，反馈及时，保质保量并按时完成甲方交代的任务，因客观原因无法完成的应及时上报说明情况 | 10 | 8 | 5 | 4 | |
| 合计 | — | | | | | |

（3）评分说明

乙方实际考核得分由两部分组成，其中业务类定量目标考核成绩占总成绩的60%，管理类定性目标考核成绩占40%。计算公式如下：

乙方最终考核成绩＝业务类定量目标考核成绩×60%＋管理类定性目标考核成绩×40%

第四条　奖惩措施

乙方的最终考核成绩主要用于年终奖金分配，乙方最终考核成绩得分与奖金发放额度参照以下标准执行，如表3所示。

表3　乙方绩效奖金分配标准

| 序号 | 考核成绩范围 | 奖金分配标准 |
|---|---|---|
| 1 | 考核成绩＞90分 | 发放1.5倍岗位年薪的奖金 |
| 2 | 80分＜考核成绩≤90分 | 发放1.0倍岗位年薪的奖金 |
| 3 | 70分＜考核成绩≤80分 | 发放0.8倍岗位年薪的奖金 |
| 4 | 60分＜考核成绩≤70分 | 发放0.6倍岗位年薪的奖金 |
| 5 | 考核成绩≤60分 | 无奖金 |

第五条　违约责任

① 合同履行期间，因乙方个人原因未按照既定标准开展工作，导致无法考评的，视为合同履行无效，不发放年终奖金。

② 合同履行期间，因甲方原因未能按照双方约定的标准，对乙方实施绩效评估的，甲方应按照乙方评估结果的最高标准，一次性支付乙方相应金额的年终奖金。

第六条　补充条款

合同履行期间，双方遇到合同未尽事宜应本着友好协商的态度，另行制定补充条款，补充条款与本绩效合同具有同等效力。

第七条　附则

本合同一式三份，自签订之日起生效，甲乙双方各执一份，人力资源部留存一份。

甲方签章：　　　　　　　　　　　　乙方签章：

日期：　　　年　　　月　　　日　　　日期：　　　年　　　月　　　日

## 7.2.2　对标范例：营销总监岗位绩效合同

下面是某公司营销总监岗位绩效合同范例，可供参考。

### ××公司营销总监岗位绩效合同

甲方：总经理　　　　　　　　　　　乙方：营销总监

第一条　合同期限

本合同自＿＿年＿＿月＿＿日开始实施至＿＿年＿＿月＿＿日结束，为期＿＿（年/月）。

第二条　双方的权利和义务

① 甲方有权根据公司经营需要安排乙方执行市场调研，编制各种市场管理制度，组织安排部门人员行使各项市场开拓与维护工作，有权要求乙方定期向甲方反映市场管理维护工作执行状况，反映遇到的问题，汇报取得的成绩等。

② 乙方有责任按照甲方的要求执行各项日常工作，并有责任将日常管理

中遇到的问题向甲方汇报，提供可行的解决办法。乙方有权向甲方索要为完成各项工作而必需的政策支持、财力和物力支持等。

第三条　合同内容

对乙方的绩效考核主要从以下三个方面完成情况来衡量。

① 考核期内，产品销售额达到500万元。

② 考核期内，应收货款回收率不低于95%。

③ 考核期内，市场占有率增长10%。

第四条　奖惩标准

对乙方的绩效考核结果主要用于决定乙方年终奖金的分配。

① 考核期内，当产品销售额达到500万元，应收货款回收率达到95%，市场占有率增长10%时，按销售额的1%计提年终奖。

② 考核期内，当产品销售额达到400万元，应收货款回收率达到90%，市场占有率增长8%时，按销售额的0.8%计提年终奖。

③ 考核期内，当产品销售额达到300万元，应收货款回收率达到85%，市场占有率增长6%时，按销售额的0.6%计提年终奖。

④ 考核期内，当产品销售额低于250万元或应收货款回收率低于75%或市场占有率增长低于6%时，没有年终奖。

⑤ 其余情况，统一按销售额的0.7%计提年终奖。

第五条　违约责任

① 合同履行期间，因乙方个人原因未事先与甲方协商，或协商未果而导致考核结果无法评估的，不发放乙方年终奖。

② 合同履行期间，因乙方个人原因离职未能继续履行相应职责，导致甲方工作安排无效的，不发放乙方年终奖。

③ 合同履行期间，甲方工作另有安排，导致乙方工作项目发生巨大变化，且未执行相应考核项目调整，使原定考核项目无法评估的，按最高标准发放乙方年终奖。

④ 合同履行期间，甲方另有人事调整，导致乙方无法继续履职的，甲方应按照乙方履职结束日实际完成业绩额的最高比例标准发放乙方年终奖。

第六条　补充条款

① 合同履行期间，遇到本合同未提及的内容，双方应另行协商签订补充条款。补充条款与本合同具有同等效力。

② 合同履行期间，客观经营环境发生变化，导致考核内容发生变动的，双方应另行协商调整考核内容，并签订书面执行文件。

第七条 附则

本合同一式三份，自签订之日起生效，甲乙双方各执一份，人力资源部留存一份。

甲方签章： 乙方签章：

日期： 年 月 日 日期： 年 月 日

### 7.2.3 对标范例：研发总监岗位绩效合同

下面是某公司研发总监岗位绩效合同范例，可供参考。

## ××公司研发总监岗位绩效合同

甲方：总经理 乙方：研发总监

第一条 合同期限

本合同自＿＿年＿＿月＿＿日开始实施至＿＿年＿＿月＿＿日结束，为期＿＿（年/月）。

第二条 双方的权利和义务

① 甲方有权对乙方的研发水平提出新的目标，并根据新的目标监督、检查乙方日常工作执行情况。

② 甲方有对乙方日常研发指导中不符合公司、行业或产品研发操作规范的做法提出限期改正的权利。

③ 乙方负责按照甲方的要求执行各项研发标准和操作规范，对生产经营中遇到的研发问题，给予及时指导和帮助。

④ 乙方有权对甲方生产经营管理中的新产品开发更新问题提供意见或建议，有权对公司的研发条件进行改造，实施必要的创新决策。

第三条 合同内容

对乙方的绩效考核主要通过以下九个项目进行考核。

① 新产品销售额（年新产品含税收入），完成基本目标＿＿万元，期望目标＿＿万元，挑战目标＿＿万元。

② 部门费用控制率，完成基本目标＿＿%，期望目标＿＿%，挑战目标＿＿%。

③ 内部客户满意度，完成基本目标____%，期望目标____%，挑战目标____%。

④ 研发项目准时完成率，完成基本目标____%，期望目标____%，挑战目标____%。

⑤ 新产品研发成功率（已完成新产品项目／新产品立项项目），完成基本目标____项，期望目标____项，挑战目标____项。

⑥ 新产品材料费用控制率（新产品研发的实际成本／预算成本），完成基本目标____%，期望目标____%，挑战目标____%。

⑦ 新产品开发流程体系优化率，完成基本目标____%，期望目标____%，挑战目标____%。

⑧ 部门内部培训计划完成率，完成基本目标____%，期望目标____%，挑战目标____%。

⑨ 核心人才流失率，完成基本目标____%，期望目标____%，挑战目标____%。

第四条　奖惩标准

对乙方的绩效考核结果，主要用于决定乙方的年终利润分配。针对以上九大项目的完成情况，确定乙方的年终利润分配的系数。年终利润分配系数值用$K$来表示。$K$的取值标准具体如下。

① 以上九项有任何一项或以上没有完成基本目标时，$K$取值为0。

② 以上九项基本目标均已达到，有1～2项实现挑战目标，$K$取值为1.2。

③ 以上九项基本目标均已达到，有3～5项实现挑战目标，$K$取值为1.5。

④ 以上九项均达到期望目标时，$K$取值为1。

⑤ 其余情况，$K$取值为0.8。

结合以上标准计算乙方的利润分配额度，计算公式如下：

$$乙方实得利润额度＝总监级别利润分配标准 × K$$

第五条　违约责任

甲乙双方在合同执行期间，任何一方私下变动约定条款，而导致绩效结果无法按既定标准考核的，另一方有权决定乙方的年终利润的发放与否及发放额度。

第六条　补充条款

合同生效期间，因客观经营环境发生变化，导致原考核内容或目标标准全部或部分无法实现的，双方应另行协商，调整确定新的考核项目或目标标准。

第七条　附则

① 合同签署前双方应认真通读合同内容，确认无误后签字。

② 本合同一式三份，自签订之日起生效，甲乙双方各执一份，人力资源部留存一份。

甲方签章：　　　　　　　　　　　　乙方签章：

日期： 年 月 日　　　　　　　日期： 年 月 日

### 7.2.4　对标范例：技术总监岗位绩效合同

下面是某公司技术总监岗位绩效合同范例，可供参考。

## ××公司技术总监岗位绩效合同

甲方：总经理　　　　　　　　　　　　乙方：技术总监

第一条　合同期限

本合同自＿＿年＿＿月＿＿日开始实施至＿＿年＿＿月＿＿日结束，为期＿＿（年/月）。

第二条　双方的权利和义务

① 甲方有权对乙方的技术水平提出新的目标，并根据新的目标监督、检查乙方日常工作执行情况。

② 甲方有对乙方日常技术指导中不符合公司、行业或产品技术操作规范的做法提出限期改正的权利。

③ 乙方负责按照甲方的要求执行各项技术标准和操作规范，对生产经营中遇到的技术问题，给予及时指导和帮助。

④ 乙方有权对甲方生产经营管理中的技术更新问题提供意见或建议，有权对公司的技术改造实施必要的决策。

第三条　合同内容

对乙方的绩效主要通过以下五个项目进行考核。

① 重大技术项目改进数量，完成基本目标＿＿项，期望目标＿＿项，挑战目标＿＿项。

② 技术改造费用降低率，完成基本目标＿＿%，期望目标＿＿%，挑战目标＿＿%。

③ 现场技术支持及时率，完成基本目标＿＿%，期望目标＿＿%，挑战目标＿＿%。

④ 工艺技术培训实施次数，完成基本目标＿＿次，期望目标＿＿次，挑战目标＿＿次。

⑤ 工艺技术引进成功数量，完成基本目标＿＿项，期望目标＿＿项，挑战目标＿＿项。

第四条　奖惩标准

对乙方的绩效考核结果，主要用于决定乙方的年终利润分配。针对以上五大项目的完成情况，确定乙方年终利润分配的系数。年终利润分配系数用 $K$ 来表示。$K$ 的取值标准具体如下。

① 以上五项有任何一项或以上没有完成基本目标时，$K$ 取值为 0。

② 以上五项基本目标均已达到，有 1 ~ 2 项实现挑战目标，$K$ 取值为 1.2。

③ 以上五项基本目标均已达到，有 3 ~ 5 项实现挑战目标，$K$ 取值为 1.5。

④ 以上五项均达到期望目标时，$K$ 取值为 1。

⑤ 其余情况，$K$ 取值为 0.8。

结合以上标准计算乙方的利润分配额度，计算公式如下：

$$乙方实得利润额度 = 总监级别利润分配标准 \times K$$

第五条　违约责任

甲乙双方在合同执行期间，任何一方私下变动约定条款，而导致绩效结果无法按既定标准考核的，另一方有权决定乙方年终利润的发放与否及发放额度。

第六条　补充条款

合同生效期间，因客观经营环境发生变化，导致原考核内容或目标标准全部或部分无法实现的，双方应另行协商，调整确定新的考核项目或目标标准。

第七条　附则

① 合同签署前双方应认真通读合同内容，确认无误后签字。

② 本合同一式三份，自签订之日起生效，甲乙双方各执一份，人力资源部留存一份。

甲方签章：　　　　　　　　　　　乙方签章：

日期：　　年　　月　　日　　　　日期：　　年　　月　　日

## 7.2.5　对标范例：生产总监岗位绩效合同

下面是某公司生产总监岗位绩效合同范例，可供参考。

# ××公司生产总监岗位绩效合同

甲方：总经理　　　　　　　　　　乙方：生产总监

**第一条　合同期限**

本合同自＿＿年＿＿月＿＿日开始实施至＿＿年＿＿月＿＿日结束，为期＿＿（年/月）。

**第二条　双方的权利和义务**

① 合同履行期间，甲方有权监督、查看乙方的生产管理技术和操作过程是否按照公司既定的生产流程与技术规范执行。

② 甲方有权对乙方在执行任务期间采用的方式方法进行盘问、咨询了解，并对不符合公司要求的操作行为给予责令改正。

③ 乙方负责按照甲方的要求执行日常生产监督管理工作，使其符合各种操作规范、技术指标和生产目标。

④ 乙方有权在生产过程中随时向甲方汇报生产进度和生产过程中遇到的问题，并有权向甲方索要生产过程中需要的各种政策、资源和技术支持。

⑤ 乙方负责所在部门的一切日常事务，要求保质保量地完成企业规定的相应工作，在工作上服从甲方的安排。

**第三条　合同内容**

合同履行期间，乙方应按照如表1所示的业绩标准开展工作。

**表1　乙方业绩考核标准**

| 维度 | 绩效项目 | 目标值 | 配分 | 考核标准 | 得分 |
|---|---|---|---|---|---|
| 财务类 | 净资产回报情况 | 考核期内，净资产回报率在＿＿%以上 | 15 | 每低于目标值1%，扣＿＿分 | |
| | 主营业务收入 | 考核期内，主营业务收入达到＿＿万元 | 10 | 每低于目标值＿＿万元，扣＿＿分 | |
| | 技术改造费用控制 | 考核期内，技术改造费用控制在预算之内 | 10 | 每超出目标值＿＿万元，扣＿＿分 | |
| | 技术研究经费控制 | 考核期内，技术研究经费控制在预算范围之内 | 5 | 每超出目标值＿＿万元，扣＿＿分 | |
| 内部运营 | 年度企业发展战略目标完成情况 | 考核期内，年度企业发展战略目标完成率达到＿＿% | 5 | 每低于目标值1%，扣＿＿分 | |
| | 技术创新目标达成情况 | 考核期内，技术创新目标达成率在＿＿%以上 | 10 | 每低于目标值1%，扣＿＿分 | |

续表

| 维度 | 绩效项目 | 目标值 | 配分 | 考核标准 | 得分 |
|---|---|---|---|---|---|
| 内部运营 | 技术研究项目计划 | 考核期内，技术研究项目计划完成率达到____%以上 | 5 | 每低于目标值1%，扣____分 | |
| | 重大技术改进项目完成次数 | 考核期内，完成并通过验收的重大技术改造项目达到____项 | 5 | 每低于目标值1项，扣____分 | |
| 客户 | 客户满意度 | 考核期内，客户满意度达到____%以上 | 5 | 每低于目标值1%，扣____分 | |
| | 技术服务满意度 | 接受调研的对象对技术服务满意度达到____%以上 | 10 | 每低于目标值1%，扣____分 | |
| 学习与发展 | 外部学术交流次数 | 考核期内，相关人员参加外部学术交流的次数不得低于____次 | 10 | 每减少1次，扣____分 | |
| | 培训计划完成情况 | 考核期内，培训计划完成率达到____%以上 | 5 | 每低于目标值1%，扣____分 | |
| | 核心员工保有结果 | 考核期内，核心员工保有率达到____%以上 | 5 | 每低于目标值1%，扣____分 | |
| 合计 | | — | 100 | — | |

**第四条　奖惩标准**

乙方的绩效项目执行结果将作为乙方年度奖金发放的参照依据，具体的执行结果与发放标准如表2所示。

**表2　乙方考核成绩范围及奖惩标准**

| 考核等级 | 成绩范围及奖惩标准 | | | | | |
|---|---|---|---|---|---|---|
| 优秀 | 95分 | 96分 | 97分 | 98分 | 99分 | 100分 |
| | 2万元 | 2.2万元 | 2.4万元 | 2.6万元 | 2.8万元 | 3万元 |
| 良好 | 80～85分 | 86～90分 | 91～92分 | 93～94分 | — | — |
| | 1.6万元 | 1.7万元 | 1.8万元 | 1.9万元 | | |
| 合格 | 60～62分 | 63～65分 | 66～68分 | 69～71分 | 72～74分 | 75～79分 |
| | 1万元 | 1.1万元 | 1.2万元 | 1.3万元 | 1.4万元 | 1.5万元 |
| 不合格 | 60分以下 | — | — | — | — | — |
| | 无奖金 | | | | | |

第五条　违约责任

① 合同履行期间，因乙方个人原因，未事先与甲方协商而私下改动考核内容或评估标准，导致未能按照约定标准开展工作及执行评估的，将视为相应工作执行无效，不能得分。

② 合同履行期间，因甲方原因，未事先告知乙方而变动考核内容或评估标准的将视为变动无效，相应项目考核评估按乙方实际执行结果评定。

第六条　补充条款

① 合同履行期间，因客观经营环境发生变化，导致考核内容发生变动的，双方应另行协商调整考核内容，并签订书面执行文件。

② 合同履行期间，遇到本合同内容未提及事宜，双方应另行协商签订补充条款，补充条款与本合同具有同等效力。

③ 本合同将作为乙方任职考核的辅助参考依据。

第七条　附则

本合同一式三份，自签订之日起生效，甲乙双方各执一份，人力资源部留存一份。


甲方签章：　　　　　　　　　　乙方签章：

日期：　　年　　月　　日　　　日期：　　年　　月　　日


## 7.2.6　对标范例：财务总监岗位绩效合同

下面是某公司财务总监岗位绩效合同范例，可供参考。


### ××公司财务总监岗位绩效合同

甲方：总经理　　　　　　　　　乙方：财务总监

第一条　合同期限

本合同自＿＿年＿＿月＿＿日开始实施至＿＿年＿＿月＿＿日结束，为期＿＿（年/月）。

第二条　双方的权利和义务

① 甲方有权根据公司规章制度和财务规范，监督要求乙方行使日常工作，并为乙方实际工作提供必要的支持和帮助。

② 乙方有权根据甲方生产经营特点编制财务规章制度，行使日常财务管理操作，并对甲方的财务状况提供建议或意见。

第三条　合同内容

甲方对乙方的绩效考核主要从两个方面展开即业绩达成情况和管理能力状况。

（1）业绩达成情况

乙方业绩达成情况考核内容如表1所示。

表1　乙方业绩考核标准

| 维度 | 绩效项目 | 目标值 | 配分 | 考核标准 | 得分 |
|---|---|---|---|---|---|
| 财务类 | 净资产回报完成情况 | 考核期内，净资产回报率达到____%以上 | 15 | 每低于目标值1%，扣____分 | |
| | 主营业务收入 | 考核期内，主营业务收入达到____万元以上 | 15 | 每低于目标值____万元，扣____分 | |
| | 预算成本降低率 | 考核期内，预算成本降低率达到____%以上 | 10 | 每低于目标值1%，扣____分 | |
| 内部运营类 | 企业年度发展战略目标完成结果 | 考核期内，企业发展战略目标完成率达到____%以上 | 15 | 每低于目标值1%，扣____分 | |
| | 财务管理流程改善目标达成情况 | 考核期内，流程改善目标实现率达到____%以上 | 5 | 每低于目标值1%，扣____分 | |
| | 财务管理目标达成情况 | 考核期内，财务管理目标达成率达到____%以上 | 10 | 每低于目标值1%，扣____分 | |
| | 融资计划完成情况 | 考核期内，融资计划完成率达到____%以上 | 10 | 每低于目标值1%，扣____分 | |
| 客户类 | 外部合作单位满意度 | 考核期内，外部合作单位满意度达到____%以上 | 10 | 每低于目标值1%，扣____分 | |
| 学习与发展 | 培训计划完成情况 | 考核期内，培训计划完成率达到____%以上 | 5 | 每低于目标值1%，扣____分 | |
| | 分管部门员工任职资格达标情况 | 考核期内，分管部门员工任职资格达标率达到____%以上 | 5 | 每低于目标值1%，扣____分 | |
| 合计 | | — | 100 | — | |

（2）管理能力状况

管理能力状况考核内容如表2所示。

表2　乙方管理能力考核标准

| 能力指标 | 能力目标 | 评分标准（划√） | | | | |
|---|---|---|---|---|---|---|
| | | 出色 | 较强 | 平常 | 较差 | 很差 |
| 计划能力 | 采集信息并预测，明确发展方向和目标，制定战略和行动方案，编制预算，编制工作程序和日程安排能力 | 20 □ | 16 □ | 12 □ | 8 □ | 4 □ |
| 控制能力 | 通过财务分析，建立项目费用标准，进行项目执行效果评价，采取适当的措施，改进组织财务状况的能力 | 20 □ | 16 □ | 12 □ | 8 □ | 4 □ |
| 分析能力 | 根据获取到的财务信息，由外及里去伪存真，抓住主要矛盾和实质性问题，善于把握显著的相关事件，辨明内在联系，提出实用性决策的能力 | 20 □ | 16 □ | 12 □ | 8 □ | 4 □ |
| 决策能力 | 迅速而准确地对多种备选行动方案进行评价，并优选优化，做出最终决定的能力 | 20 □ | 16 □ | 12 □ | 8 □ | 4 □ |
| 沟通能力 | 倾听并清楚地理解下属的见解，以清晰、有感染力的语言说服对方，阐述并坚持自己主张的能力 | 20 □ | 16 □ | 12 □ | 8 □ | 4 □ |
| 得分 | | | | | | |

（3）计分说明

对乙方的业绩考核得分占60%，管理能力考核得分占40%，实际考核得分计算公式如下：

财务经理实际考核得分＝业绩考核得分×60%＋管理能力考核得分×40%

第四条　奖惩标准

对乙方的考核结果将用于以下人事决策的参考依据。

① 奖金发放。当乙方实际考核得分为90分或以上时，评定为优秀等级，可向乙方一次性发放年终奖金＿＿＿万元。

② 公费旅游。当乙方实际考核得分为80～89分时，评定为良好等级，可享受价值＿＿＿万元的带薪公费旅游。

③ 带薪培训。当乙方实际考核得分为70～79分时，评定为一般等级，可享受价值＿＿＿万元的带薪培训。

④ 职务或薪资调整。当乙方实际考核得分为70分以下时，评定为合格等级，职务或薪资等级降低一档。

第五条　违约责任

合同履行期间，双方应自觉按既定的内容开展相关工作，任何一方未按既定的标准执行时，将为造成的后果承担直接责任，另行制定双方认可的妥善解决办法。

第六条　补充条款

合同执行期间，双方应本着友好协商的态度，解决遇到的各种问题，确实不能达成一致意见的，可找企业所在地的劳动仲裁委员会协商解决。

第七条　附则

本合同一式三份，自签订之日起生效，甲乙双方各执一份，人力资源部留存一份。

甲方签章：　　　　　　　　　　　　乙方签章：

日期：　　年　　月　　日　　　　　日期：　　年　　月　　日

## 7.2.7　对标范例：行政总监岗位绩效合同

下面是某公司行政总监岗位绩效合同范例，可供参考。

### ××公司行政总监岗位绩效合同

甲方：总经理　　　　　　　　　　乙方：行政总监

第一条　合同期限

本合同自＿＿年＿＿月＿＿日开始实施至＿＿年＿＿月＿＿日结束，为期＿＿（年/月）。

第二条　双方的权利和义务

① 合同履行期间，甲方负责监督、指导乙方的日常工作，并做出必要的工作支持和动员。

② 合同履行期间，乙方有权按照甲方要求履行责任范围内的相关工作，并有权向甲方索要开展工作所必需的资源或权利。

③ 合同履行期间，乙方有责任根据公司的经营管理需要实施各种管理措施，并定期将实施结果向甲方汇报。

第三条　合同内容

合同约定的主要内容，可以用表1的形式，也可以用数字序号加项目执行目标表述。

**表 1　乙方业绩考核标准**

| 维度 | 绩效项目 | 目标值 | 配分 | 考核标准 | 得分 |
|---|---|---|---|---|---|
| 财务类 | 行政办公费用预算与实施控制情况 | 行政办公费用预算准确，预算与实际发生值误差不超出 5% | 20 | 误差每超目标值 1%，扣＿＿分 | |
| 内部运营类 | 规章制度完善情况 | 规章制度完善度达到 100%，避免因不完善造成管理混乱 | 20 | 因制度引发的混乱情况每发生 1 次，扣＿＿分 | |
| | 公司固定资产管理规范性 | 考核期内，重要固定资产完好率达＿＿% 以上 | 15 | 非自然老化资产损坏，每发生 1 次，扣＿＿分 | |
| | 行政工作流程持续改善执行 | 考核期内，避免因工作流程问题造成的工作混乱 | 10 | 因流程混乱造成工作失误的，每发生 1 次，扣＿＿分 | |
| 客户类 | 来访投诉控制 | 考核期内，避免来访人员投诉给公司造成负面影响 | 15 | 因对来客照顾不周给公司造成负面影响的，每发生 1 次，扣＿＿分 | |

续表

| 维度 | 绩效项目 | 目标值 | 配分 | 考核标准 | 得分 |
|---|---|---|---|---|---|
| 学习与发展类 | 员工满意度 | 员工对开展指导、监督工作的满意度评分达到____分以上 | 10 | 每低于目标值____分，扣____分 | |
| | 公司任职资格达标率 | 考核期内，公司任职资格达标率达到____%以上，全员培训率达到____%以上 | 10 | 每低于目标值____%，扣____分 | |
| 合计 | | — | 100 | — | |

第四条　奖惩标准

对乙方的考核结果将作为基本工资调整和年终奖金发放的依据。根据考核结果实施不同的薪酬调整办法，表2为乙方的薪酬调整办法。

**表2　乙方薪酬调整及奖金发放额度**

| 成绩范围 | 评估等级 | 基本工资调整办法 | 奖金发放额度 |
|---|---|---|---|
| 95分以上 | S | 基本工资×（1+1.0） | 发放全部年终奖金 |
| 90～95分 | A | 基本工资×（1+0.8） | 发放年终奖金的90% |
| 80～89分 | B | 基本工资×（1+0.4） | 发放年终奖金的70%～80% |
| 70～79分 | C | 基本工资×（1-0.2） | 无年终奖金 |
| 60～69分 | D | 基本工资×（1-0.4） | 无年终奖金 |

第五条　违约责任

① 合同履行期间，因乙方个人原因，未按照既定标准开展工作，导致无法考评的，不发放年终奖金，不调整基本工资。

② 合同履行期间，甲方原因导致未能按照双方约定的标准，对乙方实施绩效评估的，甲方应按照乙方评估结果的最高标准，支付乙方相应金额的年终奖金及调整基本工资标准。

第六条　补充条款

① 公司在生产经营环境发生重大变化或其他情况时，双方应协商修改本合同。

② 本合同未尽事宜，情况发生时在征求总裁意见后，双方另行协商确定解决办法。

第七条　附则

本合同一式三份，自签订之日起生效，甲乙双方各执一份，人力资源部留存一份。

甲方签章：　　　　　　　　　　　　乙方签章：

日期：　　年　　月　　日　　　　　日期：　　年　　月　　日

## 7.2.8　对标范例：人力资源总监岗位绩效合同

下面是某公司人力资源总监岗位绩效合同范例，可供参考。

### ××公司人力资源总监岗位绩效合同

甲方：总经理　　　　　　　　　　　乙方：人力资源总监

第一条　合同期限

本合同自＿＿＿年＿＿＿月＿＿＿日开始实施至＿＿＿年＿＿＿月＿＿＿日结束，为期＿＿＿（年/月）。

第二条　双方的权利和义务

① 合同履行期间，甲方负责监督、指导乙方的日常工作，并做出必要的工作支持和动员。

② 合同履行期间，乙方有权按照甲方要求履行责任范围内的相关工作，

并有权向甲方索要开展工作必需的资源或权利。

③ 合同履行期间，乙方有责任根据公司的经营管理需要实施各种管理措施，并定期将实施结果向甲方汇报。

第三条  合同内容

合同约定的主要内容，可以用表1的形式，也可以用数字序号加项目执行目标表述。

表1  乙方业绩考核标准

| 人力资源总监岗位_____（季度/年度）考核量表 | | | | | 考核得分 | |
|---|---|---|---|---|---|---|
| 被考评人 | | 职位 | | 考评人 | 职位 | |
| 考核维度 | | 财务类、运营类、客户类、学习与发展类 | | | | |
| 指标 | 权重 | 目标 | 实际 | 评价标准 | 得分 | 依据 |
| 净资产回报率 | 20% | ____% | ____% | 考核期内净资产回报率达到____%以上，每低于目标值____%，扣____分 | $X_1$ | 财务报表 |
| 人力资源管理费用控制率 | 20% | ____万元 | ____万元 | 考核期内人力资源管理费用控制在预算以内，每高出____万元，扣____分 | $X_2$ | 财务报表 |
| 人力资源战略目标达成率 | 20% | ____% | ____% | 考核期内人力资源战略目标达成率达到____%以上，每低于目标值____%，扣____分 | $X_3$ | 人力资源战略 |
| 人力资源管理体系改善目标实现率 | 20% | ____% | ____% | 考核期内人力资源管理体系改善目标实现率达到____%以上，每低于目标值____%，扣____分 | $X_4$ | 人力资源管理体系 |
| 员工满意度 | 10% | ____分 | ____分 | 考核期内员工满意度达到____分以上，每低于目标值____分，扣____分 | $X_5$ | 满意度问卷 |

续表

| 指标 | 权重 | 目标 | 实际 | 评价标准 | 得分 | 依据 |
|---|---|---|---|---|---|---|
| 员工职业生涯体系完善率 | 10% | ＿＿% | ＿＿% | 考核期内员工职业生涯体系完善率达到＿＿%以上，每低于目标值＿＿%，扣＿＿分 | $X_6$ | 职业生涯规划 |
| 得分计算公式 | 每项指标满分均为100分，考核得分 $=X_1 \times 20\% + X_2 \times 20\% + X_3 \times 20\% + \cdots + X_6 \times 10\%$ | | | | | |
| 被考评人签字 | | 考评人签字及日期 | | | 监督人签字 | |

第四条　奖惩标准

乙方的考核结果将作为基本工资调整和年终奖金发放的依据。根据乙方考核结果实施不同的薪酬调整办法，表2为乙方的薪酬调整办法。

表2　乙方薪酬调整及奖金发放额度

| 成绩范围 | 评估等级 | 基本工资调整办法 | 奖金发放额度 |
|---|---|---|---|
| 95分以上 | S | 基本工资×（1+1.0） | 发放全部年终奖金 |
| 90～95分 | A | 基本工资×（1+0.8） | 发放年终奖金的90% |
| 80～89分 | B | 基本工资×（1+0.4） | 发放年终奖金的70%～80% |
| 70～79分 | C | 基本工资×（1－0.2） | 无年终奖金 |
| 60～69分 | D | 基本工资×（1－0.4） | 无年终奖金 |

第五条　违约责任

① 合同履行期间，因乙方个人原因，未按照既定标准开展工作，导致无法考评的，不发放年终奖金，不调整基本工资。

② 合同履行期间，甲方原因导致未能按照双方约定的标准，对乙方实施

绩效评估的，甲方应按照乙方评估结果的最高标准，支付乙方相应金额的年终奖金及调整基本工资标准。

第六条　补充条款

① 公司在生产经营环境发生重大变化或其他情况时，双方应协商修改本合同。

② 本合同未尽事宜，情况发生时在征求总裁意见后，双方另行协商确定解决办法。

第七条　附则

本合同一式三份，自签订之日起生效，甲乙双方各执一份，人力资源部留存一份。

甲方签章：　　　　　　　　　　　乙方签章：

日期：　　年　　月　　日　　　　日期：　　年　　月　　日

# 第8章

# 如何设计绩效薪酬管理激励制度与表单

"欲知平直，则必准绳；欲知方圆，则必规矩。"企业规章制度就是准绳、规矩，就是对劳资双方博弈规则的界定和制约。表单化管理是提升管理水平、提高管理效率的有效方式之一。与管理制度配套的管理表单，发挥着补充制度的内容、丰富制度的形式、促进制度进一步落实与执行等重要作用。

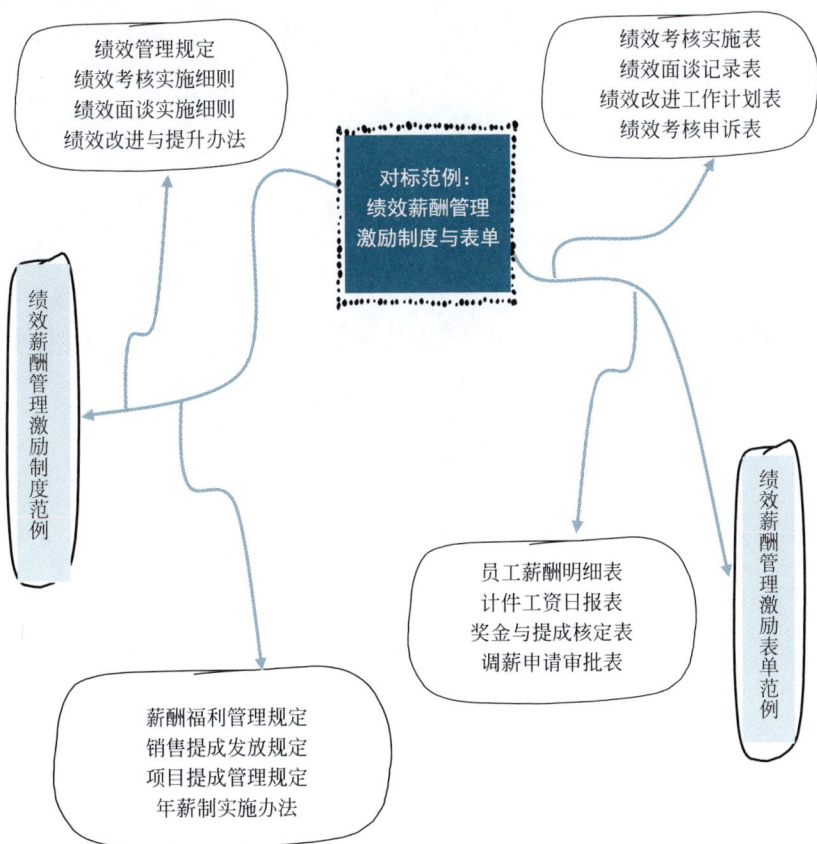

绩效管理规定
绩效考核实施细则
绩效面谈实施细则
绩效改进与提升办法

绩效考核实施表
绩效面谈记录表
绩效改进工作计划表
绩效考核申诉表

对标范例：
绩效薪酬管理
激励制度与表单

绩效薪酬管理激励制度范例

绩效薪酬管理激励表单范例

员工薪酬明细表
计件工资日报表
奖金与提成核定表
调薪申请审批表

薪酬福利管理规定
销售提成发放规定
项目提成管理规定
年薪制实施办法

# 8.1 绩效薪酬管理激励制度范例

在绩效薪酬管理过程中，制度是规范员工行为的主要标尺。一套科学、有效的管理制度体系及配套的执行表单是企业经营运作良好的重要保障之一。企业要强化制度意识、抓好制度完善、加强执行监督，促进将制度优势转化为治理效能。

制度的出台和表单的设计是为了明确哪些行为、哪些事项、哪些现象能够促进企业良性运营，有序开展工作并做到规范化，同时，还应确保管理制度和配套表单的执行性与可操作性。

制度编写过程中需要注意六个问题。

① 要制定统一的文本格式和书写要求：包括结构、内容、编号、格式、图标、流程、字号、字体等都要予以说明。

② 凡涉及两个部门或多个部门共同管理、操作的业务，在编写时要注意分清职责界限，完善组织接口的处理。

③ 制度是告诉人们在做某件事时应遵循的规范和准则。因此，写制度时无须将制度条款涉及的知识点罗列出来或进行知识点介绍。

④ 制度里面不能包含口头语言，要使用书面语。

⑤ 制度范例可以重点参照，有的可以"拿来即用"或"稍改即用"，也就是得到"鱼"，但是，一定要确保适合本企业的诉求、特点和发展阶段，要能够真正落地。

⑥ 制度范例和表单范例的提供更多的是给大家一个模板、一个规范的格式、一个参考的思路，也就是收获"渔"的技术。

## 8.1.1 制度范例：绩效管理规定

下面是某公司的绩效管理规定范例，可供参考。

### ××公司绩效管理规定

#### 第1章 总则

第1条 目的

① 通过绩效管理将部门和员工个人的工作表现与公司战略目标紧密地结

合起来，确保公司战略目标快速平稳地实现。

② 在绩效考核管理过程中促进管理者与员工之间的交流与沟通，形成良好的沟通机制，增强公司的凝聚力。

③ 通过绩效管理提高公司的管理水平、提升员工的工作绩效，促进公司快速发展。

④ 通过绩效考核对员工工作业绩、工作能力等进行客观评价，为员工薪资调整、岗位变动、培训与开发等人力资源管理工作提供有效的依据。

第2条 适用范围

本制度适用于公司除试用期以外的所有正式聘用的员工。

第3条 职责划分

（1）总经理的职责

总经理负责中、高层管理人员的考核工作，同时指导、监督公司整体绩效管理工作的开展。

（2）人力资源部的职责

① 制定并不断完善公司的绩效考核管理制度。

② 建立公司各部门及岗位的绩效考核指标及考核标准体系。

③ 负责对各部门进行岗位考核培训和辅导。

④ 定期组织实施、推进企业的绩效考核工作。

⑤ 监控、稽查各部门绩效考核的过程与结果。

⑥ 接受、协调处理员工的考核申诉。

⑦ 负责绩效考核结果的应用管理。

（3）各部门负责人的职责

① 确定本部门员工的考核指标、标准及权重。

② 协助被考评者制定个人绩效目标。

③ 考核实施过程中，与被考评者进行持续沟通，并给予必要的资源帮助和支持。

④ 记录、收集被考评者的绩效信息，为绩效评价提供事实依据。

⑤ 考核及评价被考评者的工作绩效。

⑥ 与被考评者进行绩效沟通，提出绩效改进建议，共同制定绩效改进计划。

（4）员工的职责

员工需按照要求填写绩效考核表，并制定个人绩效改进计划。

## 第2章　绩效考核的要求和周期

第4条　考核的要求

① 考评者在进行考核时要客观、公正，不得徇私舞弊，切忌带入个人主观因素或武断猜想。

② 只对员工在考核期间和工作范围内的表现进行考核，不得对此以外的事实和行为做出评价。

③ 考核要客观反映员工的实际工作情况，避免光环效应和主观偏见等带来的误差。

④ 考评者与被考评者在绩效考核过程中，需要进行充分沟通，确保考核的准确、合理。

⑤ 考评者应及时将考核结果反馈给被考评者，同时应当就考核结果进行解释、说明。

第5条　考核周期

绩效考核分为月度考核、季度考核、年度考核三种，具体考核时间，如表1所示。

**表1　考核周期时间**

| 考核分类 | 考核时间 |
| --- | --- |
| 月度考核 | 次月 1 日～10 日 |
| 季度考核 | 下一季度第一个月的 1 日～15 日 |
| 年度考核 | 次年 1 月 1 日～25 日 |

## 第3章　绩效考核的内容

第6条　经理级以上人员考核内容

公司经理级（含）以上人员的绩效考核指标体系包括以下四个方面，针对不同的考核岗位，可选取不同的指标组合和权重。

① 财务指标。公司考核期的收入和利润目标完成情况。

② 客户指标。客户、经销商满意度及市场维护相关指标的完成情况。

③ 内部过程指标。部门或岗位考核期重点工作的完成情况。

④ 学习成长指标。部门或岗位业务能力和创新能力的提升情况。

第7条　主管级以下员工考核内容

公司经理级以下员工的绩效考核指标体系包括以下三个方面。

① 工作业绩。工作的完成情况，从工作效率、工作任务、工作效益等方

面衡量。

② 工作能力。员工胜任本工作所具备的各种能力，从知识结构、专业技能、一般能力等方面考核。

③ 工作态度，员工对工作所持有的评价与行为倾向，从工作的认真程度、努力程度、责任心、主动性等方面衡量。

第8条　附加分值

附加分值主要针对员工日常工作表现的奖惩记录而设置。

第9条　绩效考核指标确定

① 对公司总体发展战略目标进行层层分解，确定企业内各级组织、部门的整体目标。

② 根据部门整体目标，确定分解到岗位的工作目标，并选取4～6个指标作为考核指标，同时根据重要程度确定各指标的权重。

③ 确定各项考核指标的衡量标准或评分标准。

### 第4章　绩效考核的组织与实施

第10条　人力资源部发布考核通知，考核通知应明确考核标准、考核表提交时间和要求等。

第11条　人力资源部对各部门的绩效考核工作进行培训和指导，培训内容包括考核规定、解释考核内容和项目、统一考核的标准、严肃考核纪律等。

第12条　各部门负责人设立本部门考核计划和目标，并指导下属做好本岗位绩效考核工作。

第13条　员工按照绩效考核要求，在规定时间内进行自我评估并填写考核表。

第14条　各部门负责人按照考核要求对自己和下属的工作表现及计划目标的达成情况进行记录和评定，按期上交至人力资源部。

第15条　人力资源部在绩效考核实施过程中，负责监督和检查考核落实情况，并为考评者提供指导。

第16条　人力资源部根据各部门提交的"岗位考核评分表"，计算出被考评者的最终得分，并确定其最终等级，如表2所示。

**表2　考核分数与等级对应**

| 考核等级 | A | B | C | D | E |
|---|---|---|---|---|---|
| 考核得分 | 90分以上 | 80（含）～90分 | 70（含）～79分 | 60（含）～69分 | 60分以下 |

第17条　人力资源部在统计考核得分后的三个工作日内公布考核结果，如遇特殊情况需要延迟公布的，需采用公告的形式说明原因。

## 第5章　绩效反馈

第18条　绩效面谈前的准备

① 考评者应收集并填写好有关绩效考核的资料。

② 被考评者应准备可以证明自己绩效的资料和证据，以及要求和个人发展计划等。

第19条　实施绩效面谈

① 考评者与被考评者应对绩效考核的目的、目标、评估标准达成一致，再讨论被考评者的具体考核得分。

② 被考评者陈述自己的工作表现并初步评估，考评者应认真听取被考评者的陈述，并就问题逐项分析，争取达成一致。

③ 考评者应指出被考评者工作上的不足，并制定下一阶段的绩效改进计划。

第20条　制定绩效改进计划

绩效改进计划应在考评者与被考评者进行绩效面谈后，由双方认可并制定。内容应包括有待改进的方面、目前水平、期望水平、改进措施和达成目标期限等。考评者应随时跟踪改进计划的落实情况，并及时给予被考评者支持和帮助。

## 第6章　绩效申诉

第21条　公司人力资源部是员工绩效考核申诉的日常管理部门，被考评者如对考核结果不清楚或者持有异议，可填写"绩效考核申诉表"向人力资源部提出申诉。

第22条　人力资源部在考核结果公布后的7个工作日内接受部门或员工的申诉，过期不予受理。

第23条　人力资源部在接到申诉后，需在5个工作日内做出是否受理的答复，对于无客观事实依据、仅凭主观臆断的申诉不予受理。

第24条　人力资源部对申诉内容进行调查，然后与部门负责人、当事人进行沟通、协调，不能协调的，报主管副总或总经理处理。

## 第7章　绩效考核结果的运用

第25条　绩效考核资料的存档

各部门绩效考核相关资料均需统一整理，并交人力资源部存档。

第26条　绩效考核结果的应用

绩效考核结果的应用，如表3所示。

表3　绩效考核结果应用说明

| 运用范围 | 具体说明 |
|---|---|
| 教育培训 | 管理人员以及培训负责人在考虑教育培训工作时，可以把绩效考核的结果作为参考资料，借此掌握教育培训的重点，作为开发员工能力的依据 |
| 调动调配 | 管理人员在进行工作调配或岗位调动时应该考虑其考核结果，分析其长短处，把握员工的适应能力和发展潜力等 |
| 晋升晋级 | 管理人员对员工进行晋升晋级考核时，可将员工历史绩效作为考核参考数据 |
| 提薪涨薪 | 管理人员参照员工的绩效考核结果，决定提薪的幅度 |
| 奖励匹配 | 奖励的分配应与员工达成工作目标情况和员工所做的贡献等相匹配 |

### 第8章　附则

第27条　本制度由人力资源部制定，其解释和修订权归人力资源部所有。

第28条　本制度经总经理审批，自发布之日起正式实施。

## 8.1.2　制度范例：绩效考核实施细则

下面是某公司绩效考核实施细则范例，可供参考。

### ××公司绩效考核实施细则

#### 第1章　总则

第1条　目的

为了规范绩效考核工作实施程序，提高员工的工作能力和工作绩效，从而提高组织整体的工作效能，最终实现公司发展战略目标，同时确保公司绩效考核的顺利实施和日常工作的规范管理，依据公司绩效管理工作制度，特制定本细则。

第2条　本细则适用于公司除下列人员外的员工

① 兼职人员。

② 考核期开始进入公司的员工。

③ 因私、因病、因伤而连续缺勤_____个工作日以上者。

④ 因工伤而连续缺勤_____个工作日以上者。

⑤ 虽然在考核期任职，但考核实施日已经退职者。

第3条　考核实施原则

① 公平、公正、公开原则。

② 定性考核与定量考核相结合原则。

③ 考核的成绩以确认的事实、数据或者可靠的材料为依据原则。

第4条　职责划分

（1）总经理

总经理负责中、高层管理人员的考核工作，同时指导、监督公司整体绩效管理工作的开展。

（2）人力资源部

① 负责对各部门进行岗位考核培训和辅导。

② 定期组织实施、推进企业的绩效考核工作。

③ 监控、稽查各部门绩效考核的过程与结果。

④ 接受、协调处理员工的考核申诉。

（3）各部门负责人

① 考核实施过程中，与被考评者进行持续沟通，并给予必要的资源帮助和支持。

② 记录、收集被考评者的绩效信息，为绩效评价提供事实依据。

③ 考核评价被考评者的工作绩效。

④ 与被考评者进行绩效沟通，提出绩效改进建议，共同制定绩效改进计划。

（4）员工

员工需按照要求填写绩效考核表，并制定个人绩效改进计划。

### 第2章　绩效考核的实施流程

第5条　人力资源部发布考核通知，考核通知应明确考核标准、考核表提交时间和要求等。

第6条　人力资源部对各部门的绩效考核工作进行培训和指导。培训内容包括考核规定、解释考核内容和项目、统一考核的标准、严肃考核纪律等。

第7条　各部门负责人设立本部门考核计划和目标，并指导下属做好本岗位绩效考核工作。

第8条　员工按照绩效考核要求，在规定时间内进行自我评估并填写考核表。

第9条　各部门负责人按照考核要求对自己和下属的工作表现及计划目标的达成情况进行记录和评定，按期上交至人力资源部。

第10条　人力资源部在绩效考核实施过程中，负责监督和检查考核落实情况，并为考评者提供指导。

第11条　人力资源部根据各部门提交的"岗位考核评分表"，计算出被考评者的最终得分，并确定其最终等级。

### 第3章　绩效考核等级划分与分值统计

第12条　有下列情形之一者，根据事由、动机、影响力等报请升级、记大功、记功、嘉奖、晋级及奖励，并记入考核记录。

① 在本企业业务上或技术上有特殊贡献，并经采用而获显著绩效的。

② 遇有特殊危急事故，冒险抢救，保全本企业重大利益或他人生命的。

③ 对有危害本企业产业或设备的意图，能防患于未然，并妥为防护消灭，因而避免损害的。

第13条　有下列情形之一者，视其情节轻重程度，报请免职、记大过、记过、申诫、降级等处罚，并记入考核记录。

① 行为不检、屡教不改或破坏纪律情节严重的。

② 遇特殊危急事变，畏难逃避或救护失时，导致本企业或公众蒙受重大损害的。

③ 对可预见的灾害疏于觉察或临时急救措施失当，导致本企业遭受不必要的损害的。

④ 觉察到对本企业的重大危害，徇私不顾或隐匿不报，因而耽误时机致本企业遭受损害的。

第14条　考核等级划分

考核结果共分为A级、B级、C级、D级、E级五等，如表1所示。

表1　考核等级划分

| 等级 | 对应分数 | 考核成绩要求 |
|---|---|---|
| A | 86分及以上 | 年度考核成绩在85分及以上 |
| B | 80～85分 | 年度考核成绩在80分及以上 |
| C | 70～79分 | 年度考核成绩在70分及以上 |
| D | 60～69分 | 年度考核成绩在60分及以上 |
| E | 59分及以下 | 年度考核成绩未满60分 |

第15条　年度内曾受奖励或惩戒者，其年度考核成绩应依下列规定增减其分数。

① 记大功1次加10分；记功1次加5分；嘉奖1次加2分。

② 记大过1次减10分；记过1次减5分；申诫1次减2分。

第16条　有下列情形之一者，其考核成绩不得列为A等。

① 曾受任何一种惩戒。

② 迟到或早退累计扣分10分及以上者。

③ 请假超过限定日数者。

④ 旷工1天以上者。

第17条　有下列情形之一者，其考核不得列入A等至C等。

① 在年度内曾受记过及以上处分者。

② 迟到或早退累计20次及以上者。

③ 旷工两日及以上者。

第18条　考核等级分配

A级占考核总人数的5%，B级占考核总人数的70%，C级占考核总人数的20%，E级占考核总人数的5%。

第19条　考核等级分配比例为公司建议比例，不作硬性规定，但A级和E级的比例均不得超过5%。

### 第4章　绩效考核注意事项

第20条　下列人员不得参加年度绩效考核。

① 入职未满半年者。

② 停薪留职及复职未达半年者。

③ 已应征入伍者。

④ 曾受留职察看处分者。

⑤ 中途离职者。

第21条　失去参加年度绩效考核资格的人员，仍应填写考勤及奖惩资料备查，但应注明"不参加考核"字样及原因。

### 第5章　附则

第22条　本细则由人力资源部制定，其解释和修订权归人力资源部所有。

第23条　本细则自发布之日起正式实施。

## 8.1.3　制度范例：绩效面谈实施细则

下面是某公司绩效面谈实施细则范例，可供参考。

### ××公司绩效面谈实施细则

#### 第1章　总则

第1条　为了达到以下目的，依据公司绩效管理制度，特制定本细则。

① 充分发挥各部门负责人在绩效管理工作中的指导、支持作用，使绩效管理工作开展得更加规范、高效。

② 掌握员工工作执行过程中出现的问题以及员工发展的需要，制定有针对性的培训计划。

③ 通过向员工反馈工作执行情况和执行结果，为员工创造了解自身优缺点的机会，培养员工以自我认知为基础的自我发展态度。

④ 帮助员工订立自我发展目标，加深员工对工作的关心，培养员工的责任感。

⑤ 保持公司与员工的良好沟通，从而形成公司良好的协调、沟通氛围。

第2条　适用范围

本细则适用于公司所有员工的绩效反馈与面谈工作。

第3条　管理职责

① 人力资源部负责公司绩效面谈的组织实施与培训指导工作。

② 员工的上级主管在人力资源部的协助、监督下，与被考评者进行绩效面谈。

第4条　绩效面谈的原则

① 直接、具体的原则。面谈交流要直接而具体，不能做泛泛的、抽象的、一般性的评价。

② 互动原则。面谈是一种双向的沟通，为了获得对方的真实想法，上级主管应当鼓励员工多说话，让其充分表达自己的观点。

③ 基于工作的原则。绩效面谈中涉及的是工作绩效，是工作的一些事实表现，员工是怎么做的，采取了哪些行动和措施，效果如何，而不应该讨论员工个人的性格。

④ 分析原因原则。绩效面谈需要指出员工的不足之处，但不需要批评，而应立足于帮助员工改进不足之处，指出绩效未达成的原因。

⑤ 互相信任原则。绩效面谈是上级主管与员工进行双向沟通的过程，双方若要达成共识，就必须建立互相信任的关系。

## 第2章　绩效面谈的内容划分与组织实施

第5条　绩效面谈包括绩效计划面谈、绩效指导面谈和绩效反馈面谈，三种面谈的内容是不同的，如表1所示。

### 表1　绩效面谈的类型与内容

| 面谈类型 | 面谈实施 | 面谈时间 | 面谈重点 |
|---|---|---|---|
| 绩效计划面谈 | 上级主管与员工就本期内绩效计划的目标、内容以及实现措施、步骤和方法进行面谈 | 工作的初期 | 业绩目标、内容、实施步骤和方法 |
| 绩效指导面谈 | 根据员工不同阶段的表现，上级主管与员工围绕思想认识、工作程序、操作方法、新技术应用、新技能培训等方面的问题进行面谈 | 绩效管理活动的过程中 | 工作态度、工作能力、所需技能、遇到的困难及解决办法 |
| 绩效反馈面谈 | 上级主管根据员工绩效计划的贯彻执行情况及其工作表现和工作业绩进行全面回顾、总结和评估，并将考核结果及相关信息反馈给员工 | 整项考核工作完成之后 | 工作业绩、工作表现、改进措施、新的目标 |

第6条　上级主管绩效面谈准备

① 上级主管应提前确定面谈的时间与地点，并告知员工。

② 上级主管应提前准备好面谈资料，如员工评价表、员工的日常表现记录、岗位说明书、薪金变化情况等资料，并告知员工准备相关的面谈资料。

③ 上级主管应事先了解员工的个性特点，以及自己管理或沟通方面的能力限制。

④ 上级主管应详细阅读员工的绩效自评表，了解员工需要讨论和指导的行为事宜。

⑤ 上级主管应事先拟定好面谈程序，计划好如何开始、如何结束、面谈过程中先谈什么、后谈什么，以及各阶段的时间分配。

第7条　员工绩效面谈准备

① 员工应提前填写自我评价表。员工要客观地做好自我评价，这样便于与上级主管考核结果达成一致，有利于面谈的顺利进行以及个人发展目标的切实制定。

② 员工应提前准备好个人发展计划。面谈时提出个人发展计划，有利于

上级主管有针对性地进行下期的工作安排。

③ 员工应提前准备好向上级主管提出的问题。这一过程是员工改变上级主管对自己评价和做好下期计划的关键。

④ 员工应提前安排好自己的工作，避免因进行面谈而影响正常的工作。

第8条　绩效面谈实施

① 上级主管应营造一种和谐的面谈气氛。

② 上级主管应说明面谈的目的、步骤和面谈时间。

③ 上级主管根据预先设定的绩效指标评价员工的工作完成情况，并分析其成功与失败的原因。

④ 双方讨论员工的行为表现与公司价值观相符的情况，以及员工在工作能力上的强项和有待改进的方面。

⑤ 双方为员工下一阶段的工作设定目标和绩效指标，并讨论员工需要的资源和帮助。

⑥ 双方经协商达成一致意见后签字确认。

第9条　确定绩效面谈结果

① 上级主管设定员工下阶段工作改进计划及时间表。

② 依公司管理制度，上级主管对员工晋升、调薪或调职提出合理建议。

第10条　上级主管在绩效面谈过程中，需要掌握的技巧及需要明确的注意事项，如表2所示。

| 序号 | 面谈阶段 | 工作技巧与注意事项 |
|------|----------|-------------------|
| 1 | 面谈前的准备阶段 | ① 需要预先安排合适的时间、场所，给员工一种平等、轻松的感觉<br>② 材料准备充分，并在面谈前熟悉材料，做到心中有数，不至于在面谈时手忙脚乱、尴尬冷场 |
| 2 | 暖场阶段 | ① 创造轻松、融洽的气氛，让员工心情放松<br>② 设计一个缓冲带，时间不宜太长，可以先谈谈工作以外的其他事 |
| 3 | 员工自评阶段 | ① 认真倾听员工的解释，撇开偏见、控制情绪、耐心听取员工讲述<br>② 不时地概括或重复对方的谈话内容，鼓励员工讲下去 |
| 4 | 上级主管评价阶段 | 对业绩评价指出成绩和不足，对能力评价指出优势和劣势 |

**表2　绩效面谈工作技巧与注意事项**

续表

| 序号 | 面谈阶段 | 工作技巧与注意事项 |
| --- | --- | --- |
| 5 | 讨论并确定评价结果 | 先从共识的地方谈起，在意见不一致时，不与员工形成对立，耐心沟通，并关注绩效标准及相关事实而不是其他方面 |
| 6 | 针对不足制定改善计划 | 先让员工提出改善方案，并需注意计划的可衡量性和可行性 |
| 7 | 确定下阶段工作目标 | 确认目标的实现期限，并注意目标的可衡量性和可行性 |
| 8 | 结束阶段 | 给员工以鼓励并表达谢意 |

### 第3章  绩效面谈注意事项

第11条  绩效面谈应注意的问题

① 双向沟通。面谈双方应进行充分的沟通和交流，以提高绩效面谈的效果。

② 问题诊断与辅导并重。面谈人应在提出问题的基础上，帮助员工想出解决问题的方法。

③ 以积极的方式结束面谈。面谈结束时，面谈人应该让员工树立进一步把工作做好的信心，以积极的方式结束面谈。

第12条  在绩效反馈面谈中，若面谈人与员工经过反复协商仍未达成一致协议，员工可向人力资源部进行绩效考核申诉。具体申诉事项参见公司绩效评议与申诉制度。

第13条  公司人力资源部需将绩效面谈作为辅助考核指标纳入部门负责人考核方案中，对未按规定进行绩效面谈的，人力资源部进行统计分析，并对部门负责人进行公开通报批评。

第14条  本细则产生的员工绩效面谈记录表等需由人力资源部进行整理归档。

### 第4章  附则

第15条  本细则由人力资源部制定，其解释和修订由人力资源部负责。

第16条  本细则自发布之日起正式实施。

## 8.1.4  制度范例：绩效改进与提升办法

下面是某公司绩效改进与提升办法范例，可供参考。

# ××公司绩效改进与提升办法

## 第1章　总则

**第1条　目的**

为了提高各岗位人员的工作绩效，规范绩效管理工作，完善公司绩效管理体系，不断增强公司的整体核心竞争力，依据公司绩效管理制度，特制定本办法。

**第2条　适用范围**

本办法适用于公司所有人员的绩效改进与绩效提升的相关工作事项。

**第3条　绩效改进与提升的指导思想**

① 绩效改进与提升是绩效考核的后续工作，绩效改进与提升的出发点是对员工现实工作的考核，不能将这两个环节的工作割裂开来进行。

② 绩效改进与提升必须自然地融入部门日常管理工作之中，才有其存在的价值。

③ 帮助下属改进绩效、提升能力是管理人员义不容辞的责任。

**第4条　绩效改进与提升的工作重点**

绩效改进与提升的工作重点包括绩效诊断、绩效改进计划的制定、绩效改进计划的实施和评价，具体可分为三个阶段，即绩效改进计划阶段、绩效辅导阶段、绩效考核及反馈阶段。

## 第2章　考核及反馈阶段的绩效改进与提升

**第5条**　绩效考核及反馈阶段是绩效诊断与分析的阶段。绩效诊断与分析是绩效改进过程中的第一步，也是绩效改进最基本的环节，公司各级管理人员需重视本阶段的绩效改进与提升工作。

**第6条**　绩效管理人员综合收集到的考核信息，客观、公正地评价员工，并在充分准备后，就绩效改进考核情况向员工进行反馈。

**第7条**　考评者与被考评者实行绩效反馈面谈工作，肯定成绩，指出不足，进行充分沟通与协商，找出关键绩效问题和产生绩效问题的原因，制定一致的未来绩效目标和绩效改进提升措施。

**第8条**　绩效问题诊断分析工作可以从以下角度进行。

① 考虑影响团队或个人绩效的四大因素，即知识、技能、态度、环境。

② 考虑绩效考核工作涉及的三大因素，即员工本人、主管（直接上级）、绩效环境。

第9条　绩效改进工作要点及措施

绩效改进工作要点及措施，如表1所示。

表1　绩效改进工作要点及措施

| 绩效分类 | 不易改变 | 容易改变 |
|---|---|---|
| 急需改进 | 将其列入长期改进计划，或者与绩效薪酬一同进行 | 最先做 |
| 不急需改进 | 暂时不列入改进计划 | 第二选择（有助于其他困难的绩效改进） |

第10条　解决绩效问题的方法如下。

① 员工：向主管或有经验的同事学习，观摩他人的做法，参加公司内外的有关培训及相关领域的研讨会，阅读相关的书籍，选择某一实际工作项目，在主管的指导下进行训练等。

② 经理/主管（直接上级）：参加公司内外关于绩效管理、人员管理等方面的培训，向公司内有经验的管理人员学习，向人力资源管理专家咨询等。

③ 公司环境：适当调整部门内人员分工或进行部门间人员交流，以改善部门内的人际关系氛围，在公司资源允许的情况下，尽量改善工作环境和工作条件。

第11条　绩效考核反馈时，无论员工是否认可考核结果，都必须在考核表上签字。签字不代表员工认可考核结果，只代表员工知晓考核结果。

第12条　被考评者如果对绩效考核结果不认可，可进行绩效申诉，具体请参考公司制定的绩效评议与申诉制度。

第13条　面谈时，需及时掌握培训需求，考评者与被考评者可制定有针对性的培训措施，在人力资源部的协助下开展培训。

### 第3章　绩效改进计划阶段的绩效改进与提升

第14条　制定绩效改进计划

在这一阶段，各部门经理应与员工进行充分的沟通，就绩效目标达成共识，具体包括以下内容。

① 员工的基本情况、直接上级的基本情况以及该计划的制定时间和实施时间。

② 根据上周期的绩效评价结果和绩效反馈情况，确定需要改进的方面，明确需要改进和发展的原因。

③ 明确员工现有绩效水平和经过绩效改进之后的绩效目标。

④ 针对存在的问题制定合理的绩效改进计划或方案等。

第15条 制定绩效改进计划的注意事项。

① 计划内容要有实际操作性，即计划内容需与员工待改进的绩效工作相关联且是可以实现的。

② 计划要获得管理人员与员工双方的认同，即管理人员与员工都应该接受这个计划并保证该计划的实现。

③ 符合SMART原则，即绩效改进计划要满足具体、可衡量、可达到、相关联、有时限性五点要求。

第16条 使用工具

在绩效改进过程中可使用"绩效改进计划表"进行具体的绩效改进计划工作。

### 第4章 绩效辅导阶段的绩效改善与提升

第17条 绩效辅导阶段即绩效改进计划的实施与评估阶段，管理人员应该在考核周期内，通过绩效监控和沟通，实现对绩效改进计划实施过程的控制。

第18条 绩效管理人员需监督绩效改进计划能否按照预期的计划进行，收集、整理绩效改进过程中的问题，记录绩效改进实际工作情况，及时修订和调整不合理的改进计划。

第19条 各部门应注重在部门内建立、健全"双向沟通"机制，包括周/月例会制度、周/月总结制度、汇报/述职制度、观察记录制度、周工作记录制度等。

第20条 绩效管理人员对于员工的绩效改进方面的问题，应及时、准确地记录在绩效改进表中。

第21条 公司需通过前后两次绩效考核结果对绩效改进计划的完成情况进行评价，如果员工在后一次的绩效评价中有显著提高，则在一定程度上说明绩效改进计划取得了一定的成效。

### 第5章 附则

第22条 本办法由人力资源部制定，并负责解释和修订。

第23条 本办法自发布之日起正式实施。

## 8.1.5 制度范例：薪酬福利管理规定

下面是某公司薪酬福利管理规定范例，可供参考。

# ××公司薪酬福利管理规定

## 第1章　总则

第1条　目的

为了规范公司各部门、各岗位员工薪酬标准及计算、发放管理，增强考核功能，充分发挥薪酬体系的激励作用，根据公司的实际情况结合管理需要，特制定本规定。

第2条　制定原则

① 对外竞争原则。公司保持薪酬水平具有相对市场竞争力。

② 对内公平原则。以工作分析和岗位价值评价为基础，使公司内部不同职务序列、不同部门、不同岗位员工之间的薪酬相对公平合理，同工同酬。

③ 对员工激励原则。公司根据员工个体的贡献度大小，结合绩效考核结果，决定员工的薪酬，同工不同酬。

④ 保密原则。各岗位人员的薪酬一律保密。

第3条　适用范围

本制度适用于公司全体员工。

第4条　人力资源部是公司薪酬工作的归口管理部门，其主要职责如下。

① 薪酬福利激励制度的制定、修订、解释和执行。

② 工资、福利、奖励等的计算、审核、发放和解释。

③ 市场薪酬水平调研、员工薪酬满意度调查、工资和福利等标准的建议与核定。

## 第2章　薪酬构成

第5条　公司薪酬设计按人力资源的不同类别，实行分类管理，着重体现岗位价值和个人贡献。

第6条　公司正式员工薪酬构成

① 公司高层薪酬构成＝基本年薪＋年终效益奖＋股权激励＋福利

② 员工薪酬构成＝岗位工资＋绩效工资＋工龄工资＋各种福利＋津贴或补贴＋奖金

## 第3章　工资系列

第7条　公司根据不同职务性质，将公司的工资划分为行政管理、技术、生产、营销、后勤五类工资系列。

第8条　员工工资系列适用范围，如表1所示。

| 工资系列 | 适用范围 |
|---|---|
| 行政管理系列 | ① 公司高层领导<br>② 各职能部门经理<br>③ 行政部（勤务人员除外）、人力资源部、财务部、审计部所有职员 |
| 技术系列 | 产品研发部、技术工程部所有员工（各部门经理除外） |
| 生产系列 | 生产部、质量管理部、采购部所有员工（各部门经理除外） |
| 营销系列 | 市场部、销售部所有职员 |
| 后勤系列 | 一般勤务人员如司机、保安、保洁员等 |

表1　员工工资系列适用范围

第9条　高层管理人员工资标准的确定

（1）基本年薪

① 基本年薪是高层管理人员的一个稳定收入来源，它是由个人资历和岗位决定的。该部分薪酬应占高层管理人员全部薪酬的50%左右。

② 其薪酬水平由薪酬委员会来确定，确定的依据是上一年度的企业总体经营业绩以及对外部市场薪酬调查数据的分析。

（2）年终效益奖

年终效益奖是对高层管理人员经营业绩的一种短期激励，一般以货币的形式于年底支付，该部分应占高层管理人员全部薪酬的40%左右。

（3）股权激励

这是非常重要的一种激励手段。股权激励主要有股票期权、虚拟股票、限制性股票等方式。

第10条　一般员工工资标准的确定

（1）岗位工资

岗位工资主要根据岗位在企业中的重要程度确定工资标准。公司实行岗位等级工资制，根据各岗位所承担工作的特性及对员工能力的要求不同，将岗位划分为不同的级别。

影响职务等级工资高低的因素有：

① 工作的目标、任务与责任；②工作的复杂性；③劳动强度；④工作的环境。

（2）公司职务等级划分标准

将公司岗位职务工资划分为15个等级，如表2所示。

表2　公司职务等级划分

| 等级 | 决策类 | 管理类 | 技术类 | 生产类 | 营销类 | 勤务类 |
|---|---|---|---|---|---|---|
| 十五 |  |  |  |  |  |  |
| 十四 | 总经理 副总经理 |  |  |  |  |  |
| 十三 |  |  |  |  |  |  |
| 十二 |  |  |  |  |  |  |
| 十一 |  |  |  |  |  |  |
| 十 |  |  |  |  |  |  |
| 九 |  | 总经理 副总经理 各职能部 门经理 |  |  |  |  |
| 八 |  |  | 高级 工程师 |  |  |  |
| 七 |  |  |  |  |  |  |
| 六 |  |  |  |  |  |  |
| 五 |  |  |  | 车间主任 |  |  |
| 四 |  |  |  |  |  |  |
| 三 |  |  |  |  | 高级 业务员 |  |
| 二 |  |  |  |  |  | 保安、 司机等 |
| 一 |  |  |  |  |  |  |

（3）绩效工资

① 绩效工资根据公司经营效益和员工个人工作绩效计发。公司将员工绩效考核结果分为五个等级，其标准如表3所示。

表3　绩效考核标准划分等级

| 等级 | S | A | B | C | D |
|---|---|---|---|---|---|
| 说明 | 优秀 | 良 | 好 | 合格 | 差 |

② 绩效工资分为月度绩效工资、年度绩效奖金两种。

a.月度绩效工资。员工的月度绩效工资同岗位工资一起按月度发放，月度绩效工资的发放额度依据员工绩效考核结果确定。

b.年度绩效奖金。公司根据年度经营情况和员工一年的绩效考核成绩，决定员工年度奖金的发放额度。

（4）工龄工资

工龄工资是企业对长期为企业服务的员工的一种补偿。其计算方法为从员工正式进入公司之日起计算，工龄每满一年可得工龄工资_____元/月；工龄工资实行累进计算，满_____年不再增加。按月发放。

（5）奖金

奖金是对做出重大贡献或成绩优异的集体或个人给予的奖励。

### 第4章　员工福利

第11条　福利是在基本工资和绩效工资以外，为解决员工后顾之忧所提供的一种保障。

第12条　社会保险

公司按照国家和地方相关法律规定为员工缴纳各项社会保险。

第13条　法定节假日

公司按照《中华人民共和国劳动法》和其他相关法律规定为职员提供相关假期。

第14条　带薪年假

员工在公司工作满1年可享受5个工作日的带薪休假，以后在公司工作每增加一年可增加1个工作日的带薪休假，但最多不超过_____天。

第15条　其他带薪休假

视个人情况，员工享有婚假、丧假、产假、哺乳假等有薪假。

第16条　津贴或补贴

（1）住房补贴

公司为员工提供宿舍，因公司原因而未能享受公司宿舍的员工，公司为其提供每月_____元的住房补贴。

（2）加班津贴

① 凡正常工作时间以外的出勤为加班，主要指休息日、法定节假日加班，以及八小时工作时间以外延长作业时间。

② 加班时间必须经主管认可，加班时间不足半小时的不予计算。其加班津贴计算标准如表4所示。

表4　加班津贴计算标准

| 加班时间 | 加班津贴 |
| --- | --- |
| 工作日加班 | 每小时加班工资＝正常工作时间每小时工资×150% |
| 休息日加班 | 每小时加班工资＝正常工作时间每小时（日）工资×200% |
| 法定节假日加班 | 每小时加班工资＝正常工作时间每小时（日）工资×300% |

（3）学历津贴与职务津贴

为鼓励员工不断学习，提高工作技能，特设立此津贴项目，其标准如表5所示。

表5　学历津贴、职务津贴支付标准

| 津贴类型 | | 支付标准 |
|---|---|---|
| 学历津贴 | 本科 | ____元 |
| | 硕士 | ____元 |
| | 博士及以上 | ____元 |
| 职务津贴 | 初级 | ____元 |
| | 中级 | ____元 |
| | 高级 | ____元 |

（4）午餐补助

公司为每位正式员工提供____元/天的午餐补助。

### 第5章　薪酬计算与发放

第17条　发放时间

员工工资实行月薪制。每月10日支付上月工资，以法定货币（人民币）支付，若遇支薪日为休假日时，则调整至休假日前一天发放。

第18条　薪资计算均由公司人力资源部负责，经总经理批准后方可发放。

第19条　薪资核定工作如下。

① 由人力资源部制定各职级、各岗位员工的薪资核定指导标准，以规范核薪管理工作。

② 对新入职员工进行核薪或其他在职员工需按规定调整薪资的，以薪资核定指导标准为主要依据，如违反指导标准或核薪弹性较大的，应报总经理核准。

③ 对新入职员工，年度调薪、特别调薪、异岗异薪、异地异薪的员工，人力资源部负责人开具并发出核薪通知单，作为薪资核定、变动的依据。

第20条　工资中公司代扣的项目

① 员工个人所得税。

② 应由员工个人缴纳的社会保险。

③ 与公司签订的协议中规定的应从个人工资中扣除的款项。

④ 法律、法规规定的以及公司规章制度规定的应从工资中扣除的款项。

### 第6章  薪酬调整

第21条  薪酬调整分为整体调整和个别调整两种。

第22条  整体调整指公司根据国家政策和物价水平等宏观因素的变化、行业及地区竞争状况、企业发展战略变化以及公司整体效益情况而进行的调整，包括薪酬水平调整和薪酬结构调整，调整幅度由人力资源部根据公司经营状况，拟定调整方案报总经理审批后执行。

第23条  年度考核结果优异（考核得分85分及以上）的员工可享受年度调薪。

第24条  对工作中成绩特别优异，对公司有特殊贡献的员工，部门负责人可推荐并列举具体事实和评价资料，交人力资源部复核后，呈主管副总经理、总经理核准，可做特别调薪处理。

第25条  符合以下情形之一的，可做特别调薪提报。

① 个人有突出贡献。

② 为公司挽回重大经济损失。

③ 受到公司年度表彰或特别表彰。特别调薪范围仅限于同职级内工资级别的调整，岗位异动按异岗工资调整办法处理。

第26条  特别调薪以每季度受理1次为限，于每季度最后1个月份办理有关调薪申请事宜，其加薪幅度以不超过部门人力成本费用或工资总额控制范围为原则。

### 第7章  薪酬保密

第27条  为了培养员工的进取精神，公司薪酬管理制度和工资、奖金、提成等计算核算方法公开、透明；为了避免互相攀比，公司实行各级各岗位工资保密的规定。

第28条  所有员工的工资条，公司人力资源部以"核薪通知单"的形式书面知会员工本人。

第29条  各级主管应引导下属养成不探询他人薪酬的习惯，各级员工的具体薪酬除人力资源部薪酬管理人员、特定主管人员外，一律保密。

第30条  各薪酬管理人员非经核准，不得私自泄露任何员工的薪酬资料，如有违反，予以扣罚及行政处分，情节严重的可降职、调职直至解雇处分。

第31条  任何员工探询他人工资或向他人泄露工资情况的，公司视情节及影响程度做出一定的经济处罚，情节特别严重、屡教不改者，可予以降职、降薪直至解雇处分。

第32条　任何员工如对本人薪酬有疑问或异议，应报请主管向人力资源部查明，不得自行理论。

### 第8章　附则

第33条　本制度由人力资源部制定，其解释和修订权归人力资源部所有。

第34条　本制度自发布之日起正式实施。

## 8.1.6　制度范例：销售提成发放规定

下面是某公司提成发放规定范例，可供参考。

### ××公司销售提成发放规定

第1条　目的

为了调动销售人员的工作热情，提高销售人员的工作业绩，确保公司年度销售目标的顺利完成，特制定本销售提成发放规定。

第2条　适用范围

本规定适用于公司经理及以下级别人员的销售提成发放管理。

第3条　提成比例

本公司的销售提成比例主要采取两种形式，即固定比例和累进或累退比例。

（1）累进或累退比例

累进或累退式比例是指将部门销售业绩分成几个不同的区间，分别使用递增或递减的比例予以提取。这种提成方式仅用于部门经理人员的销售提成管理。

（2）固定比例

固定式提成比例是指根据所有的业绩按照固定的比例分成。这种方式主要适用于销售主管及以下级别的销售人员。

第4条　提成方式

所有销售提成统一采用超额提成制，也就是说保证完成岗位规定的基本业务量后，超额部分会有提成的奖金方式，采用这种方式，员工会有一定的基本工资。

第5条　提成标准

销售人员的具体提成标准如下。

（1）销售经理的提成标准

销售经理的提成标准分为以下三个档次。

① 部门销售额超出目标任务5万～10万元的，按超出部分的3%计提。

② 部门销售额超出目标任务10万～15万元的，按超出部分的5%计提。

③ 部门销售额超出目标任务15万元及以上的，按超出部分的8%计提。

④ 其余情况下没有销售提成，仅领取个人基本工资。

（2）经理级以下销售人员的提成标准

经理级以下销售人员的提成，统一按超出个人目标任务额的5%计提销售提成。没有完成销售目标任务的没有提成，仅发放个人基本工资。

第6条 其他人员的销售提成

① 其他人员是指不直接从事销售岗位工作的人员，如销售内勤及其他职能部门的人员。

② 除了销售人员有一定的提成比例外，后勤岗位人员也有一定的提成比例，以刺激后勤员工为销售人员做好后勤保障工作。

第7条 其他人员的销售提成比例及方式

其他人员的销售提成按照公司销售利润目标的达成情况，根据超利润目标的额度以及员工的级别确定，无利润则无提成，如表1所示。

**表1 其他人员的销售提成比例标准**

| 人员级别 | 专员 | 主管 | 经理及以上 |
| --- | --- | --- | --- |
| 提成比例 | 1.5% | 2.5% | 3.5% |

第8条 销售人员的提成发放

① 销售人员的提成发放，按照每月销售业绩完成结果当月发放销售提成额度的50%，其余部分按季度销售任务完成情况一次性补发。

② 由销售内勤核算出每位销售人员的当月提成额度及应发放额度，转交人力资源部，与每月工资同时发放。

第9条 非销售人员的销售提成发放

非销售人员的销售提成，均于年底由财务部统一核算企业年度经营利润后，再行核算并发放。

第10条 本规定由公司人力资源部会同销售部共同制定，解释、修订亦同。

第11条 本规定经总经理审批后，下发执行。

### 8.1.7　制度范例：项目提成管理规定

下面是某公司项目提成管理规定范例，可供参考。

### ××公司项目提成管理规定

第1条　目的

本规定的制定主要是为了实现以下两个目的。

① 有效激励项目团队更好地完成任务。

② 明确项目的提成分配办法。

第2条　适用范围

本规定适用于项目组所有成员。

第3条　项目提成总额确定

本提成方案按项目来核算，实行项目负责制，提成计算办法如下：

项目提成=（合同额－营销费用－开发费用）× 提成比例 × 调整系数

第4条　提成比例与调整系数确定

（1）提成比例

提成比例执行标准，如表1所示。

| 表1　项目提成比例标准 | | | |
|---|---|---|---|
| 合同金额/万元 | 0～＿＿＿ | ＿＿＿～＿＿＿ | ＿＿＿～＿＿＿ | ＿＿＿以上 |
| 提成比例/% | | | | |

（2）调整系数

调整系数是考虑到项目的影响因素而设计的，主要涉及四个方面，如表2所示。

| 表2　调整系数 | | | |
|---|---|---|---|
| 影响因素 | 权重 | 说明 | 调整系数 |
| 项目重要性 | 20% | 属于常规业务项目 | 调整系数为＿＿＿ |
| | | 属于比较重点的业务项目 | 调整系数为＿＿＿ |
| | | 属于重点业务项目 | 调整系数为＿＿＿ |
| 项目目标利润率 | 30% | 目标利润率＜＿＿＿% | 调整系数为＿＿＿ |
| | | ＿＿＿%≤目标利润率≤＿＿＿% | 调整系数为＿＿＿ |
| | | 目标利润率＞＿＿＿% | 调整系数为＿＿＿ |

续表

| 影响因素 | 权重 | 说明 | 调整系数 |
|---|---|---|---|
| 项目管理难度 | 40% | 很少需要技术创新 | 调整系数为____ |
| | | 需要技术创新 | 调整系数为____ |
| | | 必须进行管理和技术创新 | 调整系数为____ |
| 外部协调复杂性 | 10% | 外部单位比较支持 | 调整系数为____ |
| | | 沟通不畅且存在很多障碍 | 调整系数为____ |

第5条　项目参与人员提成分配

项目参与人员包括工程施工人员和项目支持人员两类。

（1）工程施工人员提成分配

工程施工人员提成总额＝项目提成总额×____%

项目负责人根据项目施工的工作量分配该项目提成，得出应发提成，具体实发数额依据考核结果而定。

（2）项目支持人员提成分配

项目支持人员提成总额＝项目提成总额×____%

具体数额分配，由项目负责人依据考核结果而定。

第6条　项目提成发放

项目完成后，提成发放____%。待项目验收合格后，公司在一个月内将其余部分，一次性付清。

第7条　本制度由人力资源部制定，其解释和修订权归人力资源部所有。

第8条　本制度自发布之日起正式实施。

## 8.1.8　制度范例：年薪制实施办法

下面是某公司年薪制实施办法范例，可供参考。

### ××公司年薪制实施办法

第1条　目的

为确保公司经营目标的如期实现，促进公司长远发展，公司需调动管理人员的工作积极性，保证管理人员与公司长期利益协调一致，特制定本制度。

第2条　适用范围

本制度适用于公司的管理人员，包括总经理、副总经理、总监、各部门经理以及其他总经理认定享受年薪制的员工。

第3条　薪酬构成

公司管理人员的薪酬由四部分构成，包括基本年薪、绩效年薪、年终奖金和福利项目。

第4条　基本年薪

基本年薪主要根据上一年度的公司总体经营业绩达成情况和外部薪酬市场调查结果，参照职务等级及年薪比例来确定，核定过程遵循责任、利益、风险相一致的原则，具体核发标准如下。

① 总经理的年薪为上一年度实际年薪总额的60%～70%。

② 其他人员的年薪制水平为总经理基本年薪的50%～85%。

③ 特殊情况由总经理批准后可以随时进行调整。

基本年薪的调整将依据公司盈利情况结合员工考核结果，进行相应调整。

第5条　绩效年薪

（1）绩效年薪基数

绩效年薪基数为基本年薪的两倍。

（2）绩效年薪系数

绩效年薪系数的高低，由综合指标增长率确定，具体计算公式如下：

综合指标增长率＝利润增长率×40%＋资本收益率×30%＋人均收入增长率×30%

综合指标增长率对应的绩效年薪系数，如表1所示。

表1　绩效年薪系数对照

| 综合指标增长率 | 绩效年薪系数 |
| --- | --- |
| 等于___% | 1 |
| 大于___% | 每增加1%，绩效年薪系数增加0.2 |
| 小于___% | 每减少1%，绩效年薪系数减少0.1 |

（3）计算公式

绩效年薪根据公司利润、资本收益及人均收入增长情况，具体计算公式如下：

$$绩效年薪＝绩效年薪基数×绩效年薪系数$$

第6条　年终奖金

（1）年终奖金基数

年终奖金基数是根据公司效益核算，可以从公司超额利润中按10%的比例提取作为特殊报酬基金。

（2）岗位系数

实施年薪的各个岗位系数大小根据岗位级别、重要程度、难度系数等进行综合评估后确定。

（3）年终奖金系数

年终奖金系数标准，如表2所示。

表2　年终奖金系数

| 公司经营收入 | 利润增长率 | 年终奖金系数 |
|---|---|---|
| 经营收入≤_____万元 | 增长幅度≤_____% | 1.0 |
| _____万元<经营收入≤_____万元 | _____%<增长幅度≤_____% | 1.5 |
| _____万元<经营收入≤_____万元 | _____%<增长幅度≤_____% | 2.0 |
| 经营收入>_____万元 | 增长幅度>_____% | 3.0 |

（4）年终奖金计算方法

年终奖金应发额度根据公司经营收入情况进行核算，其具体计算公式如下：

年终奖金应发额度＝年终奖金基数×年终奖金系数×岗位系数

第7条　福利项目

（1）法定福利

① 保险和公积金。年薪制人员的法定福利主要是指社会保险和住房公积金，由人力资源部统一按照国家规定的标准和程序办理。

② 带薪假。年薪制人员除享受以上福利项目外，根据国家规定还享受相应的带薪婚丧假、产假、年假等。

（2）特别福利

年薪制人员业绩优秀的，每年可享受一次公司安排的公费出国旅游。

第8条　薪酬发放

（1）基本年薪发放

公司于每月____日，以银行转账的形式发放基本年薪，发放标准为基本年薪总额的1/12。

（2）绩效年薪发放

由公司财务部根据考核期实际发生的相关数据，先行核算出公司的综合指标增长率，确定绩效年薪系数，最终确定绩效年薪工资的发放额度，于次年1月＿＿日一次性支付绩效年薪应发额度的80%，剩余部分在＿＿年后发放。

第9条　管理人员任期内调任其他工作的，按月发放基本年薪，结合业绩情况发放奖金和绩效年薪。

第10条　管理人员因任期内严重违反公司规定而调离岗位的，不再享受绩效年薪和年终奖励。

第11条　管理人员离任时，在通过离任审计后，公司应将所有应发工资一次性付清。

第12条　本制度由人力资源部制定，其解释和修订权归人力资源部所有。

第13条　本制度自发布之日起正式实施。

## 8.2 绩效薪酬管理激励表单范例

管理表单是以直观的表格和简洁的文字将文本内容中的关键节点以表格的形式展现出来，表单的设计过程本身就是对文本的理解和对往经验的总结。

将文本内容制作成工作表单，员工按照工作表单执行项目，可以在很大程度上避免对文本理解的差异导致工作成果的不稳定，大大降低了执行成本；员工作业时，只需要按照工作表单规定的步骤和内容执行就可以，不需要靠对文本的记忆来执行，使复杂问题简单化。

本小节将常用工作表单进行整理，包括绩效考核实施表、绩效面谈记录表、绩效改进工作计划表、绩效考核申诉表、员工薪酬明细表、计件工资日报表、奖金与提成核定表、调薪申请审批表。扫描下方二维码可查看上述工作表单的范例。

# 参考文献

[1] 罗伯特·巴克沃. 绩效评估 [M]. 艾茂林，译. 北京：机械工业出版社，2005.

[2] 乔治·T. 米尔科维奇，杰里·M. 纽曼. 薪酬管理：6版 [M]. 董克用，等译. 北京：中国人民大学出版社，2002.

[3] 约瑟夫·J. 马尔托奇奥. 战略薪酬：人力资源管理方法：2版 [M]. 周眉，译. 北京：社会科学文献出版社，2002.

[4] 德斯勒，陈水华. 人力资源管理：亚洲版·2版 [M]. 北京：机械工业出版社，2013.

[5] 斯蒂芬·P. 罗宾斯，玛丽·库尔特. 管理学：11版 [M]. 李原，孙健敏，黄小勇，译. 北京：中国人民大学出版社，2012.

[6] 刘亚萍. 薪酬管理工作手册 [M]. 北京：人民邮电出版社，2012.

[7] 王胜会. 高绩效HR必备图表范例 [M]. 北京：中国人民大学出版社，2020.

[8] 王胜会. 高绩效团队管理实务全案 [M]. 北京：化学工业出版社，2014.

[9] 马海刚，彭剑锋，西楠. HR+三支柱 [M]. 北京：中国人民大学出版社，2017.

[10] 施炜. 管理架构师：如何构建企业管理体系 [M]. 北京：中国人民大出版社，2019.

[11] 孙宗虎，王胜会. 定责定岗定编定员定额定薪 [M]. 北京：人民邮电出版社，2013.

[12] 孙宗虎. 绩效量化考核指标辞典 [M]. 北京：化学工业出版社，2012.

[13] 赵曙明. 人才测评：理论、方法、工具、实务 [M]. 北京：人民邮电出版社，2014.

[14] 王胜会，李红玲. HR新手从入门到精通 [M]. 北京：清华大学出版社，2020.

[15] 王胜会. 我的第一本HR入门书 [M]. 北京：人民邮电出版社，2013.

[16] 王胜会. 人力资源经理高效工作手册 [M]. 北京：人民邮电出版社，2014.

[17] 陈清泰，吴敬琏. 薪酬委员会手册 [M]. 北京：中国财经出版社，2001.

[18] 谢作渺．最优薪酬结构安排与股权激励[M]．北京：清华大学出版社，2007.

[19] 张晓彤．绩效管理实务[M]．北京：北京大学出版社，2004.

[20] 付亚和，许玉林．绩效管理[M]．上海：复旦大学出版社，2008.

[21] 刘美凤，方圆媛．绩效改进[M]．北京：北京大学出版社，2011.

[22] 孙宗虎，宗丽娟．薪酬体系设计实务手册[M]．北京：人民邮电出版社，2009.

[23] 王宇．绩效考核量化管理全案手册[M]．北京：企业管理出版社，2009.

[24] 熊东川，沈作松．绩效管理知识问答600题[M]．上海：上海三联书店，2010.

[25] 腾静，冯丽霞，王希文."小蘑菇"晋级工具箱[M]．北京：电子工业出版社，2019.

[26] 吴克隆．绩效管理[M]．北京：中国人事出版社，2013.

[27] 方振邦，冉景亮．绩效管理：2版[M]．北京：科学出版社，2016.

[28] 陈小平．薪酬管理[M]．北京：科学出版社，2017.

[29] 姚裕群．人力资源管理教学案例精选[M]．北京：复旦大学出版社，2009.

[30] 中和教育考试研究命题中心．企业人力资源管理师（二级）知识点解析[M]．北京：中国财政经济出版社，2014.

[31] 中国就业培训技术指导中心．企业人力资源管理师（二级）：第四版[M]．北京：中国劳动社会保障出版社，2020.

[32] 中国就业培训技术指导中心．企业人力资源管理师（一级）：第四版[M]．北京：中国劳动社会保障出版社，2020.